Kürti
Der Weg zurück zum Führerschein

Dr. Karl Kürti
Diplom-Psychologe

Der Weg zurück zum Führerschein

Rettung bei drohender Entziehung

Lösungen für die Neuerteilung

Ein Wegweiser durch die neue Fahrerlaubnis-Verordnung, die „TÜVologische" Eignungsbeurteilung und den neuen Bußgeldkatalog

Mit „Bewertungskriterien" für Fahreignungsgutachten und Hilfe zur Vorbereitung auf die Eignungsuntersuchung

Alles zur gesetzlich geregelten verkehrspsychologischen Beratung

3., völlig überarbeitete und erweiterte Auflage

Dorothee Bringewatt
Mitarbeit und Recherchen

Werner Verlag

1. Auflage 1991
2. Auflage 1992
3. Auflage 1999

Die Deutsche Bibliothek – CIP-Einheitsaufnahme

Kürti, Karl:
Der Weg zurück zum Führerschein: Rettung bei drohender Entziehung– Lösungen für die Neuerteilung – Ein Wegweiser durch die neue Fahrerlaubnis-Verordnung, die „TÜVologische" Eignungsbeurteilung und den neuen Bußgeldkatalog – Mit „Bewertungskriterien" für Fahreignungsgutachten und Hilfe zur Vorbereitung auf die Eignungsuntersuchung – Alles zur gesetzlich geregelten verkehrspsychologischen Beratung / Karl Kürti. Dorothee Bringewatt, Mitarb. u. Recherchen.
3., völlig übearb. u. erw. Aufl. – Düsseldorf: Werner, 1999
ISBN 3-8041-4931-6

ISB N 3-8041-4931-6

© Werner Verlag GmbH & Co. KG · Düsseldorf · 1999
Printed in Germany

Umschlagentwurf: brose-design, Düsseldorf
Satz: Albert M. Craemer, Wuppertal
Druck und Bindung: Graphische Betriebe Bercker, Kevelaer
Archiv-Nr.: 878/3 – 3.99
Bestell-Nr.: 3-8041-4931-6

Inhaltsverzeichnis

Abkürzungen und Zeichen

‰	Promille
Abs.	Absatz
BAK	Blutalkoholkonzentration
BASt	Bundesanstalt für Straßenwesen
BDP	Berufsverband Deutscher Psychologinnen und Psychologen e. V.
BfF	Begutachtungsstelle für Fahreignung
BGB	Bürgerliches Gesetzbuch
BMV	Bundesministerium für Verkehr
BNV	Bundesverband Niedergelassener Verkehrspsychologen e.V.
BVerwG	Bundesverwaltungsgericht
BZR	Bundeszentralregister
BZRG	Bundeszentralregistergesetz
CDT	Carbohydrate Deficient Transferrin – Kohlenhydrat-defizientes Transferrin
DAR	Deutsches Autorecht (Zeitschrift)
FE	Fahrerlaubnis
FeV	Fahrerlaubnis-Verordnung
Gamma-GT	Gamma-Glutamat-Transpeptidase*
GebOSt	Gebührenordnung für Maßnahmen im Straßenverkehr
GOT	Glutamat-Oxalaceta-Transaminase*
GPT	Glutamat-Pyruvat-Transaminase*
KBA	Kraftfahrt-Bundesamt
MCV	Mittleres Corpuskuläres Volumen*
MPI	Medizinisch-Psychologisches Institut
MPU	Medizinisch-Psychologische Untersuchung auch: Medizinisch Psychologische Untersuchungsstelle
OVG	Oberverwaltungsgericht
StGB	Strafgesetzbuch
StVG	Straßenverkehrsgesetz
StVZO	Straßenverkehrs-Zulassungs-Ordnung
TÜV	Technischer Überwachungsverein e. V.
VdTÜV	Vereinigung der TÜV

VG	Verwaltungsgericht
VwGO	Verwaltungsgerichtsordnung
VwV	Verwaltungsvorschrift
VZR	Verkehrszentralregister

* Laborwerte („Leberwerte") – da sie im Blutserum bestimmt werden, werden sie auch als S-GPT, S-GOT, S-GGT geschrieben.

A. Vorgedanken

In welchem Zusammenhang Sie auch immer den Führerschein „verloren" haben, Ihr erster Gedanke war sicherlich, wie Sie ihn am schnellsten und leichtesten wiedererlangen. Ihr zweiter Gedanke nach dem „Wie" war schon mit vielen Problemen behaftet, denn sowohl dann, wenn Ihre Führerscheinangelegenheit eine strafrechtliche als auch dann, wenn sie eine verwaltungsrechtliche Sache ist, türmen sich immer wieder neue Hindernisse auf, von deren Existenz Sie nichts wußten. Das ist zwar ärgerlich, hat aber mit Ihnen persönlich meistens nicht das geringste zu tun – es ist bloß die natürliche Folge des in den vergangenen Jahrzehnten immer komplizierter gewordenen Wiedererteilungsverfahrens.

Um Ihnen einen Eindruck davon zu vermitteln, sei nur darauf hingewiesen, daß das juristische Standardwerk von Himmelreich/Hentschel, „Fahrverbot – Führerscheinentzug", inzwischen aus mehreren Bändern besteht, wobei dieses nur für Rechtsanwälte und Richter gedachte Buch noch lange nicht alle Aspekte behandelt. Denn genauso wichtig wie die juristischen Rahmenbedingungen ist die verkehrspsychologische Seite, zumal ohne eine positive psychologische Eignungsbeurteilung die Fahrerlaubnis in der Regel nicht wiedererteilt wird.

Dieses geradezu unüberschaubare und höchst komplizierte Gebiet ist allerdings Ausdruck unserer rechtsstaatlichen Ordnung, die für alle nur erdenklichen Fälle juristische Regelungen vorsieht und ausdrücklich die Möglichkeit für eine medizinische und/oder psychologische **Beurteilung des Einzelfalles** beinhaltet. Gerade darin ist für jeden einzelnen die große Chance gegeben, die wiedergewonnene Eignung darzustellen.

Ich möchte mit diesem wegen der ab dem 1. 1. 1999 geltenden neuen Fahrerlaubnis-Verordnung völlig überarbeiteten und erweiterten Wegweiser jene hauptsächlich aus psychologischer Sicht unerläßlichen Voraussetzungen aufzeigen, die Sie, in Kombination mit den jeweiligen verwaltungsrechtlichen Vorschriften, zu einer Lichtung in diesem Dschungel und von dort zurück zu Ihrer Fahrerlaubnis führen.

Zwar steht Ihnen ein regelrechter **Hürdenlauf auf einigen Bahnen des demokratischen Bürokratismus** bevor.

Die Möglichkeit, die **wiedergewonnene Fahreignung** glaubhaft zu machen bzw. nachzuweisen, besteht jedoch für jeden, egal ob die Fahrerlaubnis etwa wegen 50 Punkten im Verkehrszentralregister in Flensburg, aufgrund einer

Erkrankung oder wegen der ersten oder gar der sechsten Trunkenheitsfahrt entzogen wurde. Wichtig ist nur zu begreifen, daß unsere Demokratie lediglich die Grundlagen für die Gleichheit aller Bürger schafft; die real existierende Schein-Gleichheit wird letztlich durch die Bürokratie und natürlich durch manche Bürokraten erzeugt.

Wie Sie vorgehen sollten, wird entsprechend den verschiedenen Fallgruppen im folgenden beschrieben. Ich möchte nicht verschweigen, daß die Angelegenheit aber auf keinen Fall als rein „schematischer" Verwaltungsvorgang anzusehen ist, denn sie verlangt von Ihnen ein großes Maß an Einsicht und aktiver Mitarbeit. Es wäre falsch zu glauben, daß derjenige bereits „automatisch" die Fahrerlaubnis zurückerhält, der lediglich die hier dargestellten Schritte unternommen hat.

Sie müssen nämlich ein wenig cleverer sein, als die meisten Bürokraten bürokratisch sind.

Dieser Leitfaden wird Ihnen aber dabei helfen, unnötige Verzögerungen zu vermeiden, und schon die Zeit bis zum Ablauf der Sperrzeit bzw. der Wartefrist für die Neu-Erteilung der Fahrerlaubnis bestens zu nutzen oder beim erneuten Anlauf zum im Volksmund so genannten „Idiotentest" die optimalen Voraussetzungen für Sie zu schaffen. Letztendlich kommt nämlich der verkehrsmedizinischen und -psychologischen Begutachtung die entscheidende Bedeutung zu. Die Anleitung, wie Sie in dieser Untersuchung bestehen können, finden Sie in meinem Buch „Mein Führerschein ist weg – was tun? Wie man den ‚TÜVologischen' Scheintest besteht", Werner Verlag Düsseldorf, 4. Auflage 1999.

Ihre „Gegenspieler"

Im wesentlichen haben Sie es auf dem Wege zur Wiedererlangung der Fahrerlaubnis mit den Vertretern von drei Bereichen zu tun. Als erstes mit dem Staatsanwalt und dem Strafrichter bzw. Verwaltungsrichter, falls Ihr Fall vor Gericht kommt. Als zweites mit dem Sachbearbeiter der Führerscheinstelle der für Ihren Hauptwohnsitz zuständigen Verwaltungsbehörde und als drittes mit den Gutachtern (Arzt und Psychologe) der Begutachtungsstellen für Fahreignung (BfF-Stellen); früher auch als Medizinisch-Psychologische Untersuchungsstellen (MPU-Stellen) bekannt, der Technischen Überwachungsvereine bzw. den Gutachtern der Obergutachterstellen. Da zwar die Antragstellung, nicht aber die Wahl der Untersuchungsstellen wohnortgebunden ist, ist es allen Betroffenen zu empfehlen, sich gründlich kundig zu machen, denn die Chancen und Gefahren sind sehr mannigfaltig, und viele Bürger nehmen immer noch fälschlicherweise an, es sei in der Wirklichkeit tatsächlich so, daß die Verwaltung für den Bürger da sei und nicht umgekehrt.

Für Sie geht es also nicht nur um die Beseitigung eines großen Informationsdefizits, sondern auch darum, das Umfeld kennenzulernen, in dem Sie als Bürokratiefremder mit eingeübten Praktikern der staatlichen Verwaltung umgehen müssen. Dabei wird Ihnen ein Blick hinter die Kulissen nicht nur das Verständnis des Zusammenspiels der einzelnen beteiligten Stellen vermitteln, sondern auch die richtige Einschätzung deren Möglichkeiten und Befugnisse ermöglichen.

Mit welchen Ihrer „Gegenspieler" Sie auch immer in Kontakt kommen müssen, Sie werden diese wahrscheinlich eher als Gegner empfinden. Das liegt in der Natur der Sache, denn Sie wollen etwas erreichen, was ein Richter, Sachbearbeiter, Arzt oder Psychologe Ihnen nur unter bestimmten Bedingungen gewähren kann. Auch wenn die Entscheidungen von Richtern und Sachbearbeitern und den „TÜVologischen" Gutachten der BfF-Stellen häufig Anlaß für berechtigte Kritik bieten, wäre es falsch, von vornherein davon auszugehen, daß Ihnen diese in jedem Fall Böses wollen. Die vermeintliche Gegnerschaft entsteht in den meisten Fällen nur daraus, daß Sie als Betroffener die Möglichkeiten und Grenzen Ihrer „Gegenspieler" nicht kennen und deshalb in der Regel unerfüllbare Erwartungen hegen, und weil alle Bürokratien dazu neigen, die Vorgänge zu verkomplizieren, und weil manche Bürokraten ihre Befugnisse überschätzen oder gar mißbrauchen. Im Fahrerlaubnisrecht herrscht das Prinzip vor, daß die Fahreignung aus gesundheitlichen Gründen oder wegen einer bestimmten Anzahl von Ordnungswidrigkeiten und/oder Verkehrsstraftaten automatisch „verlorengeht". Das Rechtssystem beinhaltet jedoch die Möglichkeit, durch eine Prüfung der persönlichen Verhältnisse und Umstände – sowohl unmittelbar nach Verlust der Eignung wie auch nach Ablauf einer Frist – die wiedergewonnene Eignung nachzuweisen. Für Sie als betroffenen Bürger liegt darin eine demokratisch hochwertige Chance, die Sie allerdings häufig nicht nutzen können, weil Sie weder die für Sie persönlich geltenden Anforderungen noch die Möglichkeiten und Grenzen Ihrer „Gegenspieler" kennen, da diese – obwohl keine Geheimnisse – Ihnen nicht mitgeteilt werden oder nicht veröffentlicht sind.

Selbstverständlich stehen sowohl den Richtern wie auch den Sachbearbeitern, Ärzten und Psychologen nicht unerhebliche Spielräume zur Verfügung, um die Fahrerlaubnis neu zu erteilen bzw. erteilen zu lassen. Gleichwohl sind insbesondere Sachbearbeiter und TÜV-Gutachter in einer keineswegs zu beneidenden, bürokratisch überfrachteten Situation – in der sie dann häufig dazu neigen, schon aus Selbstschutz gegen den Bürger zu entscheiden.

Diese Problematik Ihrer „Gegenspieler" werden Sie bereits dann verstehen, wenn Sie erfahren, daß der Begriff der **„Fahreignung"** kein medizinischer oder psychologischer, sondern ausschließlich ein rechtsnormativer ist. Dies soll bedeuten, daß die Kraftfahreignung letztendlich nicht aufgrund wissenschaftlicher Tatsachen, sondern durch den Staat in rechtlich verbindlichen Vorschriften festgelegt wird. Hier liegt eine verhängnisvolle Ungereimtheit vor, denn die Eignung ist natürlich auf charakterlichem oder medizinischem Gebiet zu suchen. Dafür gibt das Rechtssystem allerdings nur den Rahmen vor, und die endgültige Entscheidung bleibt dem Sachbearbeiter der Verwaltungsbehörde, dem Vertreter des Staates, und nicht dem medizinischen oder dem psychologischen Experten vorbehalten. Im Klartext bedeutet dies, daß Sie zwar ein positives Eignungsgutachten vorlegen können, in dem es aus ärztlicher und psychologischer Sicht heißt, Sie seien geeignet, dennoch kann die Verwaltungsbehörde der Meinung sein, daß Sie nach wie vor nicht geeignet sind. So kommt es durchaus auch vor, daß ein Strafrichter z. B. einem ehemaligen Promille-Fahrer den vorläufig beschlagnahmten Führerschein wieder aushändigt, weil er ihn nicht mehr für ungeeignet hält, die Verwaltungsbehörde dennoch die Fahreignung bezweifelt und gegebenenfalls die Entziehung verfügt oder die Vorlage eines medizinisch-psychologischen Gutachtens verlangt. Der Behörde steht es nämlich frei, eine richterliche Bewertung der Fahreignung oder ein Gutachten, das lediglich ein Hilfsmittel für die Beurteilung der Eignung ist, zu akzeptieren oder nicht. Lediglich in bezug auf richterliche Entscheidungen gilt die sogenannte „Bindungswirkung" (§ 4 Abs. 3 StVG). Sie besagt, daß z. B. die Verwaltungsbehörde nicht an der Eignung des Betroffenen rütteln darf, wenn ein Verkehrsrichter – im Strafverfahren – die Eignung **ausdrücklich** geprüft und als gegeben angesehen hat. Andererseits kann die Behörde auch ohne Eignungsuntersuchung oder trotz negativen Gutachtens über den Antrag befinden und die Fahrerlaubnis wiedererteilen. Dies läßt jedoch das Straßenverkehrsgesetz neuerdings lediglich in Ausnahmefällen zu (§ 6 Abs. 1w StVG). Durch diese rechtliche Konstruktion wird den Sachbearbeitern der Führerscheinstellen, die letztendlich in jedem Fall zu entscheiden haben, eine sehr große Verantwortung aufgebürdet, der sie in Ermangelung entsprechender juristischer, medizinischer und psychologischer Ausbildung überhaupt nicht gerecht werden können. Folglich neigen die meisten von ihnen dazu, schon aus verständlichem Selbstschutz nach Aktenlage bzw. nach formalisierten Kriterien (Vorgeschichte, Promille-Wert, Atteste usw.) zu entscheiden.

Andererseits schreiben aber die „Fahrerlaubnis-Verordnung" und die ständige Rechtsprechung, also die Urteile der verschiedenen Gerichte, eine Eignungsbeurteilung unter Berücksichtigung sämtlicher familiärer, persönlicher und verkehrsrelevanter Umstände vor. Dieser Anforderung müßten eigentlich auch die Gutachterstellen als „Gehilfen" der Sachbearbeiter der Verwaltung genügen, was sie allerdings in den allermeisten Fällen nur unzureichend oder gar nicht tun.

Einem Betroffenen, dem die Fahrerlaubnis aus welchen Gründen auch immer entzogen wurde, sagt aber niemand, unter welchen Kriterien er die Fahrerlaubnis wiedererhalten kann. Somit schließt sich ein Teufelskreis, aus dem er oft nur nach viel Mühe und unnötigem Ärger und eventuell erst mit Hilfe von Rechtsanwälten und Gerichten herauskommen kann. Wobei festzuhalten ist, daß Richter und Rechtsanwälte die medizinisch-psychologischen Voraussetzungen der Fahreignung zwar bewerten können und müssen, daß sie aber in ihrer Ausbildung natürlich nicht direkt darauf vorbereitet werden – deshalb bedienen sich Richter dem Sachverstand von Gutachtern. Die richtige Nutzung der Möglichkeiten wird auch dadurch noch erschwert, daß sich in den vergangenen Jahrzehnten eine unverständliche Gegnerschaft zwischen Psychologen und Juristen herausgebildet hat. Folglich kam und kommt es zwischen Juristen, Sachbearbeitern und Psychologen nicht ohne weiteres zu einer notwendigen und der Verkehrssicherheit wie auch dem Betroffenen dienenden Zusammenarbeit.

Daraus ergibt sich für Sie die Notwendigkeit, die Möglichkeiten und Grenzen Ihrer jeweiligen „Gegenspieler", mit denen Sie es in den einzelnen Phasen des Verfahrens der Neu-Erteilung Ihrer Fahrerlaubnis zu tun haben werden, stets vor Augen zu halten und sich darauf einzustellen.

Es sollte nicht unerwähnt bleiben, daß Dr. Hans Jürgen **Bode**, Vorsitzender Richter am Landgericht Hildesheim, mein Bestreben bereits vor rund zehn Jahren richtig erkannt hat, als er ausführte:

*„Je schneller sich die von **Kürti** vorgetragenen Ideen durchsetzen, umso eher wird sich auch herumsprechen, daß die medizinisch-psychologische Untersuchung eben nicht der volkstümlich leider immer noch so genannte ‚Idiotentest' ist.*

Je umfassender und intensiver ein Proband über die Sach- und Rechtslage aufgeklärt wird, umso eher ist von ihm eine Mitarbeit zu erwarten und damit ein Untersuchungsergebnis, das im Interesse sowohl der allgemeinen Verkehrssicherheit als auch der Sicherheit des Probanden vor Selbstschädigung liegt." (Blutalkohol 26/89)

Als erstes Bundesland hat Rheinland-Pfalz der fortbestehenden Mangelhaftigkeit der MPU-Gutachten des Monopolisten TÜV bereits im Jahre 1992 durch die Einführung einheitlicher Bewertungskriterien, die durch Mitarbeiter der Führerscheinstellen anzuwenden waren, eine Basis für eine grundlegende Veränderung im Sinne der Bürgerinteressen geschaffen (Zeitschrift für Schadensrecht, Jg. 13, Heft 5, Mai 1992).

Diese positive Entwicklung wird nun fortgesetzt in der ab dem 1. Januar 1999 geltenden neuen Fahrerlaubnis-Verordnung, die für den Monopolisten TÜV bei der Eignungsbegutachtung eine Aufsichtsbehörde vorsieht – die Bundesanstalt für Straßenwesen – und die geradezu revolutionäre Veränderungen gesetzlich festschreibt. Dazu gehört insbesondere die gesetzliche Anerkennung des Berufs des Verkehrspsychologen in Gestalt des **„Amtlich anerkannten Verkehrspsychologischen Beraters"**, dessen Inanspruchnahme z. B. durch einen „Punktesammler" sich direkt positiv auswirkt, denn nach der jetzigen Regelung werden dem betroffenen Kraftfahrer 2 Punkte gutgeschrieben.

Auch wenn für Sie zunächst die Frage von Bedeutung ist, ob Sie überhaupt eine Chance haben, die Fahrerlaubnis zurückzubekommen, und wenn ja, wie und wie schnell, müssen Sie sich damit abfinden, daß dazu einiges zu lernen ist.

Sie haben natürlich auch eine andere Möglichkeit: Es ist seit Jahrzehnten bekannt, daß sich alle Gutachterstellen damit rühmen und für sich werben, jeder zweite Begutachtete erhalte im statistischen Durchschnitt ein positives Gutachten. Der handfeste Grund dafür besteht darin, daß ein jeder Gutachter geneigt ist, nicht übermäßig viele positive, aber auch nicht überdurchschnittlich viele negative Gutachten zu schreiben. Die Vorgesetzten der Gutachter in den privatwirtschaftlich organisierten Gutachterstellen neigen nämlich offenbar zu der Annahme, daß ein Gutachter selbst Alkoholprobleme haben könnte, wenn er Promille-Fahrern überwiegend positive Gutachten ausstellt. Andererseits ist es keine gute Werbung, wenn eine Gutachterstelle in den Ruf geriete, überwiegend negative Gutachten zu erstellen.

Um diesem in geschäftlicher Hinsicht nicht unbedeutenden Problem zu entgehen, haben z. B. die BfF-Stellen des TÜV schon vor Jahren verkündet, daß die Gutachten, in denen sie den Begutachteten dringend empfohlen haben, einen TÜV-eigenen Nachschulungskurs zu absolvieren, keine negativen Gutachten seien.

Sie können also das Risiko auf sich nehmen, Ihre künftige Kraftfahreignung ohne jede Selbstprüfung, Umstellung und Vorbereitung für ein angepaßtes Fahrverhalten bei der BfF-Stelle begutachten zu lassen – dies wäre das Risiko des Glücksritters. Statistisch gesehen haben Sie eine Erfolgsaussicht von 50 % – diese Chance bietet Ihnen das System der Fahreignungsbegutachtung selbst.

In meinem Archiv gibt es zahlreiche Akten, die belegen, daß es Betroffene gibt, denen dieses „Glück" zuteil wurde.

Ein positives Gutachten ist aber noch lange nicht alles, denn es dauert in der Regel nicht sehr lange, bis sich möglicherweise herausstellt, daß das positive Gutachten falsch war. Und dann sind erstmal die Gutachter gnadenlos, weil ihre schlechte Leistung herausgekommen ist, und der „Glücksritter" – falls er bei seinem Rückfall nicht gestorben ist – hat ein Problem, das um ein vielfaches größer geworden ist.

B. Die neue Fahrerlaubnis-Verordnung –

Härter, und auch ungerechter?!

Seit dem 1. Januar 1999 bläst jedem Kraftfahrer ein rauher Wind ins Gesicht, denn die neue Fahrerlaubnis-Verordnung hat neue Zeichen gesetzt. Die Strafen bei Verkehrsverstößen und -straftaten sind härter geworden. So ist z. B.

* die Fahrerlaubnis bei 18 Flensburg-Punkten sofort zu entziehen,
* das Sammeln von 18 und mehr Flensburg-Punkten „auf einen Schlag" möglich,
* der „Idiotentest" ab 1,6 Promille automatisch vorgeschrieben,
* die Probezeit bei Fahranfängern auf 4 Jahre zu verdoppeln, wenn wegen erheblicher Verstöße ein Aufbauseminar angeordnet wurde.

Das ist aber noch lange nicht alles, denn es kann ohne weiteres behauptet werden, daß sogar ein neues Zeitalter für Kraftfahrer begonnen hat: Künftig wird es nämlich nicht mehr ausreichen, die Führerscheinprüfung zu bestehen, weil es in Zukunft nicht mehr nur darauf ankommt, die Verkehrsregeln mehr oder weniger gut zu beherrschen. Zum künftig stets benötigten Wissensumfang wird auch die Kenntnis gehören, wie schnell einem die Fahrerlaubnis entzogen werden kann und was man alles dafür tun und lassen muß, erneut fahren zu dürfen, wie man also die unzähligen Hürden überwinden und den Führerschein wiedererhalten kann.

Das ist aber auch noch nicht alles, denn die zum 1. 1. 1999 erfolgte Einführung des zentralen Fahrerlaubnisregisters beim Flensburger Kraftfahrt-Bundesamt macht es möglich, durch einen einfachen Datenabgleich die „Negativdaten" und „Positivdaten" zu vergleichen und den Führerscheininhaber auf Knopfdruck zu einem gläsernen Bürger zu machen. Doch dadurch wird es auch möglich, endlich eine zuverlässige Statistik darüber zu bekommen, wie gut oder wie schlecht die Fahreignungsgutachten der „TÜVologischen" Begutachtungsstellen sind.

Juristisch ist wichtig, daß das frühere „Mehrfachtäter-Punktsystem", das lediglich eine Richtlinie der Staatsverwaltung war, durch die neue Fahrerlaubnis-Verordnung auf die Ebene von Verordnungen und in ein völlig neues Regelsystem gehievt wurde und daß durch Ordnungswidrigkeiten auffällig gewordene Kraftfahrer nicht mehr als „Täter" bezeichnet werden.

Von all dem zusätzlichen Wissen über den Weg, der zurück zum Führerschein führt, handelt dieses Buch. Nur wenn Sie sich das notwendige Wissen aneignen, werden Sie mündig und kein Bittsteller. Bevor wir uns in die Einzelheiten vertiefen, werfen wir jedoch einen Blick auf die Neuigkeiten des Fahrerlaubnisrechts. Diese sind nämlich für alle, die eine Fahrerlaubnis neu erwerben wollen, spätestens nach Ablauf der Übergangszeit bis zum 30. 6. 1999 verbindlich.

C. Der neue, einheitliche EU-Führerschein

1. Kurze Vorgeschichte und Rechtsgrundlagen

Laut Auskunft des Bundesministers für Verkehr hat der Ministerrat der Europäischen Gemeinschaften bereits 1980 mit der Ersten Richtlinie über den Führerschein mit der Harmonisierung des Fahrerlaubnisrechts begonnen. Diese Richtlinie enthielt

- die gegenseitige Anerkennung der Führerscheine im grenzüberschreitenden Verkehr und bei vorübergehenden Aufenthalten als Tourist oder Besucher,

- den Umtausch der Führerscheine ohne eine Prüfung bei der Verlegung des Wohnsitzes der Inhaber in einen anderen Mitgliedstaat der Europäischen Union,

- Mindestanforderungen an die theoretische und praktische Fahrerlaubnisprüfung sowie die Fahrtauglichkeit der Fahrerlaubnisbewerber und -inhaber und

- die Einführung des einheitlich rosafarbenen EG-Modells für den Führerschein.

Im Jahre 1991 hat dann der Ministerrat der Europäischen Gemeinschaften die Zweite Richtlinie über den Führerschein verabschiedet. Darin wurde insbesondere folgendes geregelt:

- die gegenseitige unbefristete Anerkennung der Führerscheine, auch wenn der Inhaber seinen Wohnsitz in einen anderen Mitgliedstaat verlegt,

- die Einführung der internationalen Einteilung der Fahrerlaubnisklassen mit den Klassen A bis E und der Möglichkeit von Unterklassen,

- detailliertere Mindestanforderungen an die theoretische und praktische Fahrerlaubnisprüfung,

- detailliertere Mindestanforderungen an die Fahrtauglichkeit der Fahrerlaubnisbewerber und -inhaber und

- die Einführung eines einheitlichen Führerscheinmusters im Scheckkartenformat als Alternative zum herkömmlichen, auf Papier gedruckten Format.

Die Richtlinien gelten in den Mitgliedstaaten nicht automatisch, sie müssen nämlich in das nationale Recht umgesetzt werden. Dies ist in der Bundesrepublik Deutschland im wesentlichen geschehen durch

- das Gesetz zur Änderung des Straßenverkehrsgesetzes (StVG) und anderer Gesetze vom 24. April 1998 (BGBl. I S. 747) und

- die Verordnung über die Zulassung von Personen zum Straßenverkehr (Fahrerlaubnis-Verordnung) und zur Änderung straßenverkehrsrechtlicher Vorschriften vom 18. August 1998 (BGBl. I S. 2214, Heft 55; abgedruckt mit Begründung im Verkehrsblatt Heft 20, Erscheinungsdatum 30. 10. 1998).

Das Gesetz (StVG) und die Fahrerlaubnis-Verordnung (FeV) sind am 1. Januar 1999 in Kraft getreten. Das Gesetz enthält vor allem die Grundsätze des neuen Fahrerlaubnisrechts sowie die Vorschriften für die Fahrerlaubnis auf Probe und das neue Punktsystem. Alle übrigen wesentlichen fahrerlaubnisrechtlichen Bestimmungen, insbesondere die Fahrerlaubnisklassen und die Voraussetzungen für die Erteilung einer Fahrerlaubnis, sind in der neuen Fahrerlaubnis-Verordnung zusammengefaßt.

Diese neuen gesetzlichen Grundlagen machen es natürlich möglich, daß z. B. eines schönen Tages wegen in einem anderen Mitgliedsland der Europäischen Union begangener Verkehrsverstöße im Heimatland Deutschland die Fahrerlaubnis entzogen und eine Eignungsbegutachtung angeordnet wird.

Es könnte aber auch passieren, daß man sich plötzlich mit der Tatsache konfrontiert sieht, daß die vermeintlich lockereren Verkehrssitten eines südlichen EU-Staates Spuren in Form von Bußgeldbescheiden hinterlassen haben und man sich auch noch damit auseinandersetzen muß, daß trotz anderer Mentalität der Menschen im Urlaubsland, die gesetzlichen Vorschriften doch „deutsch" sind. Und man muß sich fragen, wie man das alles dem psychologischen Gutachter erklärt.

Es bricht für den autofahrenden Bürger in der Europäischen Union doch ein neues Zeitalter an.

2. Die neuen Fahrerlaubnisklassen

Künftig gibt es in Deutschland folgende Fahrerlaubnisklassen:

Klasse A

Krafträder mit oder ohne Beiwagen

Klasse A1

Krafträder mit einem Hubraum von nicht mehr als 125 cm^3 und einer Motorleistung von nicht mehr als 11 kW (sog. Leichtkrafträder). Für 16- und 17jährige Leichtkraftradfahrer gilt eine durch die Bauart bestimmte Höchstgeschwindigkeit von nicht mehr als 80 km/h.

Klasse B

Kraftfahrzeuge mit einer zulässigen Gesamtmasse von nicht mehr als 3500 kg und mit nicht mehr als 8 Sitzplätzen außer dem Führersitz (auch mit Anhänger bis 750 kg Gesamtmasse oder bis zur Höhe der Leermasse des Zugfahrzeugs bei einer zulässigen Gesamtmasse der Kombination von nicht mehr als 3500 kg).

Klasse C

Kraftfahrzeuge – ausgenommen jene der Klasse D – mit einer zulässigen Gesamtmasse von mehr als 3500 kg (auch mit Anhänger bis 750 kg Gesamtmasse).

Klasse C1

Kraftfahrzeuge – ausgenommen jene der Klasse D – mit einer zulässigen Gesamtmasse von mehr als 3500 kg, aber nicht mehr als 7500 kg (auch mit Anhänger bis 750 kg Gesamtmasse).

Klasse D

Kraftfahrzeuge zur Personenbeförderung mit mehr als 8 Sitzplätzen außer dem Führersitz (auch mit Anhänger bis 750 kg Gesamtmasse).

Klasse D1

Kraftfahrzeuge zur Personenbeförderung mit mehr als 8 Sitzplätzen außer dem Führersitz, aber nicht mehr als 16 Sitzplätzen (auch mit Anhänger bis 750 kg Gesamtmasse).

Klasse BE, CE, C1E, DE, D1E

Kraftfahrzeuge der Klassen B, C, C1, D oder D1 mit Anhänger mit einer zulässigen Gesamtmasse von mehr als 750 kg (Ausnahme bei Klasse B, siehe Abschnitt „Anhängerführerscheine"). Bei den Klassen C1E und D1E darf die zulässige Gesamtmasse der Kombination 12 000 kg und die zulässige Gesamtmasse des Anhängers die Leermasse des Zugfahrzeugs nicht übersteigen. Bei der Klasse D1E darf der Anhänger außerdem nicht zur Personenbeförderung verwendet werden.

Klasse M

Kleinkrafträder und Fahrräder mit Hilfsmotor mit einer durch die Bauart bestimmten Höchstgeschwindigkeit von nicht mehr als 45 km/h und einem Hubraum von nicht mehr als 50 cm^3.

Klasse T

Zugmaschinen mit einer durch die Bauart bestimmten Höchstgeschwindigkeit von nicht mehr als 60 km/h und selbstfahrende Arbeitsmaschinen mit einer durch die Bauart bestimmten Höchstgeschwindigkeit von nicht mehr als 40 km/h, die jeweils nach ihrer Bauart zur Verwendung für land- oder forstwirtschaftliche Zwecke bestimmt sind und für solche Zwecke eingesetzt werden (jeweils auch mit Anhängern).

Klasse L

Zugmaschinen, die nach ihrer Bauart zur Verwendung für land- oder forstwirtschaftliche Zwecke bestimmt sind und für solche Zwecke eingesetzt werden, mit einer durch die Bauart bestimmten Höchstgeschwindigkeit von nicht mehr als 32 km/h und Kombinationen aus diesen Fahrzeugen und Anhängern, wenn sie mit einer Geschwindigkeit von nicht mehr als 25 km/h geführt werden und, sofern die durch die Bauart bestimmte Höchstgeschwindigkeit des ziehenden Fahrzeugs mehr als 25 km/h beträgt, sie für eine Höchstgeschwindigkeit von nicht mehr als 25 km/h durch Geschwindigkeitsschilder (§ 58 der Straßenverkehrs-Zulassungs-Ordnung – StVZO) gekennzeichnet sind, sowie selbstfahrende Arbeitsmaschinen und Flurförderzeuge (z. B. Gabelstapler u. ä.) mit einer durch die Bauart bestimmten Höchstgeschwindigkeit von nicht mehr als 25 km/h und Kombinationen aus diesen Fahrzeugen und Anhängern.

Folgende Kraftfahrzeuge dürfen Sie ohne Fahrerlaubnis und mit Prüfbescheinigung fahren:

- einspurige, einsitzige Fahrräder mit Hilfsmotor bis 25 km/h (Mofas; besondere Sitze für die Mitnahme von Kindern unter sieben Jahren dürfen angebracht sein),

- nach der Bauart zum Gebrauch durch körperlich gebrechliche oder behinderte Personen bestimmte Kraftfahrzeuge (motorisierte Krankenfahrstühle) mit einem Sitz, einem Leergewicht von nicht mehr als 300 kg und einer durch die Bauart bestimmten Höchstgeschwindigkeit von mehr als 10 km/h aber nicht mehr als 25 km/h.

Folgende Fahrzeuge dürfen Sie ohne Fahrerlaubnis und Prüfbescheinigung fahren:

- motorisierte Krankenfahrstühle bis 10 km/h,

- selbstfahrende Arbeitsmaschinen, Zugmaschinen, die nach ihrer Bauart für die Verwendung für land- oder forstwirtschaftliche Zwecke bestimmt sind, und Flurförderzeuge (z. B. Gabelstapler u. ä.) jeweils mit einer durch die Bauart bestimmten Höchstgeschwindigkeit von nicht mehr als

6 km/h sowie einachsige Zug- und Arbeitsmaschinen, die von Fußgängern an Holmen geführt werden.

Für Fahrgastbeförderung gilt:

Für die **Beförderung von Fahrgästen** in Taxen, Mietwagen, Krankenkraftwagen sowie in Personenkraftwagen im Linienverkehr (§§ 42, 43 des Personenbeförderungsgesetzes) und in Personenkraftwagen bei gewerbsmäßigen Ausflugsfahrten oder Ferienziel-Reisen (§ 48 des Personenbeförderungsgesetzes) ist neben der allgemeinen Fahrerlaubnis eine zusätzliche Fahrerlaubnis zur Fahrgastbeförderung erforderlich.

Tabelle 1: Vergleich der alten und neuen Fahrerlaubnisklassen

	Fahrerlaubnisklassen alt bis 31. 12. 1998		Fahrerlaubnisklassen neu ab 1. 1. 1999
1:	Leistungsunbeschränkte Krafträder	A:	Leistungsunbeschränkte Krafträder
1a:	Krafträder bis 25 kW, nicht mehr als 0,16 kW/kg Erwerb der Klasse 1 nur möglich nach mindestens zweijährigem Besitz der Klasse 1a und ausreichender Fahrpraxis (mindestens 4000 km)		Berechtigung zum Führen leistungsunbeschränkter Krafträder erst nach mindestens zwei Jahren Fahrerfahrung auf Krafträdern bis 25 kW, nicht mehr als 0,16 kW/kg, „Direkteinstieg" in die unbeschränkte Klasse A ab 25 Jahren möglich
1b:	Krafträder bis 125 cm³, bis 11 kW; A1 für 16- und 17jährige; 80 km/h bauartbedingte Höchstgeschwindigkeit	A1:	Inhalt unverändert
2:	Kfz über 7500 kg Züge mit mehr als drei Achsen	C:	Kfz über 3500 kg mit Anhänger bis 750 kg
		CE:	Kfz über 3500 kg mit Anhänger über 750 kg

3:	Kfz bis 7500 kg Züge mit nicht mehr als 3 Achsen (d. h., es kann ein einachsiger Anhänger mitgeführt werden; Achsen mit einem Abstand von weniger als 1 m voneinander gelten als eine Achse.)	B:	Kfz bis 3500 kg mit Anhänger bis 750 kg oder mit Anhänger über 750 kg, sofern die zulässige Gesamtmasse des Anhängers die Leermasse des Zugfahrzeugs und die zulässige Gesamtmasse des Zuges 3500 kg nicht überschreiten
		BE:	Kombinationen aus einem Zugfahr- zeug der Klasse B und einem Anhänger, die nicht in die Klasse B fallen
		C1:	Kfz zwischen 3500 kg und 7500 kg mit Anhänger bis 750 kg
		C1E:	Kfz der Klasse C1 mit Anhänger über 750 kg, sofern die zulässige Gesamtmasse des Anhängers die Leermasse des Zugfahrzeugs und die zulässige Gesamtmasse der Kombi- nation 12 000 kg nicht überschreiten
2, 3:	je nach dem zulässigen Gesamt- gewicht des Fahrzeugs + Fahrerlaubnis zur Fahrgast- beförderung in Kraftomnibussen	D:	Kfz mit mehr als 8 Plätzen

17

		DE:	Kfz der Klasse D mit Anhänger über 750 kg
		D1:	Kraftomnibusse mit mehr als 8, aber nicht mehr als 16 Sitzplätzen
		D1E:	Kfz der Klasse D1 mit Anhänger über 750 kg sofern die zulässige Gesamtmasse des Anhängers die Leermasse des Zugfahrzeugs und die zulässige Gesamtmasse der Kombination 12 000 kg nicht überschreiten. Der Anhänger darf nicht zur Personenförderung verwendet werden.

Quelle: Bundesministerium für Verkehr 1998

D. Sonstige Neuerungen

1. Ärztliche Pflichtuntersuchungen

Es gelten folgende Regelungen:

Neue FE-Klassen	Sehtest	Verkehrsmedizinische Untersuchung
A	Ja	Die Führerscheinstelle ordnet die verkehrsmedizinische Untersuchung nur an, wenn dazu ein besonderer Anlaß gegeben ist.
A1	Ja	wie oben
B	Ja	wie oben
BE	Ja	wie oben
M	Ja	wie oben
L	Ja	wie oben
T	Ja	wie oben

Die Fahrerlaubnis wird für diese Klassen in verkehrsmedizinischer Hinsicht unbefristet erteilt, Sie brauchen also keine medizinischen Folgeuntersuchungen machen lassen.

Neue FE-Klassen	Sehtest	Verkehrsmedizinische Untersuchung
C1, C1E	Ja	Grundsätzlich und auf Ihre Kosten vorgeschrieben. Die Fahrerlaubnis wird bis zur Vollendung des 50. Lebensjahres erteilt; danach alle 5 Jahre Nachuntersuchung.
C, CE	Ja	für 5 Jahre, danach alle 5 Jahre Nachuntersuchung.
D, D1, DE, D1E	Ja	für 5 Jahre, längstens jedoch bis zur Vollendung des 50. Lebensjahres, danach alle 5 Jahre Nachuntersuchung.
FE zur Fahrgast- beförderung	Ja	für 5 Jahre, längstens jedoch bis zur Vollendung des 60. Lebensjahres, danach alle 5 Jahre Nachuntersuchung.

Die Gültigkeitsdauer der Fahrerlaubnis wird für diese Klassen nur dann verlängert, wenn Sie durch Bescheinigungen oder Gutachten nachweisen, daß
Ihr Sehvermögen für die gewünschte Fahrtätigkeit ausreichend ist und sich
aus dem verkehrsmedizinischen Attest ergibt, daß bei Ihnen für das sichere
Führen von Kraftfahrzeugen der gewünschten Art keine bedeutsamen Beeinträchtigungen vorliegen.

Zusätzliche Anforderungen für die nachgenannten Klassen:

Neue FE-Klassen	Betriebs- oder Arbeitsmedizinisches Gutachten, oder Gutachten einer BfF-Stelle
Bei Erteilung einer Fahrerlaubnis der Klassen D, D1, DE, D1E und der Fahrerlaubnis zur Fahrgastbeförderung.	Nachweis darüber, daß Sie die an Sie gestellten besonderen Anforderungen an Belastbarkeit, Orientierung, Konzentrationsfähigkeit und Reaktionsvermögen erfüllen.
Bei Verlängerung einer Fahrerlaubnis der Klassen D, D1, DE, D1E ab dem 50. Lebensjahr.	wie oben
Bei Verlängerung der Fahrerlaubnis zur Fahrgastbeförderung ab dem 60. Lebensjahr.	wie oben

Im Rahmen der obigen Untersuchung kann auch die in den Tabellen (S. 19)
genannte allgemeine verkehrsmedizinische Untersuchung durchgeführt werden.

2. Besitzstandswahrung

Für Sie, der sich um die Neu-Erteilung der Fahrerlaubnis bemüht, gilt die
Regelung über Besitzstandswahrung nicht. Sie gelten als Erstbewerber und
müssen sich nach den Vorschriften über die neuen Klassen richten.

3. Übergangsregelungen

a) Medizinische Untersuchung bei sogenannten „Altinhabern"

Auch diese gelten für Sie bei der Neu-Erteilung der Fahrerlaubnis nicht.

b) Antrag auf Neu-Erteilung 1998/Erteilungsverfahren 1998 nicht abgeschlossen

Ab 1. Januar 1999 kann die Fahrerlaubnis nur noch in den neuen Klassen erteilt werden. In Fällen, in denen das Verfahren zur Erteilung einer Fahrerlaubnis zum 31. Dezember 1998 nicht abgeschlossen wird, gilt folgendes:

Ausbildung und Prüfung können bis zum 30. Juni 1999 nach altem Recht durchgeführt werden.

Wird die Fahrerlaubnis bis zum 30. Juni 1999 erteilt, erhält der Bewerber die neuen Klassen, die der beantragten Klasse entsprechen, also z. B. bei einem Antrag auf Erteilung der Klasse 3 die Klassen B und BE sowie die Klassen C1 und C1E, befristet bis zum 50. Lebensjahr, aber ohne ärztliche Untersuchung, bei einem Antrag auf Erteilung der Klasse 2 die Klassen C und CE, befristet auf fünf Jahre.

Wird die Fahrerlaubnis bis zum 30. Juni 1999 nicht erteilt, wird der Antrag wie folgt umgedeutet:

Tabelle 2: Umdeutung der alten in neue Fahrerlaubnisklassen

UMDEUTUNG	
eines Antrags auf Klasse	in Antrag auf Klasse
1a	A (beschränkt)
1b	A1
3	B
2 ohne Vorbesitz der Klasse 3	B, C und CE
2 mit Vorbesitz der Klasse 3	C und CE
4	M
4	L
Fahrerlaubnis zur Fahrgastbeförderung in Kraftomnibussen ohne Beschränkung	D
Fahrerlaubnis zur Fahrgastbeförderung in Kraftomnibussen, beschränkt auf höchstens 24 Plätze und/oder 7,5 t zulässiges Gesamtgewicht	D1

Ausbildung und Prüfung erfolgen in diesem Fall nach neuem Recht, es müssen also z. B. bei einem Antrag auf Klasse 2 ohne Vorbesitz der Klasse 3 für die Klassen B, C und CE jeweils getrennte Prüfungen abgelegt werden.

c) Was gilt, wenn mehr als 24 Monate seit Beschlagnahme des Führerscheins oder Entzug der Fahrerlaubnis verstrichen sind, und die Teilprüfung Theorie bereits 1998 bestanden wurde, aber die praktische Prüfung noch aussteht?

Eine theoretische Prüfung, die der Bewerber bis zum 30. Juni 1999 für eine der Klassen alten Rechts abgelegt hat, bleibt jeweils ein Jahr auch für die in der Tabelle genannte entsprechende neue Klasse gültig.

4. Verkehrszentralregister (VZR)

Ab 1. Januar 1999 erhalten Privatpersonen kostenlos Auskunft über die sie betreffenden Eintragungen und damit auch über die eigenen Punkte im Verkehrszentralregister. Auskunft erteilt das

Kraftfahrt-Bundesamt, 24932 Flensburg.

Damit nicht unter Angabe eines falschen Namens über fremde Personen Auskünfte eingeholt werden können, ist dem Antrag ein Identitätsnachweis beizufügen:

- die amtliche Beglaubigung der Unterschrift,

- der Personalausweis, der Paß oder der behördliche Dienstausweis oder deren amtlich beglaubigte Ablichtung oder

- die Geburtsurkunde.

Auskunft bekommt auch ein beauftragter Rechtsanwalt bei Vorlage einer entsprechenden Vollmachtserklärung.

Die Besorgung des Auszugs aus dem Verkehrszentralregister ist für Sie deshalb von erheblicher Bedeutung, weil Sie diese Auskunft über den Punktestand und die dazugehörigen sogenannten KBA-Auszüge bei Inanspruchnahme des Amtlich anerkannten Verkehrspsychologischen Beraters dringend benötigen. Die Eintragungsmitteilungen („Nachricht an das Kraftfahrt-Bundesamt") der Bußgeldstelle beinhalten sämtliche Einzelheiten der jeweiligen Bußgeldbescheide.

5. Zentrales Fahrerlaubnisregister

Ab 1. Januar 1999 wurde beim Kraftfahrt-Bundesamt (KBA) ein zentrales Fahrerlaubnisregister eingerichtet. Im Verkehrszentralregister (VZR) wurden bisher nur die sogenannten „Negativdaten" über die Fahrerlaubnis bzw. über den/die Besitzer/in einer Fahrerlaubnis (namentlich Entziehungen, Versagungen, Fahrverbote und Entscheidungen wegen Ordnungswidrigkeiten ab 80 DM Bußgeld) sowie bei Fahranfängern die Fahrerlaubnisdaten ausschließlich für die Zwecke der Fahrerlaubnis auf Probe gespeichert. Die **„Positivdaten"**, d. h., wer wann in welchen Klassen eine Fahrerlaubnis erworben hat, waren vor 1999 nur in den rund 600 örtlichen Fahrerlaubnisregistern vorhanden, die bei den Landratsämtern und in den Städten bei den Führerscheinstellen geführt wurden. Künftig werden auch diese Daten zentral beim Kraftfahrt-Bundesamt gespeichert.

Auch aus diesem Register erhält jeder Bürger **unentgeltlich** Auskunft.

Der Identitätsnachweis ist in derselben Form zu erbringen, wie bei Anfragen an das Verkehrszentralregister.

Ohne hier ein Horrorszenario des „gläsernen Menschen" nach **Orwell** aufzeigen zu wollen, darf doch erwähnt werden, daß die zentrale Speicherung aller Daten über die Führerscheinkarriere eines jeden Kraftfahrers in unserem Computerzeitalter natürlich vieles ermöglicht. Es können z. B. statistische Auswertungen darüber erstellt werden,

- ob und wie häufig und mit welchem Ergebnis ein bestimmter Kraftfahrer durch eine BfF-Stelle begutachtet wurde,

- auf welche Weise er auffällig oder rückfällig wurde,

- ob die positiven Eignungsgutachten einer bestimmten BfF-Stelle sich als richtig erwiesen haben,

- ob die Beratungstätigkeit von Amtlich anerkannten Verkehrspsychologischen Beratern sich tatsächlich positiv auswirkt,

- ob die Arbeit von Nachschulungsorganistionen, Therapeuten tatsächlich etwas bewirkt,

- ob die von Fahrlehrern durchgeführten Aufbauseminare etwas taugen,

- ob die Aufbauseminare von amtlich anerkannten Kursleitern etwas Positives bewirken.

Demzufolge wird man sich seiner eigenen, unschönen Führerscheinkarriere nicht durch einen Umzug in ein anderes Bundesland entziehen können.

Es wäre technisch auch möglich, daß bei einer polizeilichen Kontrolle der Beamte über den in seinem Streifenwagen installierten Computer sofort die ganze Fahrervorgeschichte auf dem Bildschirm hat!

Der Zugriff für in- und ausländische Behörden – Polizei, Zoll, Bundesgrenzschutz und Verwaltung – auf diese Daten im zentralen Fahrerlaubnisregister ist auf mannigfache Art und Weise möglich. Die Einzelheiten sind in den §§ 49 bis 58 der Fahrerlaubnis-Verordnung geregelt.

6. Facharzt für Verkehrsmedizin

Die neue Fahrerlaubnis-Verordnung schreibt in § 11 vor, daß bei der Beurteilung der körperlichen oder geistigen Eignung von Fahrerlaubnisbewerbern nicht sofort ein medizinisch-psychologisches Gutachten (MPU) anzuordnen ist. Wenn die Fragestellung es erlaubt, reicht eine ärztliche Begutachtung.

Neu ist, daß künftig nicht jeder Arzt für eine derartige Begutachtung in Frage kommen kann. Die Fahrerlaubnisbehörde bestimmt nämlich in der Anordnung, ob das Gutachten von einem

* für die Fragestellung (Absatz 6 Satz 1) zuständigen Facharzt mit verkehrsmedizinischer Qualifikation,

* Arzt des Gesundheitsamtes oder einem anderen Arzt der öffentlichen Verwaltung oder

* Arzt mit der Gebietsbezeichnung „Arbeitsmedizin" oder der Zusatzbezeichnung „Betriebsmedizin"

erstellt werden soll.

Zumindest für eine Übergangszeit wird es nicht einfach sein, diese Anforderung zu erfüllen, weil es den Facharzt mit verkehrsmedizinischer Qualifikation nicht gibt.

Die Notlösung soll darin bestehen, daß jedem Arzt, der mindestens 1 Jahr lang bei den BfF-Stellen des TÜV bei der Fahreignungsbegutachtung gearbeitet hat, diese Zusatzqualifikation zuerkannt wird.

Hinweis:

Falls Sie mit einer medizinischen Beurteilung nicht einverstanden sind, steht es jedem frei, sich eines medizinischen Obergutachters, oder falls es im jeweiligen Bundesland keine Obergutachter mehr gibt, einer herausragenden wissenschaftlichen Persönlichkeit zu bedienen.

7. Der Amtlich anerkannte Verkehrspychologische Berater

Die Berufsbezeichnung **Amtlich anerkannter Verkehrspychologischer Berater** ist absolut neu, sie wurde erst mit und in der neuen Fahrerlaubnis-Verordnung eingeführt. Sie bedeutet die erstmalig gesetzlich geregelte Anerkennung der wissenschaftlichen Disziplin der Verkehrspsychologie.

Mit der Ausgestaltung dieses Berufes und der bundesweiten Einführung dieser Dienstleistung wurde die Sektion Verkehrspsychologie des Berufsverbandes Deutscher Psychologinnen und Psychologen e. V. (BDP) betraut. Der BDP wurde also durch Gesetz ermächtigt, geeignete Fachkräfte auszuwählen und ihnen die amtliche Anerkennung als Zulassungsvoraussetzung zu verleihen. Auch dies ist ein ziemlich einmaliges Ereignis, und auf den Verkehrspsychologen lastet eine recht große Verantwortung. Mit dieser staatlich legalisierten Hilfeleistung spielt Deutschland in diesem Bereich eine führende Rolle – die übrigen EU-Staaten zeigen sich schon hoch interessiert.

Der **Amtlich anerkannte Verkehrspychologische Berater** nimmt durch seine Tätigkeit an den behördlichen Entscheidungen teil, weil seine Arbeit eine sogenannte Rechtsfolge nach sich zieht. Diese besteht darin, daß dem Kraftfahrer zur Zeit 2 Punkte gelöscht werden, wenn er diese Beratungsleistung des Verkehrspsychologen in Anspruch nimmt.

Damit Sie von vornherein Vertrauen zu diesem neuen Berufsstand haben und ihn von unseriösen Geschäftemachern unterscheiden können, die Ihnen nur Unsummen aus der Tasche ziehen wollen, beschreiben wir Ihnen zunächst die Bedingungen für die amtliche Zulassung dieses Beraters und seinen Leistungsumfang.

Falls Sie sich zu einem **Amtlich anerkannten Verkehrspychologischen Berater** begeben wollen, wissen Sie also, wen Sie vor sich haben.

Bedingungen für die amtliche Anerkennung als Verkehrspsychologischer Berater (§ 71 FeV):

1. Abschluß eines Hochschulstudiums als Diplom-Psychologe

2. Spezielle Ausbildung in der Verkehrspsychologie

3. Erfahrungen in der Verkehrspsychologie:

   – mindestens 3 Jahre bei Begutachtungsstellen

   – mindestens 5 Jahre freiberufliche Tätigkeit

4. Teilnahme an einem Qualitätssicherungssystem:

   – Ausbildung in Verkehrsrecht

   – Führen einer Beratungsdokumentation

   – Auswertung und Kontrolle der Beratungsdokumentation

   – alle 2 Jahre Teilnahme an einer Fortbildungsmaßnahme.

Die verkehrspsychologische Beratung darf ausschließlich in **gewerblichen Praxisräumen** mit entsprechender Büroausstattung und Sanitärräumen stattfinden. Daß solche Praxisräume zur Verfügung stehen, ist Voraussetzung für die amtliche Zulassung.

Der Berater hat alle seine Beratungsleistungen zu dokumentieren und alle 2 Jahre an einer Maßnahme zur Qualitätssicherung teilzunehmen.

Die amtliche Anerkennung gilt jeweils für 2 Jahre, sie wird jedoch jeweils auf Antrag um weitere 2 Jahre verlängert, wenn der Berater die Eignungsvoraussetzungen erfüllt.

Sie sehen, der **Amtlich anerkannte Verkehrspychologische Berater** kennt sich zum einen aufgrund seines Studiums und aufgrund seiner praktischen Berufserfahrung in allen Bereichen des Führerscheinwesens bestens aus.

Der **Amtlich anerkannte Verkehrspychologische Berater** ist sogar berechtigt, mit Ihnen bei Bedarf eine Fahrprobe durchzuführen.

Wichtig ist zu wissen, daß das Ergebnis der Beratung

• ausschließlich für Sie, den Ratsuchenden bestimmt ist,

• der Behörde nicht mitgeteilt wird,

• aber Sie können in Form einer Teilnahmebescheinigung der Behörde die Inanspruchnahme dieser Beratung nachweisen, um in den Genuß eines Punkterabatts zu kommen.

Leistungsumfang und Inhalt der verkehrspsychologischen Beratung mit Punkterabatt:

In § 4 Abs. 9 StVG wird festgelegt, daß der Ratsuchende veranlaßt werden soll, Mängel in seinen Einstellungen und Haltungen zum Straßenverkehr und zur Verkehrssicherheit zu erkennen und die Bereitschaft zu entwickeln, diese Mängel zu beseitigen.

Dieses Ziel wird bzw. kann z. B. auf folgende Weise erreicht werden:

- die Beratungsgespräche sind in jedem Fall **Einzelgespräche** und keine Gruppensitzungen,

- die Beratung beinhaltet mindestens insgesamt **4 Stunden Einzelgespräche** einschließlich 1 Stunde Vor- und Nachbereitung,

- die Gespräche müssen in einem **Zeitraum von 2 bis höchstens 4 Wochen** stattfinden,

- im Gespräch sollen **Einzelheiten und Besonderheiten der Verkehrsverstöße** erarbeitet werden,

- eine in Einzelheiten gehende Aufklärung soll aufgrund der **KBA-Auszüge** erfolgen, die Sie sich vorher vom Kraftfahrt-Bundesamt schicken lassen,

- da Sie es mit einem Diplom-Psychologen zu tun haben, werden Sie beide im Gespräch herausfinden wollen, ob etwa persönliche, berufliche Umstände oder Lebensbedingungen zu den wiederholten Verstößen geführt haben.

Da das Straßenverkehrsgesetz in § 4 Abs. 9 die Ursachenanalyse und Motivationsentwicklung hervorgehoben hat, zielt die Beratung auch auf folgende Aspekte ab:

- Hilfe zur Verhaltensänderung,
- bessere Problemeinsicht,
- Wissenszuwachs,
- Selbstreflexion,
- realistische Risikoeinschätzung,
- realistische Selbsteinschätzung,
- partnerschaftliches Verkehrsverständnis.

Der **Amtlich anerkannte Verkehrspychologische Berater** kann Ihnen auf Wunsch eine abschließende Beratungsdokumentation mit Empfehlungen ausstellen.

Sie können bei Bedarf bei einem **Amtlich anerkannten Verkehrspychologischen Berater** Ihres Vertrauens natürlich – außerhalb des Rahmens einer ersten Beratungsleistung – auch weiterführende Hilfestellungen in Anspruch nehmen.

Ihr Berater hat selbst ein großes Interesse daran, daß Sie nicht wieder verkehrsauffällig werden.

E. Das neue Punktsystem

Die im Verkehrszentralregister beim Kraftfahrt-Bundesamt in Flensburg eingetragenen Verkehrsstraftaten und Ordnungswidrigkeiten werden wie bisher je nach Schwere mit 1 bis 7 Punkten bewertet. Inhaltlich soll das Punktsystem künftig nicht mehr nur der Feststellung von Defiziten bei der Kraftfahrereignung dienen, sondern dem Kraftfahrer auch Hilfestellungen geben, diese Defizite zu beheben und das Erreichen von 18 Punkten und damit die Entziehung der Fahrerlaubnis zu vermeiden. Im einzelnen sind im neuen Punktsystem folgende Maßnahmen vorgesehen:

Tabelle 3: Punktestand und Reduzierungsmaßnahmen

Punktestand	Maßnahmen
8 Punkte	Schriftliche Unterrichtung und Verwarnung.
14 Punkte	Anordnung, an einem Aufbauseminar (früher: Nachschulung) teilzunehmen (Pflichtseminar). Falls innerhalb der letzten fünf Jahre bereits Teilnahme an einem Aufbauseminar, nur schriftliche Verwarnung.
	Schriftlicher Hinweis auf die Möglichkeit einer freiwilligen verkehrspsychologischen Beratung.
	Neu: Verkehrspsychologische Beratung mit 2 Punkten Gutschrift bei einem Amtlich anerkannten Verkehrspsychologischen Berater.
	Hinweis, daß bei Erreichen von 18 Punkten die Fahrerlaubnis sofort entzogen wird.
18 Punkte	**Neu:** Sofortiger Entzug der Fahrerlaubnis. *(Früher war noch vorher die MPU-Begutachtung möglich.)*

Nimmt der Betroffene freiwillig an einem Aufbauseminar teil, so werden ihm bei einem Punktestand bis 8 Punkten 4 Punkte, bei einem Punktestand von 9 bis 13 Punkten noch 2 Punkte erlassen.

Auch bei 14 Punkten greift noch das neue Bonus-System: Wenn der Betroffene freiwillig zusätzlich an einer verkehrspsychologischen Beratung teilnimmt, werden ihm 2 Punkte abgezogen.

Erreicht oder überschreitet der Betroffene 14 oder 18 Punkte, ohne daß die Fahrerlaubnisbehörde ihn bei 8 Punkten informiert hat, wird er so gestellt, als ob er 8 Punkte hätte. Erreicht oder überschreitet er in der Folgezeit 18 Punkte, ohne daß die Fahrerlaubnisbehörde die bei der Schwelle von 14 Punkten vorgesehenen Maßnahmen ergriffen hat, wird er so gestellt, als ob er 14 Punkte hätte. Auch wenn der Betroffene „auf einen Schlag" eine hohe Punktzahl erreicht, kann er damit dennoch die Hilfestellungen des Punktsystems in Anspruch nehmen.

Wer trotz der Möglichkeiten und Hilfestellungen des Punktsystems 18 Punkte und mehr erreicht, dem muß im Interesse der Verkehrssicherheit die Fahrerlaubnis entzogen werden.

Eine neue Fahrerlaubnis darf frühestens sechs Monate nach der Entziehung erteilt werden. Hierfür ist in der Regel die Beibringung eines Gutachtens einer amtlich anerkannten Begutachtungsstelle für Fahreignung erforderlich.

Die Besonderheiten des Punktsystems

Das grundsätzlich Neue an diesem erstmalig zum 1. Mai 1974 eingeführten und jetzt reformierten Punktsystem ist, daß es im Gegensatz zur früheren Praxis die charakterliche Kraftfahreignung per definitionem, also durch eine amtliche Erklärung, an 18 Punkte bindet:

• Wer 18 Punkte erreicht hat, ist zum Führen von Kraftfahrzeugen grundsätzlich ungeeignet.

• Wer in der Flensburger Kartei keine Punkte hat, gilt demzufolge als charakterlich geeignet.

Gegen diese bürokratische Auffassung protestiert nicht nur der gesunde Menschenverstand, auch die Verkehrspsychologie hat immer schon erklärt, daß es sich bei diesem Punktsystem um ein willkürliches handelt. Es ist nämlich wissenschaftlich durch nichts bewiesen, daß gerade 18 Punkte der Maßstab der charakterlichen Ungeeignetheit sind. Die Verfechter dieses Systems, diesmal insbesondere in der Person von Ministerialdirigent Dr. Joachim Jagow im Bundesministerium für Verkehr, können an Begründung allenfalls wie folgt anführen:

„Von den ca. 50 Millionen Führerscheininhabern sind lediglich etwas über 12 Prozent (6,2 Millionen Personen) im Verkehrszentralregister eingetragen. Von diesen 12 Prozent erreichen letztlich nur 0,3 Prozent – das sind ca. 17 000 Kraftfahrer – 18 Punkte und mehr. Dies ist eine verschwindend geringe Minderheit von Kraftfahrern, die hartnäckig gegen Verkehrsvorschriften verstoßen und dabei in aller Regel auch andere gefährden." (in: Verkehrsdienst 12/98).

Man braucht kein Wissenschaftler zu sein, um die Denkfehler dieser Philosophie zu enthüllen, die gnadenlos übersieht, daß die oben genannte Gruppe der durch Punktzahl für ungeeignet Erklärten (18 Punkte und mehr) natürlich auch Personen enthält, die sogar mehrere hundert Punkte haben (können). Es wird aber nicht einmal verraten, wo die höchste Punktzahl dieser Gruppe liegt und wie groß etwa der Anteil derjenigen ist, die 18 bis 20 Punkte, dann beispielsweise 20 bis 30 oder 30 bis 50 Punkte haben. Die pauschale Erklärung, 18 Flensburg-Punkte würden einen Kraftfahrer ungeeignet machen, sagt nichts darüber aus, welche Art von Verkehrsverstößen sich hinter den 18 Punkten verbirgt: Es können ja Verstöße gegen die Ordnung, aber auch welche gegen die Sicherheit im Straßenverkehr gerichtet sein. Eine differenzierte Unterscheidung wird, im Gegensatz zur früheren Praxis, nicht mehr vorgenommen – ein herber Schlag gegen die Einzelfallgerechtigkeit und Verhältnismäßigkeit und künftig viel Arbeit für die Gerichte.

Bekanntlich erhält der Kraftfahrer Strafpunkte für Verkehrsverstöße, die etwa durch Verursachung von Unfällen begründet sind, und dadurch, daß er bei unregelmäßigen Verkehrsüberwachungsmaßnahmen zufällig auffällt. Von letzteren gibt es auch solche, die selbst Politiker als „schikanös" bezeichnen, weil sie nicht der Verkehrssicherheit dienen. Demzufolge sind logischerweise die Punkte, die sich ein Kraftfahrer einhandelt, zumindest zu einem erheblichen Teil lediglich systembedingt und haben weder Bezug zur tatsächlichen Sicherheit und Ordnung im Straßenverkehr noch zu seiner „charakterlichen Eignung".

Deshalb ist das geradezu Erschreckende an dieser vorwissenschaftlichen und verordneten Eignungsphilosophie, daß der Verordnungsgeber so tut, als hätten die mit wechselnder Häufigkeit stichprobenartig durchgeführten polizeilichen Kontrollen (z. B. Geschwindigkeitsmessungen) und etwa die Bedingung keinen Einfluß auf die Punktzahl, welcher Kraftfahrer welche Straßen (Autobahn, Bundesstraße, Landstraße, Stadtverkehr) besonders bevorzugt oder bevorzugen muß.

Was hat dieses starr geregelte Punktsystem und die daraus abgeleitete charakterliche Ungeeignetheit mit der Wirklichkeit zu tun, wenn es heutzutage bundesweit üblich ist, daß Rundfunksender ihre Hörer regelmäßig vor den Standorten von Radarkontrollen warnen? – Der Kraftfahrer, der die Meldung hört, bremst etwa auf einer Allee im zügig fließenden Verkehr vorübergehend ab, ein anderer, der kein Radio hört, fällt, natürlich zusammen mit zahlreichen weiteren, auf, weil diesem Fahrer noch kein Fahrlehrer beibringen konnte, daß sich das Individuum in der Masse anders verhält, als wenn es allein ist, und daß es in der Masse zu einem „Herdenverhalten" neigt, d. h. sich allzu leicht „mitziehen" läßt.

Mit anderen Worten: Die Philosophie der 18-Punkte-Ungeeignetheit geht von einer völlig realitätsfremden Annahme aus, die besagt: Jeder Kraftfahrer nimmt unter gleichen Bedingungen und in gleicher Form am Straßenverkehr teil. Jeder fährt also z. B.

- die auf identische Weise überwachten Strecken bzw. Fahrstreifen
- gleich häufig,
- zu gleichen Tageszeiten,
- mit gleicher Kilometerleistung,
- genauso häufig in Ballungszentren
- und auf dem Lande.

Man könnte diese Liste der Bedingungen beliebig weiterführen. Die Bürokratie hat die Wirklichkeit auch diesmal übersehen, denn die Punkte-Philosophie bricht bereits etwa an folgender Stelle in sich zusammen: Auf dreispurigen Autobahnen wird nur der linke Fahrstreifen auf Abstandhalten überwacht – und das nur unregelmäßig. Ob auf dem mittleren Fahrstreifen der Abstand eingehalten wird, kümmert den Verordnungsgeber nicht, davon erst gar nicht zu sprechen, daß auf der gleichen Strecke auf dem rechten Fahrstreifen mitunter aus 20 bis 30 Lkw bestehende Kolonnen bei einem Tempo von 80 bis 90 km/h im „Windschatten", also mit einem Abstand von 3 bis 5 m, hintereinander herfahren.

Und wenn z. B. die jetzige Häufigkeit der polizeilichen Überwachung des fließenden Verkehrs lediglich verdoppelt wird oder wenn die Kommunen die Belastbarkeit der Autofahrer durch private „Blitz-Firmen" noch mehr auf die Probe stellen würden – was durchaus denkbar wäre, wenn der Staat mehr Geld benötigt –, bräche die gedankliche Konstruktion der 18-Punkte-Eignungsphilosophie noch mehr zusammen. Dann hätten nämlich plötzlich statt sechs Millionen bestimmt 20 Millionen Kraftfahrer Punkte in Flensburg, was rund 40 Prozent aller Führerscheininhaber entspräche. Und dann müßten sich die Väter des Punktsystems fragen lassen, ob sie z. B. bei der Fahrlehrerausbildung doch etwas vergessen haben, daß nämlich ungenügend ausgebildete Fahrlehrer grundsätzlich nicht in der Lage sein können, einem angehenden Kraftfahrer das nötige Wissen zur Verhaltenssteuerung beizubringen. Das angepaßte Verkehrsverhalten hängt nämlich nicht davon ab, ob dem jungen Fahrschüler ein zum Fahrlehrer umgeschulter Handwerker die Funktionen von Getriebe, Kupplung und Pleuelstange beibringt, sondern daß er es lernt, sich selbst zu beobachten und seine Emotionen und Aggressionsneigung auch hinterm Steuer und allein auf sich gestellt zu beherrschen. Der Fahrschüler soll in der Fahrschule ja nicht zum Kfz-Schlosser, sondern zu einem zum stets angepaßten Verhalten fähigen Kraftfahrer ausgebildet werden. Es wird höchste Zeit, das Problem bei den Wurzeln zu packen und nicht in jährlichen Statistiken darüber zu jammern, daß die Zahl der verunglückten Fahranfänger nicht gesunken ist.

Auf welch unsicherem Fundament das neue Punktsystem steht, ergibt sich auch daraus, daß es den Begriff „charakterlich" weder im Gesetzestext noch im Wortlaut der Fahrerlaubnis-Verordnung gibt. Dieser Begriff wird nur als sogenannter „Arbeitsbegriff" benutzt. Jeder spricht jedoch ständig über die „charakterliche Eignung", was in bezug auf das reale Leben richtig ist, denn das Verhalten eines jeden Menschen hängt eng mit seinen Charaktereigenschaften zusammen.

Diese **„charakterliche Eignung"**, die es ja laut Gesetz eigentlich gar nicht gibt, fehlt dann tatsächlich, wenn ein Kraftfahrer **„erheblich"** oder **„wiederholt"** Verstöße begeht.

Was „erheblich" und „nicht erheblich" ist, wird durch die den Verstößen zugewiesene Anzahl von Punkten festgelegt (Bußgeldkatalog), die von 1 bis 7 reichen.

Von „wiederholt" begangenen Verstößen spricht man, wenn der Kraftfahrer mindestens 2 „erhebliche" oder „nicht erhebliche" Verstöße gleich welcher Art begangen hat.

Wenn man nun die Hauptgedanken dieser Eignungspunkte-Philosophie aneinanderstellt, kommen folgende Besonderheiten des Systems zutage:

- Wer im Flensburger Register keine Punkte hat, gilt als charakterlich geeignet.

- Wer 18 Punkte hat, ist zum Führen von Kraftfahrzeugen grundsätzlich ungeeignet.

- Nicht geeignet ist, wer „wiederholt" Verstöße begangen hat (also mindestens 2). Er gilt zwar bereits als ungeeignet, darf jedoch noch weiterfahren.

- Nicht geeignet ist, wer „erhebliche" Verstöße begangen hat. Er gilt ebenfalls bereits als ungeeignet, darf jedoch noch weiterfahren.

- Wer „wiederholt", jedoch „nicht erheblich" Verstöße begangen hat, gilt bereits ebenfalls als ungeeignet, hat er jedoch die 18 Punkte erreicht, wird ihm die Fahrerlaubnis ohne differenzierte Prüfung des Einzelfalles entzogen. Der Verzicht auf die Entziehung darf nur die Ausnahme sein.

Es mutet schon als ein Widerspruch in sich an, daß einem Kraftfahrer wegen einer gewissen Häufung von „nicht erheblichen" Verstößen die Fahrerlaubnis mit sofortiger Wirkung entzogen wird.

Der unbestreitbare Sinn des Punktsystems

Auch wenn dieses Punktsystem hinsichtlich der „charakterlichen Eignung" willkürlich erscheint und keine wissenschaftliche Grundlage hat, bleibt Ihnen, der um die Neu-Erteilung kämpft und künftig die Fahrerlaubnis behalten will, nichts anderes übrig, als sich in das System einzuordnen.

Sie müssen erlernen wie Sie mit diesem System umgehen, wenn

• die Entziehung der Fahrerlaubnis droht

und/oder

• die Fahrerlaubnis bereits entzogen wurde.

Dabei muß man auch berücksichtigen, daß im Normalfall nach 2 bis 3 Bußgeldbescheiden oder bei 8 bis 10 Punkten ein jeder Kraftfahrer sich doch stärker auf die Vorschriften besinnt. Das, wenn auch nur primitiv-psychologisch, Gute an den Neuerungen der Fahrerlaubnis-Verordnung ist, daß sie „Punktesammlern" die Möglichkeit des Punkteabbaus einräumt. Dahinter verbirgt sich der gutgemeinte Gedanke, daß der Kraftfahrer bei „wiederholten" und/oder „erheblichen" Verstößen selbst zu der Überzeugung gelangt, Probleme mit seiner „charakterlichen Eignung" zu haben, und sich nun bemühen wird, die „aufgetretenen Eignungsmängel möglichst frühzeitig zu beseitigen" (Jagow, 1998).

Diese Regelung ist bestimmt gutgemeint, sie leidet jedoch daran, daß sie vom „Idealbild" des Kraftfahrers ausgeht. Den „idealen Kraftfahrer" gibt es jedoch in der Realität nicht. Es gibt nur den durchschnittlichen Kraftfahrer, der aber am Straßenverkehr nicht mit Straßenverkehrsgesetz und der Fahrerlaubnis-Verordnung unterm Arm, sondern mit seiner jahrelang erlernten Routine und mit all seinen familiären, beruflichen und sonstigen Problemen teilnimmt. Nur der durchschnittliche Kraftfahrer mit seinen verallgemeinerbaren Verhaltensweisen kann der Maßstab sein.

Für den „Punkterabatt" gibt es folgende formalisierte neue Regelungen:

Tabelle 4: Punkteabbau

Der Punkteabbau	
beim Punktestand	„Punkterabatt"
von bis 8 Punkten	Es werden 4 Punkte gelöscht, wenn der Kraftfahrer freiwillig an einem Aufbauseminar teilnimmt. Dieser Rabatt gilt nur einmal in 5 Jahren.
von 9 bis 13 Punkten	Es werden 2 Punkte gelöscht, wenn der Kraftfahrer freiwillig an einem Aufbauseminar teilnimmt. Dieser Rabatt gilt nur einmal in 5 Jahren.
von 14 bis 17 Punkten	Es werden nach Teilnahme an einer Verkehrspsychologischen Beratung bei einem Amtlich anerkannten Verkehrspsychologischen Berater 2 Punkte gelöscht. Auch dieser Rabatt gilt nur einmal in 5 Jahren.
von 18 Punkten und mehr	**Neu:** Sofortiger Entzug der Fahrerlaubnis, aber nur dann, wenn die Fahrerlaubnisbehörde den Betroffenen bei 8 bzw. 14 Punkten wie in der Verordnung vorgeschrieben informiert hat. Bei 8 Punkten also Verwarnung und bei 14 Punkten Hinweis auf die Entziehung bei 18 Punkten. *Die Fahrerlaubnisbehörde kann jedoch bei Würdigung des Einzelfalles vom automatischen Entzug der Fahrerlaubnis ausnahmsweise absehen [§ 6 Abs. 1 Nr. 1 w) StVG].* Dabei kann Ihnen der Amtlich anerkannte Verkehrspsychologische Berater helfen.
von vielen Punkten „auf einen Schlag"	*Die obigen Rabattmöglichkeiten können auch in einem solchen Fall in Anspruch genommen werden.*

Sprechen Sie mit Ihrer Führerscheinstelle!

Sie können die Hilfe eines Amtlich anerkannten Verkehrspsychologischen Beraters bereits vor Erreichen von 14 bis 17 Punkten in Anspruch nehmen. Eine derartige bescheinigte Beratung muß auch zu einem Punkteabbau führen. Dies ergibt sich zwangsläufig aus den Zielsetzungen des Punktsystems. Denn das neue Punktsystem ist nicht nur ein bestrafendes, sondern auch ein helfendes System:

„Das Punktsystem soll nicht nur für die Gleichbehandlung von wiederholt gegen Verkehrsvorschriften verstoßenden Verkehrsteilnehmern sorgen und möglichst früh Eignungsmängel aufdecken, sondern auch Hilfestellungen geben, damit der Betreffende seine Eignungsmängel möglichst früh beseitigt, um einen weiteren Punkteanstieg zu vermeiden. Siehe auch amtliche Begründung zu § 4 StVG in BT-Drucksache 13/6914 Seite 49." (Jagow, in: Verkehrsdienst 12/1998, S. 268)

Die *„möglichst frühzeitige"* Beseitigung *„aufgetretener Eignungsmängel"* – im Klartext: „charakterliche Eignungsmängel" – darf nicht erst bei 14 Punkten einsetzen. Dies würde nämlich die erklärte Zielsetzung des Gesetz- und Verordnungsgebers unterlaufen. Wenn nämlich jemand erst bei 14 Punkten zum Amtlich anerkannten Verkehrspsychologischen Berater geht und ihm dafür 2 Punkte gelöscht werden, kann er sich z. B. bei Therapiebedürftigkeit noch ohne weiteres 6 neue Punkte einhandeln und die Fahrerlaubnis „verlieren", bevor eine therapeutische Maßnahme überhaupt greifen kann.

Es kann sich nämlich schon bei 8 oder 10 Punkten herausstellen, daß es an der „charakterlichen Eignung" fehlt. Zu ihrer Wiederherstellung ist Zeit erforderlich – mitunter mehrere Monate. Es müßte also einem Kraftfahrer mit diagnostizierbaren charakterlichen Eignungsmängeln oder Wissensdefiziten, der sich aus Einsicht bei gleich welchem Punktestand auch immer freiwillig in die amtlich anerkannte verkehrspsychologische Beratung begibt, sogar ein Punkterabatt von mehr als 2 Punkten zugestanden werden.

Zu der außerordentlichen Bedeutung des Zeitfaktors, daß nämlich charakterliche Einstellungen und Haltungen erst mit der Zeit reifen, haben sich ja schließlich Gerichtspraxis und auch der Gesetz- und Verordnungsgeber bekannt:

„Voraussetzung für die Neu-Erteilung der Fahrerlaubnis ist, daß die Eignung zum Führen von Kraftfahrzeugen in vollem Umfange wiederhergestellt ist.

Da sich Charakter und innere Einstellung zur Rechtsordnung naturgemäß nicht von heute auf morgen ändern, sind zunächst gesetzliche Sperrfristen oder gesetzliche Wartefristen vorgesehen:

- *Die vom Strafrichter im Zusammenhang mit dem nach § 69 StGB erfolgten Fahrerlaubnisentzug verhängte Sperrfrist (mindestens 3 Monate) muß abgelaufen sein.*

- *Desgleichen müssen die Wartefristen abgelaufen sein, und zwar sechs Monate nach dem Punktsystem (§ 4 Abs. 10 Satz 1 StVG) sowie 3 Monate bei der Fahrerlaubnis auf Probe (§ 2a Abs. 5 Satz 3 StVG).*

Erst nach Ablauf der genannten Fristen darf eine neue Fahrerlaubnis frühestens erteilt werden." (Jagow, in: Verkehrsdienst 12/1998, S. 267)

Es ist nicht nachvollziehbar, weshalb einem Kraftfahrer die zum Reifen von charakterlichen Einstellungen und Haltungen notwendige Zeit von mehreren Monaten nicht schon im Vorfeld einer drohenden Entziehung der Fahrerlaubnis zugestanden wird.

Die dringend benötigte vorbeugende Wirkung der Hilfestellungen des neuen Punktsystems würde erst wirklich dann greifen, wenn die Inanspruchnahme der gesetzlich anerkannten besten Hilfe, nämlich die des Amtlich anerkannten Verkehrspsychologischen Beraters, unbeschränkt wäre.

Die in der Vorstufe des Punktesystems vorgesehenen Maßnahmen durch Aufbauseminare sind Gruppenveranstaltungen, und sie werden von Fahrlehrern durchgeführt. Weder ist ein Gruppenseminar der richtige Rahmen, noch ist ein Fahrlehrer in der Lage, eine bei Jugendlichen oder Erwachsenen manifestierte psychologische Problematik, die sich nachhaltig auf das Fahrverhalten auswirkt, zu erkennen.

An diesen Punkten zeichnet sich bereits jetzt die Reformnotwendigkeit des an sich gut angelegten Punktsystems ab.

Falls Sie also noch keine 14 Punkte haben, sollten Sie auf jeden Fall die Dienste des Amtlich anerkannten Verkehrspsychologischen Beraters nutzen, und zugleioch bei Ihrer Führerscheinstelle unter Hinweis auf die oben dargestellten Gesichtspunkte das Löschen von 2 Punkten beantragen.

F. Sonderregelungen für Fahrerlaubnis auf Probe

Die Institution „Fahrerlaubnis auf Probe" bleibt bestehen. Neu ist, daß sich für diejenigen, die in der Probezeit mit einem schweren oder zwei weniger schweren Verkehrsverstößen auffallen und die deshalb an einem Aufbauseminar teilnehmen müssen, die Probezeit um zwei auf vier Jahre verlängert. Außerdem sind die Maßnahmen an das Punktsystem angeglichen worden:

Tabelle 5: Maßnahmen bei Führerschein auf Probe

Zuwiderhandlungen	Maßnahmen laut Punktsystem
Eine schwerwiegende Zuwiderhandlung oder zwei weniger schwerwiegende Zuwiderhandlungen.	Anordnung, an einem Aufbauseminar (Nachschulung) teilzunehmen. Dies ist jedoch nur einmal in 5 Jahren möglich.
Nach Teilnahme an einem Aufbauseminar erneut eine schwerwiegende Zuwiderhandlung oder zwei weniger schwerwiegende Zuwiderhandlungen.	Verwarnung; Empfehlung, innerhalb von zwei Monaten an einer verkehrspsychologischen Beratung bei einem Amtlich anerkannten Verkehrspsychologischen Berater teilzunehmen. Diese ist jedoch nur einmal in 5 Jahren möglich.
Nach Ablauf dieser Frist erneut eine schwerwiegende Zuwiderhandlung oder zwei weniger schwerwiegende Zuwiderhandlungen.	Entziehung der Fahrerlaubnis **Neu-Erteilung** nach 3 Monaten (§ 2 a Abs. 5 Satz 3 StVG).

Eine Neuerteilung der Fahrerlaubnis ist also frühestens nach drei Monaten möglich, wobei nicht übersehen werden sollte, daß eine medizinisch-psychologische Eignungsbegutachtung kaum zu umgehen sein wird.

Wie bisher gilt, daß nur solche Zuwiderhandlungen zu Maßnahmen nach den Regelungen für die Fahrerlaubnis auf Probe führen können, die in das Verkehrszentralregister eingetragen werden, also mindestens mit 80 DM Geldbuße geahndet worden sind.

G. Die wichtigsten Auszüge aus dem neuen Bußgeld- und Punktekatalog

Sie müssen nicht nur das neue Punktsystem kennen – zur Vermehrung Ihres Wissens gehört auch die Kenntnis der wichtigsten Einzelheiten des Buß-geldkatalogs, insbesondere bei Verstößen gegen die Sicherheit im Straßen-verkehr. Je mehr Punkte Sie bereits haben, um so stärker sollte sich Ihre Risikobereitschaft verringern. Der Führerschein hängt schließlich nur noch am seidenen Faden. Diese Tabellen helfen Ihnen auch dabei, Ihre eigene Vor-geschichte neu einzuordnen.

Tabelle 6: Geschwindigkeitsüberschreitung

ID	Überschreitung	Ort	Punkte	Bußgeld	Fahrverbot
1	21–25 km/h	innerorts	1 Punkt	100 DM	kein Fahrverbot
2	26–30 km/h	innerorts	3 Punkte	120 DM	kein Fahrverbot
3	31–40 km/h	innerorts	3 Punkte	200 DM	1 Monat
4	41–50 km/h	innerorts	4 Punkte	250 DM	1 Monat
5	51–60 km/h	innerorts	4 Punkte	350 DM	1 Monat
6	über 60 km/h	innerorts	4 Punkte	450 DM	2 Monate
7	21–25 km/h	außerorts	1 Punkt	80 DM	kein Fahrverbot
8	26–30 km/h	außerorts	3 Punkte	100 DM	kein Fahrverbot
9	31–40 km/h	außerorts	3 Punkte	150 DM	kein Fahrverbot
10	41–50 km/h	außerorts	4 Punkte	200 DM	1 Monat
11	51–60 km/h	außerorts	4 Punkte	300 DM	1 Monat
12	über 60 km/h	außerorts	4 Punkte	400 DM	1 Monat

Tabelle 7: Geschwindigkeitsüberschreitung bei Sichtweite unter 50 m (Schnee, Nebel, Regen)

ID	Überschreitung	Ort	Punkte	Bußgeld	Fahrverbot
1	31–40 km/h	innerorts	3 Punkt	150 DM	kein Fahrverbot
2	41–50 km/h	innerorts	4 Punkte	200 DM	1 Monat
3	51–60 km/h	innerorts	4 Punkte	300 DM	1 Monat
4	mehr als 60 km/h	innerorts	4 Punkte	400 DM	1 Monat
5	31–40 km/h	außerorts	3 Punkte	150 DM	kein Fahrverbot
6	41–50 km/h	außerorts	3 Punkte	200 DM	kein Fahrverbot
7	51–60 km/h	außerorts	4 Punkt	300 DM	1 Monat
8	mehr als 60 km/h	außerorts	4 Punkte	400 DM	1 Monat

Tabelle 8: Rotlicht, Vorfahrt, Überholen

ID	Art der Zuwiderhandlung	Punkte	Bußgeld	Fahrverbot
1	Vorfahrtsmißachtung (mit Gefährdung)	3 Punkte	100 DM	kein Fahrverbot
2	Vorfahrtsmißachtung bei Einfahren auf die Autobahn	3 Punkte	100 DM	kein Fahrverbot
3	Mißachtung eines Stopschildes (mit Gefährdung)	3 Punkte	100 DM	kein Fahrverbot
4	Ampel bei „Rot" überfahren	3 Punkte	100 DM	kein Fahrverbot
5	Rotlichtmißachtung mit Gefährdung oder Sachbeschädigung	4 Punkte	250 DM	1 Monat
6	Rotlichtmißachtung (Rot länger als 1 sec)	4 Punkte	250 DM	1 Monat
7	Rotlichtmißachtung (Rot länger als 1 sec) mit Gefährdung oder Sachbeschädigung	4 Punkte	400 DM	1 Monat
8	Am Grünpfeil ohne anzuhalten abgebogen	3 Punkte	100 DM	kein Fahrverbot
9	am Grünpfeil Verkehr gefährdet	3 Punkte	120 DM	kein Fahrverbot
10	am Grünpfeil Fußgänger oder Radfahrer behindert	3 Punkte	120 DM	kein Fahrverbot
11	am Grünpfeil Fußgänger oder Radfahrer gefährdet	3 Punkte	150 DM	kein Fahrverbot
12	Überholen im Überholverbot	1 Punkt	80 DM	kein Fahrverbot
13	Ausscheren zum Überholen (Gefährdung des nachfolgenden Verkehrs)	2 Punkte	80 DM	kein Fahrverbot
14	außerorts rechts überholen	3 Punkte	100 DM	kein Fahrverbot
15	Überholen bei unklarer Verkehrslage	3 Punkte	100 DM	kein Fahrverbot
16	Überholen im Überholverbot bei unklarer Verkehrslage	4 Punkte	150 DM	kein Fahrverbot
17	Überholen im Überholverbot bei unklarer Verkehrslage (mit Gefährdung oder Sachbeschädigung)	4 Punkte	250 DM	1 Monat

Tabelle 9: Abstand

ID	Gefahrene Geschwindigkeit	Abstand	Punkte	Bußgeld	Fahrverbot
1	mehr als 80 km/h	weniger als 5/10 des halben Tachowertes	1 Punkt	80 DM	kein Fahrverbot
2	mehr als 80 km/h	weniger als 4/10 des halben Tachowertes	2 Punkte	100 DM	kein Fahrverbot
3	mehr als 80 km/h	weniger als 3/10 des halben Tachowertes	3 Punkte	150 DM	kein Fahrverbot
4	mehr als 80 km/h	weniger als 2/10 des halben Tachowertes	4 Punkte	200 DM	1 Monat, wenn die Geschwindigkeit mehr als 100 km/h beträgt
5	mehr als 80 km/h	weniger als 1/10 des halben Tachowertes	4 Punkte	250 DM	1 Monat, wenn die Geschwindigkeit mehr als 100 km/h beträgt
6	mehr als 130 km/h	weniger als 5/10 des halben Tachowertes	2 Punkte	100 DM	kein Fahrverbot
7	mehr als 130 km/h	weniger als 4/10 des halben Tachowertes	3 Punkte	150 DM	kein Fahrverbot
8	mehr als 130 km/h	weniger als 3/10 des halben Tachowertes	4 Punkte	200 DM	kein Fahrverbot
9	mehr als 130 km/h	weniger als 2/10 des halben Tachowertes	4 Punkte	250 DM	1 Monat
10	mehr als 130 km/h	weniger als 2/10 des halben Tachowertes	4 Punkte	300 DM	1 Monat

Tabelle 10: Fahrzeugmängel

ID	Fahrzeugmängel	Punkte	Bußgeld
1	Inbetriebnahme eines Kfz mit abgefahrenen Reifen	3 Punkte	100 DM
2	als Halter Inbetriebnahme mit abgefahrenen Reifen zugelassen oder angeordnet	3 Punkte	150 DM
3	Kfz in mangelhaftem Zustand (z. B. Lenkung, Bremsen, Anhängerkupplung)	3 Punkte	100 DM
4	als Halter Inbetriebnahme angeordnet oder zugelassen, obwohl das Kfz in mangelhaftem Zustand war (z. B. Lenkung, Bremsen)	3 Punkte	150 DM
5	Kfz ohne Zulassung oder Betriebserlaubnis in Betrieb genommen	3 Punkte	100 DM
6	Überschreitung des Termins für die HU (TÜV) um mehr als 8 Monate	2 Punkte	80 DM

Tabelle 11: Alkohol [gemessen in Promille (‰) oder Atemalkohol (mg/l)]

ID	Substanz	Substanzmenge	Fahrun-sicherheit	Punkte	Bußgeld	Maßnahmen
1	Alkohol	0,5 bis 0,79 ‰ oder 0,25–0,39 mg/l	keine Anzeichen	2 Punkte	200 DM	keine (Fahrverbot geplant)
2	Alkohol	ab 0,8 ‰ oder 0,4 mg/l 1 bis 1,09 ‰	keine Anzeichen	4 Punkte	bei Erstauffälligkeit 500 DM	1 Monat Fahrverbot
3	Alkohol	ab 0,8 ‰ oder 0,4 mg/l bis 1,09 ‰	keine Anzeichen	4 Punkte	bei Eintragung von bereits 1 Entscheidung 1000 DM	3 Monate Fahrverbot
4	Alkohol	ab 0,8 ‰ oder 0,4 mg/l bis 1,09 ‰	keine Anzeichen	4 Punkte	bei Eintragung von bereits mehreren Entscheidungen 1500 DM	3 Monate Fahrverbot

Tabelle 12: Drogen

ID	Substanz	Substanzmenge	Fahrun-sicherheit	Punkte	Bußgeld	Maßnahmen
1	Cannabis (Haschisch)	im Blut nachweisbar	keine Anzeichen	4 Punkte	500 DM	1 Monat Fahrverbot
2	Cannabis (Haschisch)	im Blut nachweisbar	keine Anzeichen	4 Punkte	bei Eintragung von bereits 1 Entscheidung 1000 DM	3 Monate Fahrverbot
3	Cannabis (Haschisch)	im Blut nachweisbar	keine Anzeichen	4 Punkte	bei Eintragung von bereits mehreren Entscheidungen 1500 DM	3 Monate Fahrverbot
4	Heroin und Morphium	im Blut nachweisbar	keine Anzeichen	4 Punkte	bei Erstauffälligkeit 500 DM; 1. Rückfall 1000 DM; 2. Rückfall 1500 DM	1–3 Monate Fahrverbot
5	Kokain	im Blut nachweisbar	keine Anzeichen	4 Punkte	bei Erstauffälligkeit 500 DM; 1. Rückfall 1000 DM; 2. Rückfall 1500 DM	1–3 Monate Fahrverbot
6	Amphetamine	im Blut nachweisbar	keine Anzeichen	4 Punkte	bei Erstauffälligkeit 500 DM; 1. Rückfall 1000 DM; 2. Rückfall 1500 DM	1–3 Monate Fahrverbot

Tabelle 13: Punktekatalog zu den Straftaten im Straßenverkehr

Tatbestand	Gesetz	Punkte
unerlaubtes Entfernen vom Unfallort	§ 142 StGB	7
Straßenverkehrsgefährdung durch Führen eines Fahrzeugs bei Fahrunsicherheit infolge		
• Genusses alkoholischer Getränke	§ 315c StGB	7
• Genusses anderer berauschender Mittel	§ 315c StGB	7
• geistiger oder körperlicher Mängel	§ 315c StGB	7
Straßenverkehrsgefährdung durch grob verkehrswidrige(s) und rücksichtslose(s)		
• Mißachtung der Vorfahrt	§ 315c StGB	7
• Fehlverhalten beim Überholen	§ 315c StGB	7
• Fehlverhalten an Fußgängerüberwegen	§ 315c StGB	7
• zu schnelles Fahren unter anderem an unübersichtlichen Stellen	§ 315c StGB	7
• Mißachtung des Rechtsfahrgebotes	§ 315c StGB	7
• Wenden, Rückwärtsfahren, Fahren entgegen der Fahrtrichtung oder versuchtes Wenden, Rückwärtsfahren, Fahren entgegen der Fahrtrichtung auf Autobahnen oder Kraftfahrstraßen	§ 315c StGB	7
• Nichtkenntlichmachung haltender oder liegengebliebener Fahrzeuge	§ 315c StGB	7
Führen eines Fahrzeugs bei Fahrunsicherheit infolge		
• Genusses alkoholischer Getränke	§ 316 StGB	7
• Genusses anderer berauschender Mittel	§ 316 StGB	7
• Vollrausch	§ 323a StGB	7
Führen oder Anordnen oder Zulassen des Führens eines Fahrzeugs		
• ohne Fahrerlaubnis	§ 21 StVG	6
• trotz Fahrverbots oder trotz Verwahrung, Sicherstellung oder Beschlagnahme des Führerscheins	§ 21 StVG	6
Kennzeichenmißbrauch	§ 22 StVG	6
Gebrauch oder Gestatten des Gebrauchs nicht versicherter Kraftfahrzeuge oder Anhänger	§ 6 PflVG § 9 AuslPflVG	6
unbefugter Gebrauch von Kraftfahrzeugen	§ 48b StGB	5
Nötigung	§ 240 StGB	5
Tötung	§ 222 StGB	5
Körperverletzung	§ 230 StGB	5
gefährliche Eingriffe in den Straßenverkehr	§ 315b StGB	5
unterlassene Hilfeleistung	§ 323c StGB	5
andere Straftaten	ohne Verweis	5

H. Die Medizinisch-Psychologische Untersuchung (MPU)

Gesetz- und Verordnungsgeber halten daran fest, daß die medizinisch-psychologische Untersuchung – fälschlicherweise im Volksmund immer noch „Idiotentest" genannt – ein wichtiges Instrument zur Beurteilung der Kraftfahreignung sei, weshalb sie als Institution nicht nur beibehalten, sondern sogar in größerem Umfang als bisher eingesetzt wird.

Gesetz- und Verordnungsgeber haben aber auch offensichtlich nach der seit mindestens einem Jahrzehnt – seit dem Erscheinen unserer Publikationen „Mein Führerschein ist weg – was tun?" und „Der Weg zurück zum Führerschein" – verstärkt anhaltenden Kritik eingesehen, daß bei der „TÜVologischen" Fahreignungsuntersuchung manches im argen liegt. Deshalb ist in der neuen Fahrerlaubnis-Verordnung darauf geachtet worden, daß die MPU nach einheitlichen, sachlichen und verbindlichen Kriterien durchgeführt wird. Dazu sind folgende Bestimmungen geschaffen worden:

– Die Voraussetzungen für die amtliche Anerkennung der Begutachtungsstellen für Fahreignung (BfF) sind gesetzlich konkretisiert worden. Dies bedeutet, daß sich alle Begutachtungsstellen akkreditieren, d. h. nach gesetzlichen Maßstäben anerkennen lassen müssen.

– Auch die Anlässe für die Anordnung einer MPU sind gesetzlich bestimmt worden. Hierbei war maßgebliche Orientierung der Grundsatz der Verhältnismäßigkeit. Wenn z. B. ein Facharztgutachten ausreicht, kommt eine MPU nicht in Betracht. Sie ist vor allem einzuholen, wenn

  • Anzeichen für Alkoholmißbrauch vorliegen,

  • wiederholt Zuwiderhandlungen im Straßenverkehr unter Alkoholeinfluß begangen wurden,

  • ein Fahrzeug im Straßenverkehr bei einer Blutalkoholkonzentration von 1,6 Promille oder mehr oder einer Atemalkoholkonzentration von 0,8 mg/l oder mehr geführt wurde,

  • Eignungszweifel im Hinblick auf die Einnahme von Drogen vorliegen,

  • die Fahrerlaubnis wiederholt entzogen worden ist,

  • Krankheiten, Altersgebrechen die Kraftfahreignung beeinträchtigen.

– Die Grundsätze für die Durchführung der Untersuchung und die Erstellung der Gutachten sind gesetzlich festgelegt worden. Gutachten müssen danach insbesondere so erstellt sein, daß sie – auch für den Untersuchten – nachvollziehbar und nachprüfbar sind. **Neu** ist dabei, daß ein MPU-Gutachten auch für den Durchschnittsbürger verständlich sein muß (siehe auch Seite 51). Nichts Neues ist, daß die Gutachten „nachvollziehbar" und „nachprüfbar" sein müssen, denn diese Kriterien standen immer schon in den „Eignungsrichtlinien".

Begutachtungsstellen für Fahreignung müssen künftig über ein Qualitätssicherungsystem verfügen, das durch die Bundesanstalt für Straßenwesen (BASt) als neutraler Stelle überprüft wird. Im Klartext dürfte dies bedeuten, daß die Bundesanstalt für Straßenwesen als Aufsichtsbehörde über die Tätigkeit der BfF-Stellen zu wachen haben wird, denn die Fahrerlaubnis-Verordnung sieht auch eine „Auditierung", also Qualitätskontrolle der Gutachten vor.

Tabelle 14: Anlässe für die Anordnung von Eignungsgutachten durch die Behörde

Nach Ermessen der Behörde	
Anlaß	Begutachtung durch
Bedenken gegen die körperliche und/oder geistige Eignung	– Arzt (§ 11 Abs. 2 Satz 1 FeV) – BfF (§ 11 Abs. 3 Nr. 1 FeV), wenn andere Gutachten nicht ausreichen
Zweifel am Sehvermögen	– Arzt (§ 12 Abs. 8 FeV)
Auffälligkeiten bei der Fahrprüfung (§ 18 Abs. 3 FeV)	– BfF (§ 11 Abs. 3 Nr. 3 FeV)
Straftaten besonderer Art	– BfF (§ 11 Abs. 3 Nr. 4 FeV)
Neu-Erteilung der Fahrerlaubnis nach wiederholter Entziehung	– BfF (§ 11 Abs. 3 Nr. 5a FeV)
Neu-Erteilung der Fahrerlaubnis nach Entziehung wegen Straftaten besonderer Art	– BfF (§ 11 Abs. 3 Nr. 5b FeV)
Zuwiderhandlungen des Inhabers einer Fahrerlaubnis auf Probe unter besonderen Umständen	– BfF (§ 2a Abs. 4 Satz 1 FeV)
widerrechtlicher Besitz von Betäubungsmitteln	– Arzt (§ 14 Abs. 1 Nr. 1 FeV)
gelegentliche Einnahme von Cannabis	– BfF (§ 14 Abs. 1 Satz 3 FeV)

Tabelle 15: Anlässe für die Anordnung von Eignungsgutachten durch die Behörde

In der Regel	
Anlaß	**Begutachtung durch**
Neuerteilung einer Fahrerlaubnis nach Entziehung aufgrund des Punktsystems	– BfF (§ 4 Abs. 10 Satz 3 FeV)
Zuwiderhandlungen des Inhabers einer Fahrerlaubnis auf Probe nach Neuerteilung einer zuvor entzogenen Fahrerlaubnis	– BfF (§ 2a Abs. 5 Satz 5 FeV)

Tabelle 16: Anlässe für die Anordnung von Eignungsgutachten durch die Behörde

Ohne Ausnahme	
Anlaß	**Begutachtung durch**
Alkoholabhängigkeit	– Arzt (§ 13 Nr. 1 FeV)
Alkoholmißbrauch	– BfF (§ 13 Abs. 1 Nr. 2a FeV)
wiederholte Verkehrszuwiderhandlungen unter Alkoholeinfluß im Straßenverkehr	– BfF (§ 13 Abs. 1 Nr. 2b FeV)
Führen eines Kraftfahrzeuges unter erheblichem Alkoholeinfluß (1,6 Promille oder mehr)	– BfF (§ 13 Abs. 1 Nr. 2c FeV)
Neu-Erteilung der Fahrerlaubnis, wenn die Fahrerlaubnis aus Gründen zu vorstehend 2 und 4 entzogen worden war	– BfF (§ 13 Abs. 1 Nr. 2d FeV)
Klärung, ob Alkoholmißbrauch nicht mehr besteht	- BfF (§ 13 Abs. 1 Nr. 2d FeV)
Abhängigkeit von Betäubungsmitteln	– Arzt (§ 14 Abs. 1 Nr. 1 FeV)
Einnahme von Betäubungsmitteln	– Arzt (§ 14 Abs. 1 Nr. 2 FeV)
mißbräuchliche Einnahme von psychoaktiv wirkenden Arzneimitteln oder Stoffen	– Arzt (§ 14 Abs. 1 Nr. 3 FeV)
Neu-Erteilung der Fahrerlaubnis, wenn die Fahrerlaubnis wegen Gründen zu vorstehend 18 bis 20 sowie 8 und 9 entzogen worden war	– BfF (§ 14 Abs. 2 Nr. 1 FeV)
Klärung, ob der Betroffene noch abhängig ist oder Betäubungsmittel oder psychoaktive Arzneimittel oder Stoffe einnimmt	– BfF (§ 14 Abs. 2 Nr. 2 FeV)

I. Amtliche Gütekriterien für die Durchführung der MPU und das Gutachten

Die neue Fahrerlaubnis-Verordnung legt in **Anlage 15** zu § 11 Abs. 5 erstmals gesetzlich geregelt fest, nach welchen Grundsätzen die medizinisch-psychologische Untersuchung durchzuführen und das Eignungsgutachten zu erstellen ist.

Dies ist ein großer Fortschritt zur Sicherung der Qualität der Eignungsbeurteilung und der Rechte des Auftraggebers, nämlich des Untersuchten.

Diese Kriterien bedeuten insbesondere für die BfF-Stellen, daß sie künftig auf ihre „TÜVologische Geheimsprache" verzichten müssen.

Um ein Gutachten auf seine Güte hin überprüfen zu können, haben wir die goldenen Regeln nach den Bewertungskriterien des Landes Rheinland-Pfalz zitiert und erläutert, weil sie für die inhaltliche Auswertung unerläßlich sind.

Eine weitere Hilfe sind die nachfolgend zitierten Grundsätze der Fahrerlaubnis-Verordnung, welche die formalen Voraussetzungen festlegen. Mit Hilfe dieser beiden Kriterienkataloge werden auch Sie eine erste Prüfung des Gutachtens durchführen können. Sollten Sie dazu weitere Hilfe benötigen, wenden Sie sich an einen Amtlich anerkannten Verkehrspsychologischen Berater, der dazu eine verbindliche Stellungnahme erstellen kann.

Grundsätze für die Durchführung der Untersuchungen und die Erstellung der Gutachten

1. **Die Untersuchung ist unter Beachtung folgender Grundsätze durchzuführen:**

    a) Die Untersuchung ist anlaßbezogen und unter Verwendung der von der Fahrerlaubnisbehörde zugesandten Unterlagen über den Betroffenen vorzunehmen. Der Gutachter hat sich an die durch die Fahrerlaubnisbehörde vorgegebene Fragestellung zu halten.

    b) Gegenstand der Untersuchung sind nicht die gesamte Persönlichkeit des Betroffenen, sondern nur solche Eigenschaften, Fähigkeiten und Verhaltensweisen, die für die Kraftfahreignung von Bedeutung sind (Relevanz zur Kraftfahreignung).

c) Die Untersuchung darf nur nach anerkannten wissenschaftlichen Grundsätzen vorgenommen werden.

d) Vor der Untersuchung hat der Gutachter den Betroffenen über Gegenstand und Zweck der Untersuchung aufzuklären.

e) Über die Untersuchung sind Aufzeichnungen anzufertigen.

f) In den Fällen der §§ 13 und 14 ist Gegenstand der Untersuchung auch das voraussichtliche künftige Verhalten des Betroffenen, insbesondere ob zu erwarten ist, daß er nicht oder nicht mehr ein Kraftfahrzeug unter Einfluß von Alkohol oder Betäubungsmitteln/Arzneimitteln führen wird. Hat Abhängigkeit von Alkohol oder Betäubungsmitteln/Arzneimitteln vorgelegen, muß sich die Untersuchung darauf erstrecken, daß die Abhängigkeit nicht mehr besteht. Bei Alkoholmißbrauch, ohne daß Abhängigkeit vorhanden war oder ist, muß sich die Untersuchung darauf erstrecken, ob der Betroffene den Konsum von Alkohol einerseits und das Führen von Kraftfahrzeugen im Straßenverkehr andererseits zuverlässig voneinander trennen kann. Dem Betroffenen kann die Fahrerlaubnis nur dann erteilt werden, wenn sich bei ihm ein grundlegender Wandel in seiner Einstellung zum Führen von Kraftfahrzeugen unter Einfluß von Alkohol oder Betäubungsmitteln/Arzneimitteln vollzogen hat. Es müssen zum Zeitpunkt der Erteilung der Fahrerlaubnis Bedingungen vorhanden sein, die einen Rückfall unwahrscheinlich erscheinen lassen. Das Gutachten kann empfehlen, daß durch geeignete und angemessene Auflagen später überprüft wird, ob sich die günstige Prognose bestätigt. Das Gutachten kann auch geeignete Kurse zur Wiederherstellung der Kraftfahreignung empfehlen.

g) In den Fällen des § 2a Abs. 4 Satz 1 und Abs. 5 Satz 5 oder des § 4 Abs. 10 Satz 3 des Straßenverkehrsgesetzes oder des § 11 Abs. 3 Nr. 4 oder 5 dieser Verordnung ist Gegenstand der Untersuchung auch das voraussichtliche künftige Verhalten des Betroffenen, und zwar, ob zu erwarten ist, daß er nicht mehr erheblich oder nicht mehr wiederholt gegen verkehrsrechtliche Bestimmungen oder gegen Strafgesetze verstoßen wird. Es sind die Bestimmungen von Buchstabe f Satz 4 bis 7 entsprechend anzuwenden.

2. Das Gutachten ist unter Beachtung folgender Grundsätze zu erstellen:

a) Das Gutachten muß in allgemeinverständlicher Sprache abgefaßt sowie nachvollziehbar und nachprüfbar sein.

Die Nachvollziehbarkeit betrifft die logische Ordnung (Schlüssigkeit) des Gutachtens. Sie erfordert die Wiedergabe aller wesentlichen Befunde und die Darstellung der zur Beurteilung führenden Schlußfolgerungen.

Die Nachprüfbarkeit betrifft die Wissenschaftlichkeit der Begutachtung. Sie erfordert, daß die Untersuchungsverfahren, die zu den Befunden geführt haben, angegeben und, soweit die Schlußfolgerungen auf Forschungsergebnisse gestützt sind, die Quellen genannt werden. Das Gutachten braucht aber nicht im einzelnen die wissenschaftlichen Grundlagen für die Erhebung und Interpretation der Befunde wiederzugeben.

b) Das Gutachten muß in allen wesentlichen Punkten insbesondere im Hinblick auf die gestellten Fragen (§ 11 Abs. 6) vollständig sein. Der Umfang eines Gutachtens richtet sich nach der Befundlage. Bei eindeutiger Befundlage wird das Gutachten knapper, bei komplizierter Befundlage ausführlicher erstattet.

c) Im Gutachten muß unterschieden werden zwischen der Vorgeschichte und dem gegenwärtigen Befund.

3. Die medizinisch-psychologische Untersuchung kann unter Hinzuziehung eines beeidigten oder öffentlich bestellten oder vereidigten Dolmetschers oder Übersetzers, der von der Begutachtungsstelle für Fahreignung bestellt wird, durchgeführt werden. Die Kosten trägt der Betroffene.

4. Wer eine Person in einem Kurs zur Wiederherstellung der Kraftfahreignung oder in einem Aufbauseminar betreut, betreut hat oder voraussichtlich betreuen wird, darf diese Person nicht untersuchen oder begutachten.

J. Grundsätzliche Anforderungen an den Untersuchten für eine positive MPU-Begutachtung

1. Voraussetzung: Tätige Einsicht

Egal wie hoch der BAK-Wert bei Ihrer Promillefahrt auch immer war, es war ein Fehler, unter Alkoholeinfluß gefahren zu sein. Die bloße mündliche Bekundung der Einsicht langt jedoch nicht, denn die Gutachter bei der MPU erwarten von Ihnen weniger verbale Reue, sondern eine „tätige" Einsicht. Das heißt, Sie müssen durch Änderung Ihrer Einstellungen und Haltungen gegenüber „Trinken und Fahren", die ja miteinander unvereinbar sind, glaubhaft machen, daß Sie die gewonnene Einsicht auch in die Tat umgesetzt haben.

Nichts anderes gilt für Fahren unter Einfluß von Drogen und/oder Arzneimitteln, denn auch diese Stoffe beeinträchtigen Ihre Fahrtüchtigkeit.

Ebenfalls nichts anderes gilt, wenn Ihnen wegen einer in nüchternem Zustand begangenen Verkehrsstraftat oder wegen 18 Punkten die Fahrerlaubnis entzogen wurde. Auch hier wird tätige Einsicht verlangt.

2. Voraussetzung: Kenntnisse über die Wirkung von Alkohol und Betäubungsmitteln, aber auch über wahrscheinliche Ursachen der eigenen Auffälligkeit in nüchternem Zustand

Da die Ursache der weitaus meisten Fahrten unter Alkohol- oder Drogeneinfluß im gewohnheitsmäßigen oder unkontrollierten Konsum dieser Stoffe und der Unkenntnis über die Wirkung liegt, muß dieser Mangel beseitigt werden. Das läßt sich zwar auch mit Hilfe von Büchern und Broschüren der verschiedensten Organisationen (TÜV, Deutsche Verkehrswacht, Deutsche Hauptstelle gegen die Suchtgefahren, Ministerien, Anonyme Alkoholiker, Blaues Kreuz usw.) erlernen, aber als rein technisches Wissen reicht es den Gutachtern nicht, denn das Erlernte muß auf die speziellen Umstände und die Hintergründe des eigenen Falles übertragen bzw. angewendet werden. Außerdem muß alles neue Erlernte auch schon genügend gefestigt sein.

Das gleiche gilt für die Ursachen der wiederholten Auffälligkeit in nüchternem Zustand. Hier geht es z. B. um eine wahrscheinlich gefestigte Unbelehrbarkeit, Sturheit, sich Verhaltensnormen anzupassen, aber auch um Unwissenheit und fehlende Einsicht. Solange diese Mängel nicht beseitigt sind, gibt es kein positives Gutachten.

3. Voraussetzung: Psychologisch fundierte und gefestigte Verhaltensänderung

Die Hintergründe des eigenen Falles gründlich aufzuklären, die Zusammenhänge zwischen Trink- und Fahrverhalten aufzuzeigen und unbequemen Wahrheiten wie der eigenen Unbelehrbarkeit ins Gesicht zu sehen und alles dies auch noch zu verarbeiten, ist alleine ungeheuer schwierig. Außerdem müssen Sie all das bei der „TÜVologischen" Eignungsuntersuchung auch noch glaubhaft darstellen können, was Sie aber nach einer seriösen Vorbereitung auf die „TÜVologische Begutachtung" leichter und sicherer schaffen. Wenn Sie sich also in die Betreuung eines Verkehrspsychologen begeben, ist der Nachweis über die wiedergewonnene Eignung ohne weiteres zu führen. Es wird von diesem Psychologen aber verlangt werden müssen, daß er einen fundierten und ausführlichen wissenschaftlich begründeten Therapiebericht erstellt. Eine derartige Schulung dauert in der Regel mindestens 18 bis 20 Stunden, und sie kann aus Einzel- oder Gruppensitzungen bestehen. Gruppenschulungen sind zwar billiger, aber bei weitem nicht so effektiv, denn das oberste Ziel muß die Vermeidung eines Rückfalls, der erneuten Auffälligkeit, und nicht bloß die Wiedererlangung der Fahrerlaubnis sein. Falls Sie in eine Gruppe gehen, müssen Sie schon am Anfang prüfen, ob Ihrer speziellen Problematik oder Ihrem Fall dabei genügend Aufmerksamkeit gewidmet wird oder ob es sich lediglich um einen recht allgemein gehaltenen Unterricht handelt. Es ist darauf hinzuweisen, daß Sie die Veranstaltungen der BfF-Stellen des TÜV nicht in Anspruch nehmen können, weil es zwischen Gutachter und Betreuer eine institutionelle Trennung geben muß. Als Betreuer kommen spezielle qualifizierte niedergelassene Verkehrspsychologen in Frage.

4. Voraussetzung: Auswahl Ihres psychologischen Betreuers

Inzwischen gibt es zwei Organisationen, deren Mitglieder für Qualität stehen: Sie können sich an die Amtlich anerkannten Verkehrspsychologischen Berater und an die Mitglieder des Bundesverbandes Niedergelassener Verkehrspsychologen (BNV) wenden. Die Namensliste befindet sich im Anhang.

5. Voraussetzung: Auswahl Ihres Rechtsanwaltes

Die meisten Anwälte oder Anwaltskanzleien bearbeiten häufig Fälle aus dem Verkehrsrecht, dennoch sind sie in Führerscheinangelegenheiten nicht selten überfordert. Wenn eine Anwaltskanzlei bereits mit Psychologen zusammenarbeitet, haben Sie die beste Chance, gut betreut zu werden. Es hat sich bewährt, daß sich Rechtsanwälte bereits im Vorfeld des Sachverstandes des Verkehrspsychologen bedienen. Da, wie in der 1. Voraussetzung beschrieben, ohne selbstkritische Einsicht niemals ein Erfolg zu erreichen sein wird, sind Sie bei einem Rechtsanwalt nicht gut aufgehoben, der Sie zu Schutzbehauptungen oder Lippenbekenntnissen veranlassen will oder gar verspricht, Ihre Sache schon aufgrund seines guten Rufes bereinigen zu können.

6. Voraussetzung: Auswahl Ihres Arztes

Bei Fahrten unter Alkohol- oder Drogeneinfluß sind nicht nur jene Mediziner beteiligt, die die Blutprobe entnommen bzw. sie ausgewertet haben. In der Folgezeit wird es nämlich unerläßlich sein, die medizinischen Laborwerte, mit denen sich Alkohol- und Drogenkonsum nachweisen lassen, in regelmäßigen Abständen bestimmen zu lassen, um sie im Gutachten oder Therapiebericht des Psychologen vorzulegen. Achten Sie bei der Auswahl Ihres Arztes darauf, daß er die in der Regel notwendigen Blutwerte (Gamma-GT, SGPT, SGOT, MCV, Haaranalyse, Urintest usw.) mitsamt der Normwerte attestiert. Am besten ist es, wenn die Computerausdrucke eines Labormediziners vorgelegt werden können, um die Vermutung eines Alkohol- und Drogenmißbrauchs zu widerlegen. Es ist von Vorteil, wenn Sie sich auf einen Arzt berufen können, der Sie seit längerem kennt bzw. betreut.

7. Voraussetzung: Durchhaltevermögen

Da Ihre „Gegenspieler" auch stur sein und Ihnen Briefe mit böse klingenden Behauptungen ins Haus schicken können und auf die Stellungnahmen oder sogar Gutachten der von Ihnen beauftragten Ärzte oder Psychologen mitunter haarsträubende Erwiderungen seitens der Behörde, aber auch der BfF-Stellen des TÜV kommen können, werden Sie sich in Geduld üben müssen. Leider ist es häufig so, daß die Gutachterstellen, die Einsicht und Selbstkritik von den von ihnen Untersuchten verlangen, die größten Schwierigkeiten haben, wenn es darum geht, sich ihre eigenen objektiv nachgewiesenen Fehler einzugestehen und auszuräumen. Deshalb allein sollten Sie sich darauf einstellen, Hürden überwinden zu müssen und durchzuhalten.

K. Kein Gutachter macht nur Gutes

– Ihre Chance: Die allgemeingültigen Bewertungskriterien

Auf dem Weg zur Wiedererlangung oder zur Verhinderung der drohenden Entziehung der Fahrerlaubnis sind zahlreiche Hindernisse zu überwinden. Das Haupthindernis auf diesem beschwerlichen Weg ist das medizinisch-psychologische Fahreignungsgutachten, das Sie auf Anordnung der Verwaltungsbehörde beizubringen haben. Diese im Volksmund als „Idiotentest" oder „Seelen-TÜV" bezeichneten Gutachten sind für die allermeisten Betroffenen deshalb ein großes Problem, weil sowohl die zuständige Behörde als auch der TÜV selbst, der als amtlich anerkannte Stelle die Begutachtung durchführt, eine große Geheimniskrämerei um diese Untersuchung betrieben haben und das auch heute weiterhin tun. In den immer zahlreicher werdenden Ratgeberbüchern, auch von Betroffenen, die ihre eigene Geschichte vermarkten, steht auch nur selten etwas Handfestes. Die Folge ist, daß die meisten Betroffenen tatsächlich ohne fundierte Vorbereitung in die Untersuchung gehen und fälschlicherweise darauf hoffen, daß der Psychologe ihnen schon helfen wird, da dieser doch ein Angehöriger der helfenden Berufe ist. Die Enttäuschung ist dann um so größer, wenn die meisten Betroffenen am eigenen Leibe erfahren, daß man ihnen keine Hilfestellung leistet, sondern sie in den meisten Fällen ins offene Messer laufen läßt, wobei sie nicht einmal die Möglichkeit bekommen, ihre positiv zu wertenden Bemühungen darzustellen.

Die Gutachten sind, wie der Deutsche Verkehrsgerichtstag bereits Anfang 1992 mit Empörung festgestellt hat, in einem unverständlichen Fachchinesisch abgefaßt. Sie bestehen hauptsächlich aus vorgefertigten Texten, die nach verschiedenen Schemata einfach zusammengebastelt werden. Daran hat sich bis heute leider nicht viel geändert.

Auch manche Gerichte haben durch ihre Entscheidungen dazu beigetragen, daß der TÜV bis jetzt keine Veranlassung dazu empfand, eine seriöse und bürgernahe Vorgehensweise einzuführen. Zwar liegen etliche, gegen den TÜV ergangene rechtskräftige Urteile vor, nach denen die sogenannten „Textbausteingutachten" wertlos sind, für den TÜV blieb aber das Urteil des Amtsgerichtes München maßgebend (Az. 131 C 13453/90 vom 18. 9. 1990, Himmelreich, Janker 1992, Rn. 127). Nach diesem Urteil brauchte sich der TÜV überhaupt nicht darum zu bemühen, ein für den zahlenden Auftraggeber – den Untersuchten – verständliches Gutachten zu erstellen, denn das Münchner Gericht meinte, es genüge, wenn das Gutachten „auf den Empfängerhorizont der Verwaltungsbehörde" zugeschnitten sei, zumal die Behörde „im Umgang mit entsprechenden Gutachten geübt ist". Mit anderen Worten: Die Münchner Richter segneten eine Geheimsprache zwischen TÜV und Verwaltungsbehörde ab, was nur als hanebüchen bezeichnet werden konnte, weil dadurch der betroffene Untersuchte – der juristisch Auftraggeber des TÜV ist – praktisch aus dem gesamten Führerscheinverfahren ausgesperrt wurde, obwohl er allein „Herr des Verfahrens" ist und die Begutachtung ja letztendlich auch dazu dienen soll, ihm eine Anleitung für eine Verhaltensänderung und/oder die Wiedergewinnung seiner Fahrereignung zu geben.

Damit soll jetzt ein Ende sein: Zumindest verlangen die **„Grundsätze für die Durchführung der Untersuchung und die Erstellung der Gutachten"** in Anlage 15 Ziffer 2 a) der Fahrerlaubnis-Verordnung, daß die Fahreignungsgutachten auch für die Betroffenen nachvollziehbar und nachprüfbar sein sollen – denn sie dürfen nur in „allgemeinverständlicher Sprache (...) abgefaßt sein". Es wird sich zeigen, was diese Bestimmung der Verordnung in Wirklichkeit wert ist.

Es gibt kaum einen anderen Lebensbereich, in dem Sachverständige tätig sind und sich – sogar von zumindest einem Gericht gutgeheißen – das erlauben können, was sich der TÜV erlaubt. Auch medizinische, technische und sonstige Gutachten müssen immer so formuliert sein, daß sie von jedem Leser und insbesondere vom zahlenden Auftraggeber verstanden werden können.

Geradezu „klassisch" ist die hier stellvertretend für andere nachfolgend zitierte Seminar-Bemerkung eines Rechtsanwaltes:

„Die Gutachten des MPI sind, nachdem ich nun schon eine ganze Reihe solcher Gutachten gelesen habe, fast alle wortgleich. Auch einem Laien dürfte es bald nicht schwerfallen, aus drei/vier solcher Gutachten ein Gutachten zu erstellen. Die Gutachten enthalten alle mehr oder weniger gleichlautende typische Redewendungen. Der Kraftfahrer hat Alkohol getrunken, also muß eine Alkoholgefährdung vorliegen. Seine Angaben über Trinkgewohnheiten sind entweder nicht glaubwürdig oder zeigen, daß die Problematik Autofahren – Alkohol nicht erkannt oder bearbeitet ist. Es werden schlichtweg Behauptungen aufgestellt, ohne diese fundiert zu begründen. "

Es ist verwunderlich, daß trotz anhaltender Kritik sich noch niemand die Frage gestellt, geschweige denn eine Antwort darauf versucht hat, wie ein solches mißbräuchlich erscheinendes System jahrzehntelang überleben konnte. Die Frage stellt sich deshalb sogar in einem besonderen Licht, weil die Technischen Überwachungsvereine (TÜV) als eingetragene Vereine privatrechtlich organisiert sind und somit in unserem freiheitlich demokratischen System die Privatinteressen des Bürgers gegenüber den normativen Institutionen des Staates sicherstellen sollen. Der TÜV und seine Gutachterstellen treten ja in der juristischen Form eines eingetragenen Vereines und somit als – insbesondere vom Staat – unabhängige Institution auf, und er gibt vor, daß seine Mitarbeiter nur der Wissenschaft verpflichtet seien. Das ist die Konstruktion, die seit Jahrzehnten so besteht.

Zugleich hat sich während des gesamten Bestehens der Organisation TÜV immer stärker die Meinung durchgesetzt, daß der TÜV nur zum Schein ein Verein, in Wirklichkeit jedoch auch eine Behörde sei – oder er benehme sich zumindest wie eine solche, was sich insbesondere im Verhalten der eigenen Mitarbeiter den Bürgern gegenüber immer wieder bestätigte.

Daß die Organisation der Technischen Überwachungsvereine in der praktischen Wirklichkeit eher als eine „verkappte Behörde" zu bezeichnen ist, bestätigte sich in Professor Albert Kuhlmann, seinerzeit Chef des TÜV Rheinland, der als die geistige und organisatorische Zentrale aller TÜVs anzusehen ist. In einem Interview, das Kuhlmann der „Wirtschaftswoche" (Nr. 32 v. 31. 7. 1992) gab, antwortete er auf den folgenden Einwand des Interviewers:

Reporter:

„Aber mit dem TÜV verbinden viele die Vorstellung eines trägen Beamtenladens."

Kuhlmann:

„Wir sind vom preußischen Staat dazu verpflichtet worden, unsere Mitarbeiter nach beamtenrechtlichen Gesichtspunkten zu bezahlen. Das heißt, die Mitarbeiter kriegen Gehälter nach der Landesbesoldungsordnung, dazu eine stattliche Altersversorgung und beträchtliche Nebenleistungen wie Beihilfe im Krankheitsfall. Mit anderen Worten: Der öffentliche Dienst ist alles andere als billig."

Damit ist bestätigt, daß der „eingetragene Verein" TÜV und somit auch seine amtlich anerkannten medizinisch-psychologischen Untersuchungsstellen in Wirklichkeit zum öffentlichen Dienst gehören. Sie sind Verwaltungen – genauso wie die Führerscheinstellen Verwaltungen sind.

Und weil es so ist, werden die nachfolgend formulierten Forderungen von Himmelreich (ZfV 38, 1992, 3, S. 112), die zweifelsohne richtige und edle Ziele verfolgen, leider noch sehr lange auf ihre Verwirklichung warten müssen:

„2. Neutralität und fachliche Unabhängigkeit des Gutachters

Die Aufgabe der MPU-Begutachtung im Spannungsfeld von Verkehrssicherheit einerseits und andererseits der Wahrung des Interesses der Betroffenen, die Erlaubnis zur Beteiligung am motorisierten Straßenverkehr – soweit es zu verantworten ist – zu erhalten, erfordert eine neutrale Stellung des Gutachters in der jeweiligen Untersuchungsstelle. Die Gefahr einer Parteilichkeit für die eine oder andere Seite der Beteiligten muß ausgeschlossen sein. Der Gutachter darf vor allem fachlich nicht weisungsgebunden sein, da er die Begutachtung in eigener Verantwortung vollzieht. "

Von all diesen wirklich begründeten Forderungen ist im gegenwärtigen System keine einzige erfüllt, was bereits durch die Aufstellung dieser Forderung selbst erwiesen ist. Die Gutachten bestehen aus vorgegebenen Textstücken (Textbausteinen), die Gutachter sind bei der Durchführung und Auswahl der Methoden der Untersuchung an die Weisung ihrer Dienstherren (TÜV im öffentlichen Dienst) gebunden. Man hat in Kenntnis Tausender MPU-Gutachten den Eindruck, daß die Freiheit und Unabhängigkeit der MPU-Gutachter allenfalls darin besteht, aus der beschränkten Zahl der vom Dienstherrn abgesegneten Textbausteine die vielleicht am ehesten passenden auszuwählen. Das alles ist ein Ding der Unmöglichkeit, da eine wirkliche psychologische Begutachtung immer nur dann möglich ist, wenn der Untersuchte Vertrauen zum Gutachter gewinnt – schließlich bestehen fast alle Eignungsuntersuchungen ausschließlich aus dem „diagnostischen Gespräch" (Exploration).

Eine richtige Exploration ist aber nur dann möglich, wenn sich der Untersuchte dem Gutachter gegenüber vertrauensvoll öffnet. Davor hat er verständlicherweise Angst, weil er weiß, daß er sich damit verletzbar macht – ein „Siegfried-Phänomen". Der Befragte würde sich einem Psychologen seiner Wahl natürlich öffnen, wenn er ihm vertrauen könnte – er kann seinen Gutachter jedoch nicht wählen, er darf nur unter den Untersuchungsstellen wählen, die letztlich staatsnahe Verwaltungen sind und die zudem stets den Eindruck erwecken wollen, ein unabhängiger Verein zu sein. Einer Behörde gegenüber, die lediglich durch einen psychologischen Gutachter verkörpert wird, kann ein Untersuchter nicht das Vertrauen entgegenbringen, das als Grundlage für eine richtige Exploration unerläßlich ist.

Da die Bürger durch unsere gesellschaftliche Ordnung obendrein zu einem gesunden Mißtrauen gegenüber staatlichen oder monopolistischen Institutionen erzogen worden sind, wird es niemals möglich sein, in einem solchen Massenbetrieb wie dem, in dem heute die Fahrtauglichkeitsprüfungen durchgeführt werden, ein vertrauensvolles Verhältnis zum „quasi öffentlich bediensteten" psychologischen Gutachter des – nach Verständnis vieler Bürger – nur zum Schein eingetragenen Vereins TÜV aufzubauen.

Andererseits macht diese Konstruktion natürlich erklärbar, daß die große Mehrheit der Sachbearbeiter in den Führerscheinstellen die „verklausulierten" und wissenschaftlichen Kriterien der nur in den seltensten Fällen genügenden MPU-Gutachten ohne die vorgeschriebene eigenständige Prüfung einfach übernehmen: Eine Verwaltung bestätigt durch eigene Handlung immer nur die Handlungsweise einer anderen Verwaltung oder auf gut Deutsch: „Eine Krähe hackt der anderen kein Auge aus".

In einem negativen Fahreignungsgutachten liest sich das dann so:

„Die Bedenken der Behörde können nicht zerstreut werden. "

Diese suggestive Formulierung der „TÜVologischen" Psychologen übernehmen die meisten Sachbearbeiter und fragen sich nicht einmal, warum der TÜV es ihnen nicht überläßt, selbst darüber zu entscheiden, ob die normativen Bedenken der Behörde weiterbestehen oder durch das Gutachten widerlegt wurden.

Obwohl fast alle Gutachten einander gleichen wie ein Ei dem anderen, bequemen sich Sachbearbeiter der Führerscheinstellen nur in sehr seltenen Fällen dazu, ihrer eigentlichen Aufgabe nachzukommen, die Gutachten also lediglich als Hilfsmittel zu betrachten und eine eigenständige Entscheidung zu fällen. Sie behandeln die medizinisch-psychologischen Gutachten des TÜV wie die Gläubigen die Heilige Schrift: Sie stellen keine kritischen Fragen, und man hat den Eindruck, als würden sie die geltenden Bestimmungen mit den Füßen treten. Diese schreiben nämlich in Anlage 15 (zu § 11 Abs. 5) der Fahrerlaubnis-Verordnung vor, daß ein Fahreignungsgutachten nachvollziehbar und zugleich auch nachprüfbar sein muß und was diese Voraussetzungen konkret bedeuten:

„Die Nachvollziehbarkeit betrifft die logische Ordnung (Schlüssigkeit) des Gutachtens.

Die Nachprüfbarkeit betrifft die Wissenschaftlichkeit der Begutachtung. "

Da das Gutachten den Verwaltungsbehörden lediglich als Hilfsmittel für eine eigene „Urteilsbildung" zu dienen hat, muß ein solches Gutachten logischerweise auch verständlich begründet sein. Ist ein Fahreignungsgutachten unvollständig und/oder nicht nachvollziehbar begründet, kann es naturgemäß für die Verwaltungsbehörde kein geeignetes Hilfsmittel für deren eigene Urteilsbildung über die rein rechtsnormative Frage der künftigen Fahreignung sein.

Aus diesem Grunde müssen die vom Bundesland Rheinland-Pfalz bereits im Mai 1992 mit sofortiger Wirkung erlassenen landeseinheitlichen Bewertungskriterien für die Beurteilung von medizinisch-psychologischen Gutachten als eine wahrhaftig revolutionäre Wende in der Fahreignungsbegutachtung bezeichnet werden. Es ist nämlich das erste Mal, seit Verfahren zur Beurteilung der Eignung von mit oder ohne Alkohol auffällig gewordenen Kraftfahrern in der Bundesrepublik Deutschland vor vielen Jahrzehnten eingeführt wurden, daß die Verwaltungsbehörde dem Druck von kritischen Fachleuten und der Öffentlichkeit endlich nachgegeben und verbindliche Kriterien erlassen hat, die es jedem Sachbearbeiter möglich gemacht haben, die Gutachten des Monopolisten TÜV, der die weitaus meisten Gutachten erstellt, tatsächlich überprüfbar zu machen.

Wie bereits oben dargestellt, steht in den **„Grundsätzen für die Durchführung der Untersuchungen und die Erstellung der Gutachten"**, daß die Gutachten nachprüfbar und nachvollziehbar sein müssen. Das aber hat die maßgeblichen Gutachter nicht daran gehindert, die Qualifikation ihrer eigenen Berufskollegen in Frage zu stellen, denn sie haben viele Jahre lang bezweifelt, daß es überhaupt einen Psychologen außerhalb des TÜV-Systems geben könne, der in der Lage sei, ihre Gutachten auf deren Nachvollziehbarkeit und Nachprüfbarkeit hin zu überprüfen.

Inzwischen gibt es zahlreiche Verkehrspsychologen, die eine Analyse der Nachprüfbarkeit und Nachvollziehbarkeit von Gutachten nach wissenschaftlichen Kriterien durchführen – und diese Mängelrügen führen sogar zum Erfolg.

Die allgemeingültigen Bewertungskriterien, die das Ministerium für Wirtschaft und Verkehr des Landes Rheinland-Pfalz bereits 1992 veröffentlichte, enthalten alle wesentlichen Aspekte zur Überprüfung eines bereits vorhandenen Gutachtens. Sie sind zugleich bestens dazu geeignet, als Leitfaden für die eigene Vorbereitung auf eine anstehende Untersuchung berücksichtigt zu werden.

Da das Bewertungssystem des Landes Rheinland-Pfalz nach wie vor als Standard gelten kann, stellen wir alle wesentlichen Aspekte des Systems und dessen ergänzende Erläuterungen als Muster dafür dar, ein bereits vorliegendes negatives Gutachten auf seine Richtigkeit hin zu überprüfen.

Standard-Bewertungsbogen

(für Fälle mit und ohne Alkoholfahrt)

I. a) Die Fragestellung der Behörde ist angeführt.   J/N

    b) Die Fragestellung ist erläutert.   J/N

    c) **Die Voraussetzung für eine positive
Begutachtung ist erläutert.**   J/N

    d) **Die Voraussetzung für eine positive
Begutachtung ist begründet oder zumindest
offensichtlich.**   J/N

II. a) **Medizinische Befunde sind im Gutachten
aufgeführt.**   J/N

    b) **Angaben, die in der Exploration gemacht wurden,
sind im Gutachten ausreichend dargestellt.**   J/N

    c) Die Dauer der Exploration ist angegeben.   J/N

    Wenn Testverfahren eingesetzt wurden:

    d) Der Einsatz der Testverfahren ist begründet.   J/N

    e) Die Testergebnisse sind berücksichtigt.   J/N

III. a) **Es ist erkennbar, aus welchen Befunden und Angaben
die Feststellungen abgeleitet sind, die das
Ergebnis der Begutachtung begründen**
(s. Ergänzungsbogen).   J/N

    b) **Die Beziehung der Angaben zu den Feststellungen
ist erläutert.**   J/N

    c) Die wissenschaftliche Grundlage der Argumentation
ist angegeben.   J/N

    d) Auflagen und Empfehlungen (z. B. Kurszuweisung)
sind begründet.   J/N

Zusatzfrage bei Gutachten, bei denen es nicht um Alkoholabhängigkeit geht:

    e) **Die aus den Feststellungen abgeleiteten Argumente
genügen als Entscheidungsgrundlage.**   J/N

Sofern eine der **fettgedruckten Forderungen** nicht erfüllt ist, ist das Gutachten nicht verwertbar.

(Quelle: zfs, Mai 1992, S. 145 ff.)

Erläuterungen zum Bewertungsbogen

(Quelle: zfs, 92, 145 ff.)

„Der Bewertungsbogen enthält Kriterien für die Nachvollziehbarkeit und Nachprüfbarkeit der Gutachten.

I. **a) *Fragestellung***

Der Gutachter sollte die Fragestellung der Behörde an den Anfang des Gutachtens stellen, um damit für den Leser zu dokumentieren, daß er bei seiner Untersuchung von dieser Fragestellung ausgeht.

b) *Erläuterung*

Da jeweils für mehrere verschiedene Tatsachen im Untersuchungs-anlaß dieselbe Fragestellung verwendet wird, sollte der Gutachter in jedem Falle erläutern, wie diese Fragestellung aus dem Unter-suchungsanlaß abgeleitet wird. Er sollte z. B. erläutern, warum die im Untersuchungsanlaß enthaltenen Alkoholdelikte die Vermutung begründen, daß der Betroffene erneut durch Trunkenheit im Straßenverkehr auffallen wird, oder warum Delikte im Straßenver-kehr ohne Alkohol die Vermutung begründen, daß der Betroffene erneut gegen die Verkehrsbestimmungen verstoßen wird. Es ist z. B. auch nicht für jeden Leser selbstverständlich, daß der Grund für die Vermutung erneuter Trunkenheitsdelikte bei einem Betroffenen, der mit einer BAK von 1,6 Promille aufgefallen ist, in der Gewöh-nung an unkontrolliertes Trinken gegeben ist.

c) *Voraussetzung:*

Ein Gutachten zur Frage des erneuten Auffälligwerdens ist nur dann nachvollziehbar, wenn die Voraussetzungen genannt sind, die bei den Betroffenen erfüllt sein müssen, damit das erneute Auffäl-ligwerden unwahrscheinlich wird. Wenn es diese Aussage nicht ent-hält, bleibt für den Leser unklar, an welchem Maßstab der Gutach-ter seine Feststellungen gemessen hat. Diese Voraussetzungen kön-nen in vielen Fällen erst in der Untersuchung ermittelt werden.

d) *Begründung der Voraussetzung*

Die Voraussetzungen für eine positive Begutachtung müssen begründet sein, damit nicht der Eindruck entsteht, der Gutachter

habe sie willkürlich festgelegt. Auf die Begründung kann nur ver-
zichtet werden, wenn die Gründe im Gutachtentext offensichtlich
sind. "

II. a) **Medizinische Befunde**

Die vom Arzt erhobenen Befunde müssen im Gutachten aufgeführt
sein, da Aussagen über das Befinden des Betroffenen nicht nach-
vollziehbar sind, wenn nicht erkennbar ist, aus welchen Untersu-
chungsbefunden sie abgeleitet sind.

b) **Angaben bei der Exploration**

Feststellungen, die das Verhalten und die Einstellung eines Betrof-
fenen zu seinem Verhalten beschreiben, sind nur nachvollziehbar,
wenn die Angaben des Betroffenen, aus denen sie abgeleitet wur-
den, im Gutachten enthalten sind. Die Angaben müssen so aus-
führlich wiedergegeben sein, daß der Leser sich eine Vorstellung
von dem machen kann, was der Betroffene gesagt hat.

c) **Dauer der Exploration**

Die Dauer der Exploration gibt die Zeit an, die der Psychologe
für das diagnostische Gespräch mit dem Betroffenen aufgewendet
hat.

d) **Testverfahren**

Testverfahren können zur Klärung bestimmter Fragen eingesetzt
werden. Das Gutachten ist jedoch nur nachvollziehbar, wenn der
Gutachter im Gutachten dargelegt hat, zur Klärung welcher Fra-
gen er die Testverfahren eingesetzt hat.

e) **Testergebnisse**

Testergebnisse müssen interpretiert und bei der Beantwortung der
Fragen der Behörde berücksichtigt werden. "

An dieser Stelle sei angemerkt, daß nach **Jagow** (1998) ein „wie auch immer
gearteter ‚charakterlicher Test' – unzulässig wäre (...)", weil bei Verstößen
ohne Alkohol (nach dem Punktsystem) die „charakterliche Komponente des
Eignungsbegriffs" definiert sei dadurch, daß „Verstöße gegen Verkehrsvorschriften oder Strafgesetze" nicht begangen wurden.

Betroffene, Wissenschaftler, Anwälte und Richter werden sich natürlich fragen, warum Testergebnisse nicht berücksichtigt werden sollten, die für eine künftige Eignung des Untersuchten sprechen.

„III. a) Ableitung der Feststellungen

Gutachten sind nur nachvollziehbar, wenn sie so geschrieben sind, daß der Leser erkennen kann, welche Befunde und Angaben der Gutachter für seine Feststellungen herangezogen hat. Dieses Kriterium enthält auch die neue Fahrerlaubnis-Verordnung.

b) Beziehung zwischen Angaben und Feststellungen

Für den Laien ist in der Regel nicht ohne weiteres ersichtlich, warum aus bestimmten Angaben des Betroffenen bestimmte Feststellungen z. B. über seine Einstellung oder sein Verhalten abgeleitet werden können. Die Nachvollziehbarkeit eines Gutachtens ist daher erst dann gewährleistet, wenn im Gutachten die Beziehung zwischen Angaben und Feststellungen erläutert ist. Bei unrealistischen Trinkmengenangaben muß z. B. erläutert sein

– warum die Angaben unrealistisch sind

– warum die unrealistischen Angaben auf eine fehlende Problemeinsicht als Voraussetzung für die stabile Änderung des Trinkverhaltens schließen lassen

c) Wissenschaftliche Grundlage

Die wissenschaftliche Grundlage wird in Form von Literaturhinweisen angegeben.

d) Auflagen und Empfehlungen

Auflagen und Empfehlungen sollten immer so begründet sein, daß der Leser erkennen kann,

– warum sie für den Betroffenen angemessen sind

– welches Ziel durch sie erreicht werden soll und

– warum zu erwarten ist, daß dieses Ziel erreicht wird.

e) Entscheidungsgrundlage

Ein Gutachten ist nur dann verwertbar, wenn die in ihm enthaltenen Feststellungen ausreichen, um die von der Behörde gestellten Fragen zu beantworten. "

L. Der Weg zurück zum Führerschein für „Punktesammler"

Im folgenden beschreiben wir den **falschen** und den **richtigen** Weg zurück zum Führerschein für diejenigen, denen die Fahrerlaubnis bereits entzogen wurde, und auch für diejenigen, deren Fahrerlaubnis nur noch am „seidenen Faden hängt". Im wesentlichen gilt nämlich für beide Fälle die gleiche Vorgehensweise.

Wie aus dem **Bußgeld- und Punktekatalog** (s. unten) zu entnehmen ist, kommt man zu Punkten in nüchternem Zustand, unter Alkoholeinfluß und durch Straftaten.

Aus den **Anlässen für die Anordnung von Eignungsgutachten durch die Behörde** (s. oben) ergibt sich, daß es auch ohne Erreichen von 18 Punkten und ohne Entziehung der Fahrerlaubnis durch den Strafrichter zu einem „Verlust" derselben kommen kann. Dieser Fall tritt ein, wenn die Führerscheinbehörde nach „Ermessen" handelt und eine Eignungsuntersuchung anordnet, die negativ ausfällt. So könnte die Behörde durchaus „Bedenken gegen die körperliche und geistige Eignung" formulieren, wenn jemand zum dritten Male in kurzer Zeit mit 0,5 bis 0,79 Promille Blutalkohol auffällig wird. Es wäre durchaus denkbar, daß man sich nämlich die Frage stellt, ob der Betroffene etwa intellektuell so bescheiden ausgestattet ist, daß er die Vorschriften und den Sinn der Bußgeldbescheide gar nicht begreifen kann. Es wäre aber auch ein unentdeckter Alkoholismus denkbar, wenn es sich immer um Restalkohol handelte, so daß wegen Gefahr im Verzuge ebenfalls Bedenken an der Eignung geäußert werden müßten. Ähnlich sieht es im Zusammenhang mit dem Genuß von Betäubungs- und Arzneimitteln aus.

Nicht anders wäre es z. B., wenn jemand beinahe täglich Bußgeldbescheide und Punkte bekommt, weil er seinen Wagen immer wieder im absoluten Halteverbot in der Altstadt abstellt und somit die Vorschrift notorisch mißachtet.

Was ist nun zu tun, wenn Sie bereits so viele Punkte haben, daß Sie selbst mit dem Schlimmsten, der Entziehung der Fahrerlaubnis, rechnen?

Das erste Problem wird aller Wahrscheinlichkeit nach darin bestehen, daß Sie die Bußgeldbescheide verlegt oder vernichtet haben und praktisch keine gesicherte Übersicht über den aktuellen Stand Ihrer Fahrerkarriere haben.

Nutzen Sie deshalb die neuen Bestimmungen und fordern beim Kraftfahrt-Bundesamt einen gebührenfreien Kontoauszug an. Wichtig ist aber, daß Sie auch die einzelnen KBA-Auszüge (der Eintragungsmitteilungen – „Nachricht an das Kraftfahrt-Bundesamt" – der Bußgeldstelle) anfordern, die praktisch die Kopien der Bußgeldbescheide sind. Nur diese Auszüge versetzen Sie in die Lage, sich mit den Einzelheiten der einzelnen Verstöße zu befassen.

Aufgrund dieser KBA-Auszüge müssen Sie dann den „gemeinsame Nenner" Ihrer Verkehrsverstöße herausfinden. In Ihrer Vorgeschichte steht nun vielleicht folgendes:

4 Bußgeldbescheide wegen zu schnellen Fahrens	4 x 3 =	12 Punkte
1 Bußgeldbescheid wegen verbotenen Überholens	1 x 3 =	3 Punkte
Insgesamt:		15 Punkte

und das alles in einem Zeitraum von 2 Jahren. Sie brauchen nur noch einmal außerorts zu schnell sein, und die Fahrerlaubnis ist weg.

Hier kämen Sie sicherlich auch sehr schnell auf den „gemeinsamen Nenner", der Fall ist ziemlich eindeutig, die Ursache könnte vielleicht in einer beruflichen, familiären Überbelastung bestehen, die beseitigt werden kann.

Ihre Vorgeschichte könnte aber auch so aussehen:

1 Bußgeldbescheid wegen zu schnellen Fahrens	1 x 3 =	3 Punkte
1 Bußgeldbescheid wegen verbotenen Überholens	1 x 3 =	3 Punkte
1 Bußgeldbescheid wegen abgefahrener Reifen	1 x 3 =	3 Punkte
1 Bußgeldbescheid wegen zu geringen Abstands	1 x 3 =	3 Punkte
1 Bußgeldbescheid wegen falschen Abbiegens	1 x 2 =	2 Punkte
1 Bußgeldbescheid wegen Behinderung	1 x 1 =	1 Punkt
1 Bußgeldbescheid wegen falsch überholtem Schulbus	1 x 1 =	1 Punkt
Insgesamt:		16 Punkte

und das alles in einem Zeitraum von 3 Jahren, wobei nichts getilgt worden ist. Sie brauchen nur noch einmal falsch abzubiegen, und die Fahrerlaubnis ist weg.

Hier kämen Sie sicherlich nicht mehr so schnell auf den „gemeinsamen Nenner", es sei denn, Sie geben etwa zu, Verkehrsvorschriften bewußt mißachtet zu haben und dies auch künftig tun zu wollen. Es könnte aber auch sein, daß Sie seit einigen Jahren unter großen Problemen leiden; Sie haben vielleicht wenig Geld, viel Ärger mit Kind und Frau und das Gefühl, daß keiner Ihnen helfen will. Sie sind voll innerer Spannungen, was sich auf Ihr Fahrverhalten überträgt, ohne daß Sie das merken.

Bis zu diesen recht oberflächlichen „gemeinsamen Nennern", die durchaus zutreffend sein können, würde sicherlich jeder selbst kommen können – was aber viel zu wenig ist, um sich von der Rechtskraft des letzten Bußgeldbescheides an gerechnet zwei Jahre lang am Riemen zu reißen, damit die Eintragungen in Flensburg gelöscht werden.

Sie haben jetzt natürlich die Möglichkeit, schnell zum **Amtlich anerkannten Verkehrpsychologischen Berater** zu gehen, sich dort innerhalb von mindestens zwei bis höchstens vier Wochen beraten zu lassen und mit der Teilnahmebescheinigung zwei Punkte gelöscht zu bekommen. Dies würde in den obigen Fällen 13 bzw. 14 Restpunkte bedeuten, ohne daß Sie die Sicherheit hätten, auf Dauer – also mindestens 24 Monate lang – nicht wieder Punkte zu bekommen.

Denn der Amtlich anerkannte Verkehrspsychologische Berater konnte Ihnen zwar Hinweise und die Empfehlung für eine psychologische Betreuung geben, Sie haben aber eine längere Behandlung nicht in Anspruch genommen.

Es könnte sein, daß der Amtlich anerkannte Verkehrspsychologische Berater sogar dabei helfen könnte, daß Ihnen die Fahrerlaubnis bei 18 Punkten nicht entzogen wird, weil die Behörde von der Möglichkeit einer Ausnahmeregelung Gebrauch macht. Diese wäre aber auch keine Lösung, die Sie in die Lage versetzen würde, auf Dauer angepaßt fahren zu können.

Damit sind wir beim eigentlichen Kern des richtigen, zurück zum Führerschein führenden Weges: Da die neue Fahrerlaubnis-Verordnung die Kraftfahreignung per Gesetz definiert hat, gilt jeder als ungeeignet, der „erheblich" und/oder „wiederholt" gegen Verkehrsvorschriften verstoßen hat, so daß der Zustand der Ungeeignetheit nicht erst bei 18 Punkten, sondern schon früher eintritt. Der Vollzug der Ungeeignetheit bei 18 Punkten ist sozusagen der Punkt, an dem der Staat sagt, „Bis dahin und nicht weiter, die Zeit der Duldung ist abgelaufen."

Dies bedeutet, daß in jedem Fall eine sehr tiefgreifende Auseinandersetzung mit den Ursachen der wiederholten Verkehrsauffälligkeit stattfinden muß.

Dazu ist man jedoch allein in aller Regel nicht in der Lage. Nicht nur, weil es einem am nötigen Sachverstand mangelt. Um den nötigen Abstand zu den eigenen Fehlern zu bekommen, braucht man jemanden, der einem zuhört, der reflektiert bzw. bei der Rückbesinnung auf positive Werte, die in uns allen stecken, hilft.

Was ist aber zu tun, wenn der „seidene Faden" bereits gerissen und die Fahrerlaubnis entzogen worden ist?

Der Weg zurück zum Führerschein wird mit an Sicherheit grenzender Wahrscheinlichkeit nur über ein positives MPU-Gutachten führen. Da die Eignung mit Erreichen von 18 Punkten per Gesetz nicht mehr gegeben ist, wird sich die Straßenverkehrsbehörde hüten, ein Risiko ohne Rückendeckung durch ein MPU-Gutachten auf sich zu nehmen.

Um jedoch ein positives MPU-Gutachten zu bekommen, ist das bloße Warten auf das Ende der Sperr- oder Wartefrist allein natürlich keine Lösung. Vielmehr wird jeder Gutachter erwarten, daß der Betroffene „tätige Einsicht" übt und die nur in seiner Person liegenden Ursachen der wiederholten und/oder erheblichen Verkehrsauffälligkeit erforscht, seine Einstellungen und Haltungen ändert und bis zum Zeitpunkt der MPU-Begutachtung dafür sorgt, daß diese Änderung nachhaltig gefestigt ist.

Auch hier gilt, daß man allein auf sich gestellt mit den KBA-Auszügen und/oder Urteilsbegründungen über ein bescheidenes Maß an Ursachenanalyse kaum hinauskommt. Die Lösung wird die Hilfe eines anderen sein, im Idealfall die Betreuung durch einen Verkehrspsychologen.

Was ist, wenn die Fahrerlaubnis wegen „Punktesammlung" infolge von mehrmaligem Fahren unter Alkohol- und/oder Drogeneinfluß entzogen werden könnte?

Das Besondere an dieser Konstellation ist, daß hier die Kraftfahreignung lediglich scheinbar durch die Ansammlung von Punkten in Frage gestellt wird.

In Wirklichkeit geht es aber auf einem durch Gesetz heruntergestuften Niveau um die Einnahme berauschender und/oder betäubender Mittel, welche die Kraftfahreignung beeinträchtigen.

Demzufolge wird die Führerscheinstelle bei mehrmaliger Auffälligkeit mit Fahren unter Alkoholeinfluß (BAK zwischen 0,5 bis 1,09 Promille) und unter Drogeneinfluß die Vermutung formulieren müssen, daß potentieller

Mißbrauch dieser Mittel vorliegen könnte. Sie wird deshalb grundsätzliche Bedenken gegen die körperliche und/oder geistige Eignung äußern und ein umfassendes Fahreignungsgutachten fordern.

Die Fragestellung dieses Gutachtens wird sehr umfassend sein, wobei allerdings die Aspekte des Alkohol- und/oder Drogenkonsums wesentlich stärkeres Gewicht haben.

Sollte dies in Ihrem Fall zutreffen, so sollten Sie sich bitte mit den Abschnitten dieses Buches über die Trunkenheitsfahrten befassen. (siehe auch „Mein Führerschein ist weg – was tun?", Werner Verlag, 1999) und sich ein fundiertes Wissen aneignen.

Selbstverständlich werden Sie fachkundige Hilfe durch einen Arzt und Psychologen Ihres Vertrauens benötigen. Der Amtlich anerkannte Verkehrspsychologische Berater kann Ihnen auch bei dieser Problemstellung helfen.

Abb. 1 – Der falsche Weg zum Führerschein für „Punktesammler"

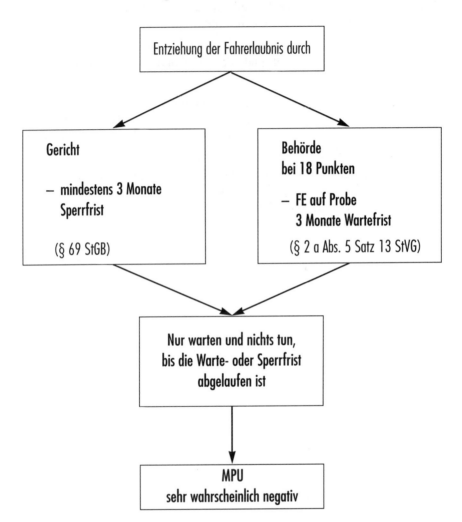

Abb. 2 – Der richtige Weg zum Führerschein für „Punktesammler"

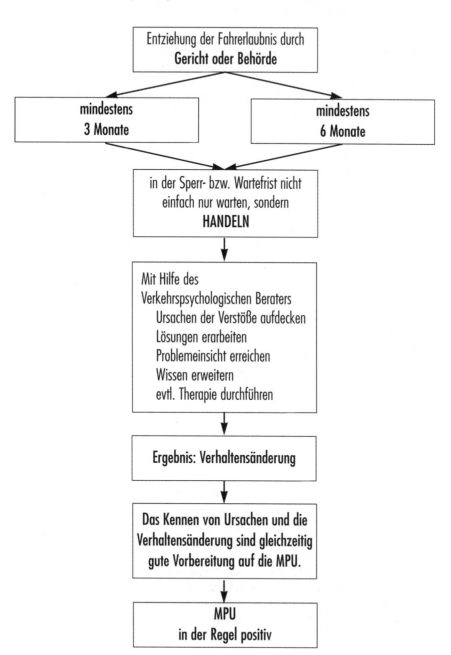

Tabelle 17: Checkliste für die Vorbereitung auf die MPU-Begutachtung wegen Verkehrsverstößen (Ordnungswidrigkeiten)

Unterlagen:	Eventuell ärztliche Atteste, Lichtbildausweis, Bußgeldbescheide, Gerichtsurteile, Behördenschriftsätze.
Ansprechpartner:	Geschäftsstelle der gewählten BfF-Stelle oder Obergutachterstelle, falls es eine in Ihrem Bundesland gibt.
Fristen:	Werden durch die Führerscheinstelle festgesetzt.
Voraussetzungen:	Aufforderung der Behörde. Falls eine MPU-Begutachtung umgangen und sofort ein Obergutachten erstellt werden soll, muß die Behörde vorher zustimmen.
Kosten*)	**MPU:** 360,00 DM bis 590,00 DM (Quelle: Gebührenordnung für Maßnahmen im Straßenverkehr, 1999) **Obergutachten:** medizinisch: 500,00 DM bis 1000,00 DM psychologisch: 1500,00 DM bis 2000,00 DM (Mindestgebühren!)
Kostenträger:	Untersuchter, Rechtsschutzversicherung für Rechtsanwalt
Rechtsanwalt:	Ist zu empfehlen, um die juristischen Aspekte aller Verkehrsverstöße für den Begutachtungsvorgang abzuklären.
Verkehrspsychologe:	Ist zu empfehlen, um die psychologischen Aspekte Ihres Falles abzuklären und sich umfassend und intensiv auf die notwendige Mitarbeit vorzubereiten.
Sonstiges:	Fern- und Lesebrille mitbringen. Bei mangelnden Sprachkenntnissen: beeidigten Dolmetscher verpflichten (auf eigene Kosten). Falls keine eigenen Unterlagen über die Verkehrsverstöße vorhanden sind, Kopien der Bußgeldbescheide aus der Führerscheinakte des Straßenverkehrsamtes geben lassen.

*) **Achtung:** Arztkosten zur Wiedererlangung einer wegen Trunkenheit/Drogenkonsum entzogenen Fahrerlaubnis sind keine ärztlichen Behandlungskosten. Gemäß § 3 Abs. 2 Nr. 3 Bundesmantelvertrag-Ärzte und § 2 Abs. 12 Nr. 3 Arzt-/Ersatzkassenvertrag gehören deshalb Reihen-, Einstellungs-, Eignungs- und Tauglichkeitsuntersuchungen nicht zur vertragsärztlichen Versorgung.

Tabelle 18: Checkliste für die Vorbereitung auf die MPU-Begutachtung wegen Verkehrsverstößen (Ordnungswidrigkeiten) unter Alkohol- und/oder Drogeneinfluß

Unterlagen:	Eventuell ärztliche Atteste, Lichtbildausweis, Bußgeldbescheide, Gerichtsurteile, Behördenschriftsätze.
Ansprechpartner:	Geschäftsstelle der gewählten BfF-Stelle oder Obergutachterstelle, falls es eine in Ihrem Bundesland gibt.
Fristen:	Werden durch die Führerscheinstelle festgesetzt.
Voraussetzungen:	Aufforderung der Behörde. Falls eine MPU-Begutachtung umgangen und sofort ein Obergutachten erstellt werden soll, muß die Behörde vorher zustimmen.
Kosten*⁾	**MPU:** 590,00 DM zzgl. Laborkosten (insgesamt ca. 620,– DM) Bei mehrfacher Fragestellung zzgl. 50 % je Fragestellung (Quelle: Gebührenordnung für Maßnahmen im Straßenverkehr, 1999) **Obergutachten:** medizinisch: 500,00 DM bis 1000,00 DM psychologisch: 1500,00 DM bis 2000,00 DM (Mindestgebühren!)
Kostenträger:	Untersuchter, Rechtsschutzversicherung für Rechtsanwalt.
Rechtsanwalt:	Ist zu empfehlen, um die juristischen Aspekte aller Verkehrsverstöße für den Begutachtungsvorgang abzuklären.
Verkehrspsychologe:	Ist zu empfehlen, um die psychologischen Aspekte Ihres Falles abzuklären und sich umfassend und intensiv auf die notwendige Mitarbeit vorzubereiten.
Sonstiges:	Fern- und Lesebrille mitbringen. Bei mangelnden Sprachkenntnissen: beeidigten Dolmetscher verpflichten (auf eigene Kosten). Falls keine eigenen Unterlagen über die Verkehrsverstöße vorhanden sind, Kopien der Bußgeldbescheide aus der Führerscheinakte des Straßenverkehrsamtes geben lassen.

*⁾ **Achtung:** Arztkosten zur Wiedererlangung einer wegen Trunkenheit/Drogenkonsum entzogenen Fahrerlaubnis sind keine ärztlichen Behandlungskosten. Gemäß § 3 Abs. 2 Nr. 3 Bundesmantelvertrag-Ärzte und § 2 Abs. 12 Nr. 3 Arzt-/Ersatzkassenvertrag gehören deshalb Reihen-, Einstellungs-, Eignungs- und Tauglichkeitsuntersuchungen nicht zur vertragsärztlichen Versorgung.

Tabelle 19: **Checkliste für Ihren Besuch beim Amtlich anerkannten Verkehrspsychologischen Berater zwecks Löschung von 2 Punkten auf Hinweis der Behörde bei zur Zeit 14 bis 17 Punkten:**

Kontaktaufnahme:	Brief, Telefon, Telefax (E-mail wird nicht empfohlen, weil der Datenschutz nicht mit Sicherheit gewährleistet ist).
Vertragsverhältnis:	Der Berater wird mit Ihnen einen durch die Sektion Verkehrspsychologie im BDP genehmigten Beratungsvertrag schließen, der die gegenseitigen Rechte und Pflichten und das Honorar regelt. Der Verkehrspsychologe unterliegt der Schweigepflicht gemäß Strafgesetzbuch (§ 203 StGB).
Benötigte Unterlagen:	Auszug aus dem Punktekonto mit aktuellem Punktestand beim Kraftfahrt-Bundesamt mit den Kopien der Eintragungsmitteilungen („Nachricht an das Kraftfahrt-Bundesamt") der Bußgeldstelle; Urteile; Schriftverkehr mit Behörden; sonstige Unterlagen von Bedeutung, z. B. ärztliche Atteste, Entlassungsbericht des Krankenhauses, der Drogenberatung usw.
Zeitaufwand:	Mindestens 4 Zeitstunden innerhalb von 2 bis 4 Wochen, einschließlich 1 Stunde Vor- und Nachbereitung für den Berater.
	Die Teilnahme an den einzelnen Sitzungen wird auf einem Formblatt durch den Berater und den Ratsuchenden per Unterschrift bestätigt.
Kosten:	150,00 DM bis 180,00 DM je Zeitstunde.
Abschluß:	Teilnahmebescheinigung zur Vorlage bei Straßenverkehrsamt wegen Löschung von 2 Punkten.
	Auf Ihren Wunsch Ergebnisbericht.

Tabelle 20: Checkliste für Ihren freiwilligen Besuch beim Amtlich anerkannten Verkehrspsychologischen Berater bei weniger als 14 Punkten:

Kontaktaufnahme:	Brief, Telefon, Telefax (E-mail wird nicht empfohlen, weil der Dateschutz nicht mit Sicherheit gewährleistet ist).
Vertragsverhältnis:	Der Berater wird mit Ihnen einen durch die Sektion Verkehrspsychologie im BDP genehmigten Beratungsvertrag schließen, der die gegenseitigen Rechte und Pflichten und das Honorar regelt. Der Verkehrspsychologe unterliegt der Schweigepflicht gemäß Strafgesetzbuch (§ 203 StGB).
	Falls Sie die Dienste des Beraters für weitergehende Leistungen in Anspruch nehmen, sollte ein Zusatzvertrag abgeschlossen werden.
Benötigte Unterlagen:	Auszug aus dem Punktekonto mit aktuellem Punktestand beim Kraftfahrt-Bundesamt mit den Kopien der Eintragungsmitteilungen („Nachricht an das Kraftfahrt-Bundesamt") der Bußgeldstelle; Urteile; Schriftverkehr mit Behörden; sonstige Unterlagen von Bedeutung, z. B. ärztliche Atteste, Entlassungsbericht des Krankenhauses, der Drogenberatung usw.
Zeitaufwand:	Mindestens 4 Zeitstunden innerhalb von 2 bis 4 Wochen, einschließlich 1 Stunde Vor- und Nachbereitung für den Berater.
	Der Zeitaufwand für eine über die Mindestberatung hinausgehende Beratungsleistung ist nach Bedarf zu vereinbaren.
	Die Teilnahme an den einzelnen Sitzungen wird auf einem Formblatt durch den Berater und den Ratsuchenden per Unterschrift bestätigt.
Kosten:	150,00 DM bis 180,00 DM je Zeitstunde.
Abschluß:	Teilnahmebescheinigung zur Vorlage bei Straßenverkehrsamt wegen Löschung von 2 Punkten; zur Zeit ist es nicht sicher, ob die Löschung von 2 Punkten auch in diesem Fall erfolgt. Deshalb dringende Rücksprache mit der Führerscheinstelle notwendig.
	Sie sollten sich dazu bei Ihrer Führerscheinstelle erkundigen.
	Auf Ihren Wunsch Ergebnis-/Befundbericht.

M. Der Weg zurück zum Führerschein nach Trunkenheitsfahrt (Straftat)

Im anhängigen Strafverfahren

Wenn Sie vor kurzem in erheblich alkoholisiertem Zustand Ihr Kraftfahrzeug gesteuert haben und dabei aufgefallen sind, sind Ihre Fahrerlaubnis vorläufig entzogen und der Führerschein beschlagnahmt worden. Da der BAK-Wert über die Grenze von Ordnungswidrigkeiten hinausging, d. h. bei oder über 1,1 Promille lag, müssen Sie mit einer Verurteilung rechnen, die auch eine Sperrfrist beinhaltet. Die Staatsanwaltschaft wird innerhalb von drei Monaten eine Anklage erheben oder das Amtsgericht wird einen Strafbefehl erlassen. Bei Annahme des Strafbefehls entgehen Sie zwar einer Hauptverhandlung, haben aber auch keine Chance, etwas zu Ihrer künftigen Eignung vorzutragen, was aus eignungspsychologischer Sicht wichtig ist. Im Falle eines Strafbefehls beginnt die Sperrfrist für die Neu-Erteilung sofort zu laufen. Sie versäumen also eine wichtige Möglichkeit, unter Beweis stellen zu können, daß Sie unmittelbar nach der Trunkenheitsfahrt begonnen haben, Ihre Eignung wiederherzustellen.

Falls Sie den Strafbefehl nicht annehmen, kommt es in jedem Fall zu einem Strafverfahren mit Hauptverhandlung. Da zwischen der vorläufigen Beschlagnahme des Führerscheins und der Hauptverhandlung in der Regel bis zu vier oder auch mehr Monate vergehen können, haben Sie die besten Chancen, den Ausgang der Verhandlung positiv zu beeinflussen. Sie können nämlich Ihre wiedergewonnene charakterliche Eignung noch im Strafverfahren unter Beweis stellen und die unvermeidliche Sperrfrist entweder voll angerechnet oder erheblich verkürzt bekommen – im Klartext: Sie können sich das verwaltungsrechtliche Verfahren der Neu-Erteilung der Fahrerlaubnis ersparen. Der Strafrichter hat nämlich die Möglichkeit, aufgrund neuer persönlicher Fakten Ihre Eignung in der Hauptverhandlung zu bejahen und trotz Bestrafung den Führerschein nach der Verurteilung noch im Gerichtssaal wieder auszuhändigen, oder Sie erhalten die Erlaubnis, nach Ablauf einer verkürzten Sperrzeit den Führerschein bei Gericht abzuholen. Voraussetzung dafür ist jedoch, daß Sie eine erfolgreiche Therapie zur Wiederherstellung Ihrer charakterlichen Eignung nachweisen und daß Ihre neuen Einstellungen und Haltungen zum Fahren und Trinken genügend gefestigt sind.

Diese Möglichkeit ergibt sich daraus, daß der Strafrichter bei seiner Entscheidung auch neue Tatsachen berücksichtigen muß, die erst nach der Tat, also Ihrer Trunkenheitsfahrt, entstanden sind. Eine solche neue Tatsache ist die tatsächliche positive Änderung charakterlich wirksamer Einstellungen und Haltungen im Zusammenhang von „Trinken und Fahren".

Darin ist die Chance begründet, durch den Nachweis einer geeigneten Verkehrstherapie ein Urteil zu bekommen, das eine kürzere Sperrfrist oder die vorzeitige Aufhebung der selben enthält.

Himmelreich, K. (DAR 12/97) berichtet dazu folgendes:

*„Die bekannten Nachschulungskurse bzw. Aufbauseminare ‚Mainz 77' (bis zu einer BAK in Höhe von 1,59 ‰) und ‚Leer' (bei einer BAK in Höhe von 1,6 ‰ bis ca. 2,0 ‰ und bei Rückfällern mit niedrigem Promille-Wert) haben ihre positive Wirkung auf die angeklagten Trunkenheitstäter nachhaltig bewiesen. Nicht nur der Umstand ist bedeutend, daß die Rückfallquote bei den Ersttätern von ca. 43 % auf unter 20 %, bei Rückfalltätern von 32 % auf ca. 13 %, gedrückt werden konnte; vielmehr hat auch die Mehrheit der deutschen **Verkehrsstrafrichter** erkannt, daß sich ein nachgeschulter Trunkenheitstäter auch einsichtiger und reuevoller zeigt. Dieses führt in der Regel in solchen Fällen zu einer Reduzierung bzw. **Abkürzung** der strafrechtlichen **Fahrerlaubnissperre** um ca. 2 bis 3 Monate."*

Diese Möglichkeit besteht zweifelsohne, es sollte jedoch nicht vergessen werden, daß Richter natürlich auch anders entscheiden können. Es gibt nach Himmelreich (s. o.) auch die Auffassung, daß Gerichte die Rückgabe des Führerscheins *„im Gerichtstermin mit der Begründung verweigern: Man verstehe sich nicht als ‚Führerscheinausgabestelle'; im übrigen würde bei Nichtverhängung einer Sperre gerade eine diesbezügliche Registrierung verhindert."*

Auch wenn es nicht sicher ist, daß das Strafgericht selbst die Frage der wiedergewonnenen Fahreignung abschließend klärt, sollte diese Chance versucht werden. Der klare Vorteil besteht nämlich darin, daß bei der nach Ablauf der Sperrzeit fälligen MPU unter Hinzuziehung der Gerichtsakte der Nachweis darüber geführt werden kann, daß der Betroffene unmittelbar nach der Trunkenheitsfahrt konkret an der Wiedererlangung seiner charakterlichen Eignung gearbeitet hat. Im Strafverfahren wird nämlich der Therapeut oder Kursleiter des Aufbauseminars den Nachweis der positiven Wirkung der Maßnahme führen, was später für den Betroffenen nur von Vorteil sein kann.

Dabei sollte auf jeden Fall die folgende Entscheidung des Bundesverwaltungsgerichtes berücksichtigt werden. Zur Beurteilung der Fahreignung

„gehört im Fall der Alkoholgewöhnung auch die Prüfung der Frage, ob der Betrf. über einen längeren Zeitraum hinweg völlig alkoholabstinent lebt. Aus einem solchen Verhalten läßt sich nämlich der Schluß ziehen, wie stark die Fähigkeit des Probanden ausgeprägt ist, bei einer Teilnahme am öffentlichen Straßenverkehr als Führer eines Kraftfahrzeugs auf den Konsum von Alkohol zu verzichten." (zitiert nach Himmelreich, DAR 12/97, S. 468)

Abb. 3 – Der Weg zum Führerschein während des Strafverfahrens bei Trunkenheitsfahrten (Straftaten)

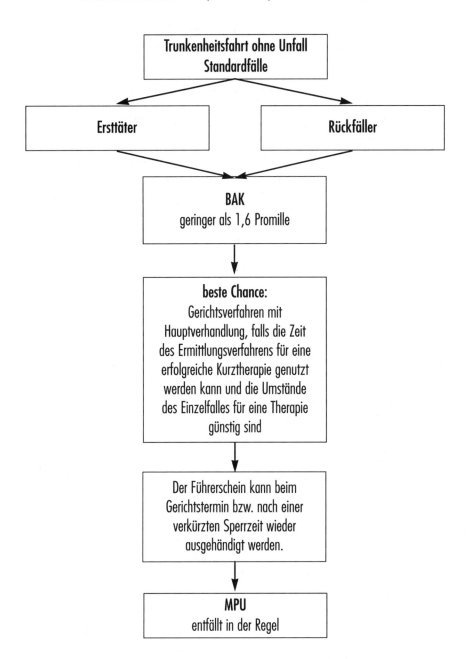

Im Verwaltungsverfahren wegen Neuerteilung der Fahrerlaubnis

Nach Rechtskraft eines Strafbefehls oder eines Gerichtsurteils steht unwiderruflich fest, daß Sie Ihre Eignung zum Führen von Kraftfahrzeugen verwirkt haben.

Da nach den neuen Bestimmungen des Straßenverkehrsgesetzes (§ 2 Abs. 2 Nr. 3) eine Fahrerlaubnis nur erteilt werden kann, wenn der Antragsteller zum Führen von Kraftfahrzeugen geeignet ist, müssen Sie Ihre Eignung in jedem Fall nachweisen.

Eine Chance, die Fahrerlaubnis neu erteilt zu bekommen, ohne vorher ein positives MPU-Gutachten vorlegen zu müssen, haben demnach nur diejenigen erstmalig bestraften Trunkenheitsfahrer, deren BAK nicht mehr als 1,59 Promille betrug und bei denen die Umstände der Trunkenheitsfahrt nicht für Alkoholabhängigkeit, Sucht und Alkoholmißbrauch – also für Alkoholproblematik – sprechen. Diese Verdachtsmomente sind z. B.:

- Restalkohol,
- Trunkenheitsfahrt in den Tagesstunden,
- längere Fahrstrecke ohne Auffälligkeit zurückgelegt,
- kein Unfall, keine Gefährdung,
- kein auffälliges Verhalten bei der Polizeikontrolle,
- kein auffälliges Verhalten bei der Atemalkoholprobe bzw. Blutentnahme.

Wenn diese und ähnliche Kriterien nicht vorlagen, kann sich die Führerscheinstelle gemäß § 11 Absatz 2 Nr. 1 bis 3 FeV mit einem die Eignung bejahenden Gutachten eines Verkehrsmediziners, Amtsarztes oder Arbeits- bzw. Betriebsarztes begnügen und die Fahrerlaubnis erteilen.

Es dürfte jedoch eher wahrscheinlich sein, daß die Sachbearbeiter der Führerscheinstellen beim geringsten Verdacht die Beibringung eines Gutachtens einer BfF-Stelle fordern werden. Ein solches geringstes Verdachtsmoment könnte sich etwa auch daraus ergeben, daß der Sachbearbeiter bei der Abgabe Ihres Antrags aufgrund der in Ihrer Gesichtshaut eventuell vorhandenen zahlreichen geplatzten Äderchen und der deshalb rötlichen Gesichtshaut meint, Sie könnten ein Vieltrinker sein.

Letztendlich läuft es darauf hinaus, daß ein ehemaliger Trunkenheitsfahrer die Fahrerlaubnis nur aufgrund eines die Eignung bestätigenden Gutachtens erhalten kann, weil nur ein solches Gutachten die Eignung nachweist.

Falls sich Verdachtsmomente auf eine **Alkoholproblematik** ergeben, sind diese gemäß § 13 FeV abzuklären.

Die Alkoholproblematik kann sich in **Alkoholabhängigkeit** und in **Alkoholmißbrauch** darstellen.

Bei **Alkoholabhängigkeit** (Sucht) liegt eine Krankheit vor. Daß sie nicht mehr besteht, muß entweder ein Facharzt mit verkehrsmedizinischer Qualifikation oder ein Amtsarzt bzw. ein Arbeits- oder Betriebsmediziner in einem Gutachten beurteilen.

Falls keine Alkoholabhängigkeit vorlag, jedoch Verdacht auf **Alkoholmißbrauch** besteht, ist ein MPU-Gutachten beizubringen, aus dem sich ergibt, daß Alkoholmißbrauch nicht mehr besteht.

Die Verdachtskriterien für Alkoholmißbrauch sind:

* medizinische Befunde (z. B. Laborwerte),

* wiederholte Fahrten unter Alkoholeinfluß,

* Trunkenheitsfahrt mit 1,6 ‰ BAK bzw. 0,8 mg/l Atemalkohol oder mehr,

* bereits einmal entzogene Fahrerlaubnis wegen Alkohol.

Sie haben bereits zehn Wochen vor Ablauf der Sperrfrist die Möglichkeit, einen Antrag auf Neuerteilung der Fahrerlaubnis zu stellen. Der Verwaltungsvorgang nimmt die verbleibende Zeit der Sperrfrist in Anspruch, wenn eine medizinisch-psychologische Untersuchung erforderlich ist, was die Regel sein dürfte. Die BfF-Untersuchungsstelle benötigt etwa 4 Wochen Vorlaufzeit, der Untersuchungstermin wird ca. 2 bis 4 Wochen im voraus vergeben. Der Termin wird erst vergeben, nachdem die Gebühr für die Untersuchung entrichtet und auf dem Konto der BfF-Stelle gutgeschrieben wurde. Nach der stattgefundenen Untersuchung können weitere 4 Wochen vergehen, bis das Gutachten vorliegt.

Die nachfolgenden Abbildungen stellen diese formalen und inhaltlichen Voraussetzungen für eine positive Begutachtung dar.

Tabelle 20: Checkliste für die Antragsstellung

Unterlagen:	Sehtest (nicht älter als zwei Jahre), ein Lichtbild aus neuerer Zeit (36 x 48 mm bis 45 x 60 mm), Bescheinigung über Sofortmaßnahmen am Unfallort, Bescheinigung über Ausbildung in Erster Hilfe, wenn Klasse C (alte Klasse 2) beantragt wird.
Ansprechpartner:	Sachbearbeiter bei der Führerscheinstelle des Straßenverkehrsamtes.
Fristen:	8 bis 10 Wochen vor Ablauf der Sperrfrist.
Voraussetzungen:	Bevorstehender Ablauf der Sperrfrist.
Kosten:	100,00 DM bis 150,00 DM (z. Zt.)
Kostenträger:	Antragsteller
Rechtsanwalt:	nicht erforderlich
Verkehrspsychologe:	nicht erforderlich
Sonstiges:	Beim Meldeamt ist ein Polizeiliches Führungszeugnis zur Vorlage bei der Verwaltungsbehörde zu beantragen.

Abb. 4 – Der Weg zum Führerschein im Falle von Ersttätern bei Trunkenheitsfahrten mit 1,1 bis 1,59 Promille (Straftaten)

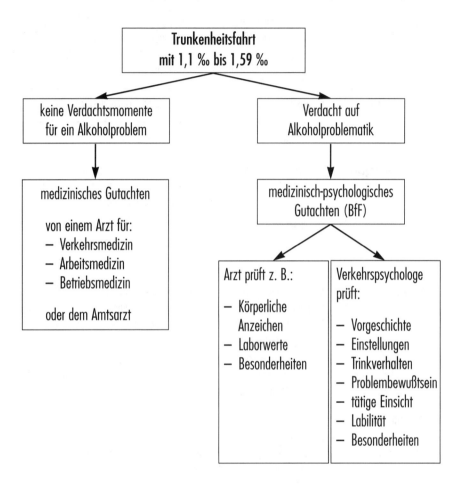

Tabelle 22: Checkliste für die Begutachtung wegen einer Promille-Fahrt

Unterlagen:	Ärztliche Atteste über „Leberwerte", „MCV-Wert", CDT-Wert, ggf. sonstige Atteste (Entlassungsbericht eines Krankenhauses, Kurbericht usw.), falls eine Behandlung erfolgte, Lichtbildausweis, Bußgeldbescheide, Gerichtsurteile, Behördenschriftsätze.
Ansprechpartner:	Geschäftsstelle der gewählten BfF-Stelle oder Obergutachterstelle.
Fristen:	Werden durch die Führerscheinstelle festgesetzt.
Voraussetzungen:	persönliche: Keine Abhängigkeit von Drogen, Medikamenten und Alkohol. Kontrolle der Trinkgewohnheiten. Genaue Kenntnis der Umstände aller Verkehrsverstöße. allgemeine: Aufforderung der Behörde. Falls eine MPU-Begutachtung umgangen und sofort ein Obergutachten erstellt werden soll, muß die Behörde vorher zustimmen.
Kosten:	**MPU:** 590,00 DM zzgl. Laborkosten (insgesamt ca. 620,– DM). Bei mehrfacher Fragestellung zzgl. 50 % je Fragestellung. (Quelle: Gebührenordnung für Maßnahmen im Straßenverkehr, 1999) **Obergutachten:** medizinisch: 500,00 DM bis 1000,00 DM psychologisch: 1500,00 DM bis 2000,00 DM (Mindestgebühren!)
Kostenträger:	Untersuchter, Rechtsschutzversicherung.
Rechtsanwalt:	Ist zu empfehlen, um die juristischen Aspekte der Trunkenheitsfahrt und aller anderen Verkehrsverstöße für den Begutachtungsvorgang abzuklären.
Verkehrspsychologe:	Ist zu empfehlen, um die psychologischen Aspekte Ihres Falles abzuklären und sich umfassend und intensiv auf die notwendige Mitarbeit vorzubereiten.
Sonstiges:	Fern- und Lesebrille mitbringen. Bei mangelnden Sprachkenntnissen: beeidigten Dolmetscher verpflichten (auf eigene Kosten).

Abb. 5 – Der Weg zum Führerschein im Falle von Ersttätern bei Trunkenheitsfahrten mit mehr als 1,6 Promille oder bei Rückfällern (Straftaten)

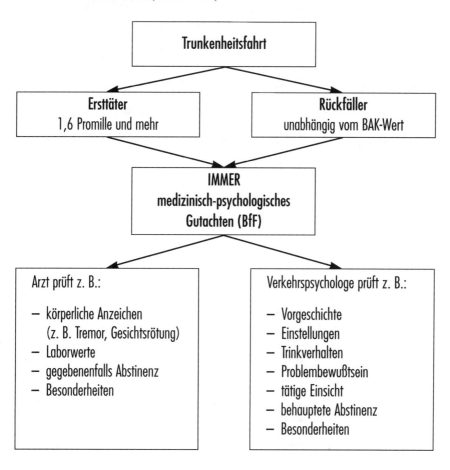

Tabelle 23: Checkliste für die Begutachtung bei Rückfällern

Unterlagen:	Ärztliche Atteste über „Leberwerte", „MCV-Wert", CDT-Wert, ggf. sonstige Atteste (Entlassungsbericht eines Krankenhauses, Kurbericht usw.), falls eine Behandlung erfolgte, Lichtbildausweis, ggf. Bericht des psychologischen Betreuers. Bescheinigung von Selbsthilfegruppen.
Ansprechpartner:	Geschäftsstelle der gewählten BfF-Stelle oder Obergutachterstelle.
Fristen:	Werden durch die Führerscheinstelle festgesetzt.
Voraussetzungen:	Keine Abhängigkeit von Drogen, Medikamenten und Alkohol. Aufforderung der Behörde.
Kosten:	**MPU:** 590,00 DM zzgl. Laborkosten (insgesamt ca. 620,– DM), Bei mehrfacher Fragestellung zzgl. 50 % je Fragestellung, (Quelle: Gebührenordnung für Maßnahmen im Straßenverkehr, 1999) **Obergutachten:** medizinisch: 500,00 DM bis 1000,00 DM psychologisch: 1500,00 DM bis 2000,00 DM (Mindestgebühren!)
Kostenträger:	Untersuchter, Rechtsschutzversicherung.
Rechtsanwalt:	Ist zu empfehlen, um die juristischen Aspekte der Trunkenheitsfahrt für den Begutachtungsvorgang abzuklären.
Verkehrspsychologe:	Ist zu empfehlen, um die psychologischen Aspekte Ihres Falles abzuklären und sich umfassend und intensiv auf die notwendige Mitarbeit vorzubereiten.
Sonstiges:	Fern- und Lesebrille mitbringen. Bei mangelnden Sprachkenntnissen: beeidigten Dolmetscher verpflichten (auf eigene Kosten).

Tabelle 24: Checkliste für die Begutachtung wegen Promille-Fahrt und Verstößen in nüchternem Zustand

Unterlagen:	Ärztliche Atteste über „Leberwerte", „MCV-Wert", CDT-Wert, ggf. sonstige Atteste (Entlassungsbericht eines Krankenhauses, Kurbericht usw.), falls eine Behandlung erfolgte, Lichtbildausweis, Bußgeldbescheide, Gerichtsurteile, Behördenschriftsätze.
Ansprechpartner:	Geschäftsstelle der gewählten BfF-Stelle oder Obergutachterstelle.
Fristen:	Werden durch die Führerscheinstelle festgesetzt.
Voraussetzungen:	persönliche: Keine Abhängigkeit von Drogen, Medikamenten und/oder Alkohol. Kontrolle der Trinkgewohnheiten. Genaue Kenntnis der Umstände aller Verkehrsverstöße. allgemeine: Aufforderung der Behörde. Falls eine MPU-Begutachtung umgangen und sofort ein Obergutachten erstellt werden soll, muß die Behörde vorher zustimmen.
Kosten:	**MPU:** 590,00 DM zzgl. Laborkosten (insgesamt ca. 620,– DM). Bei mehrfacher Fragestellung zzgl. 50 % je Fragestellung. (Quelle: Gebührenordnung für Maßnahmen im Straßenverkehr, 1999) **Obergutachten:** medizinisch: 500,00 DM bis 1000,00 DM psychologisch: 1500,00 DM bis 2000,00 DM (Mindestgebühren!)
Kostenträger:	Untersuchter, Rechtsschutzversicherung.
Rechtsanwalt:	Ist zu empfehlen, um die juristischen Aspekte der Trunkenheitsfahrt und aller anderen Verkehrsverstöße für den Begutachtungsvorgang abzuklären.
Verkehrspsychologe:	Ist zu empfehlen, um die psychologischen Aspekte Ihres Falles abzuklären und sich umfassend und intensiv auf die notwendige Mitarbeit vorzubereiten.
Sonstiges:	Fern- und Lesebrille mitbringen. Bei mangelnden Sprachkenntnissen: beeidigten Dolmetscher verpflichten (auf eigene Kosten). Falls keine eigenen Unterlagen über die Verkehrsverstöße vorhanden sind, Kopien der Bußgeldbescheide aus der Führerscheinakte des Straßenverkehrsamtes geben lassen.

Der einzig richtige Weg zurück zum Führerschein

Am Anfang des besten Weges zurück zum Führerschein steht nach unserer Überzeugung die natürlichste Sache der Welt:

Jeder zumindest halbwegs gescheite Kraftfahrer weiß nach seiner Trunkenheitsfahrt sehr wohl, daß die Ursache für diese Straftat nur in seinem Trinkverhalten liegen kann.

Er kommt auf dem zur Neuerteilung der Fahrerlaubnis führenden Weg deshalb nur weiter und schließlich zum Ziel, wenn er sein Trinkverhalten grundlegend ändert und diese Änderung stabilisiert.

Die Änderung des Trinkverhaltens und diese notwendige Festigung neuer Verhaltensformen ist jedoch allein, ohne fachkundige Hilfe nur in den absolut seltensten Fällen möglich. Unser Alltagsleben ist nämlich dermaßen komplex, wir sind so vielen Einflüssen und Verführungen ausgesetzt, daß man allein nur bis zu einem bestimmten Punkt weiterkommt. Dieser Punkt ist der, an dem unsere Seele mit uns selbst gnädig sein will und uns das Mittel der Verdrängung – mehr oder minder automatisch – anbietet. Und wir neigen an der einen, dann an der anderen, für uns etwas peinlichen Stelle dazu, das eine oder andere im Dunkel der Verdrängung versinken zu lassen. Damit ist die Grundlage dafür gelegt, daß das Bild, was wir für uns selbst über unsere Mißerfolge zusammenbrauen, zu einer selbstgestellten Falle wird. Dem Gutachter werden nach wenigen Minuten die Lücken in unserer Darstellung auffallen. Schließlich ist er geschult, um solche zu entdecken.

Der einfachste, sicherste und letztlich billigere Weg zurück zum Führerschein ist deshalb die möglichst schnell nach der Trunkenheitsfahrt erfolgte Hinzuziehung eines Verkehrspsychologen, eines Amtlich anerkannten Verkehrspsychologischen Beraters, der die notwendige Hilfe geben kann.

Wie oben beschrieben, ist es sogar möglich, den Führerschein in der Hauptverhandlung wiederzuerhalten, wenn der Betroffene sich sofort nach der Tatfahrt in eine qualifizierte Betreuung eines Diplom-Psychologen und/oder eines Institutes begibt. Dabei werden immer folgende Kriterien des Urteils des Bundesverwaltungsgerichtes (BVerwG 2, 259) zu berücksichtigen sein:

> *„Wie der erkennende Senat (…) wiederholt dargelegt hat, beurteilt sich die Eignung zum Führen von Kraftfahrzeugen auf der Grundlage einer umfassenden Würdigung der Gesamtpersönlichkeit des Kraftfahrers, und zwar nach dem Maßstab seiner Gefährlichkeit für den öffentlichen Straßenverkehr (…). Dabei sind sämtliche im Einzelfall bedeutsame*

Umstände heranzuziehen, die Aufschluß über die körperliche, geistige und charakterliche Eignung geben können. Insbesondere bei der charakterlichen Eignung kommt eine Vielzahl von Tatsachen und persönlichen Merkmalen in Betracht, wie Art, nähere Umstände und Anzahl der bereits begangenen verkehrsrechtlichen oder nicht verkehrsrechtlichen Straftaten, außerdem das Alter, die persönlichen und familiären Verhältnisse, etwaige Alkohol- und Drogenauffälligkeit und anderes mehr." (ZfS Juni 1987, S. 189)

Abb. 6 Der falsche Weg zurück zum Führerschein

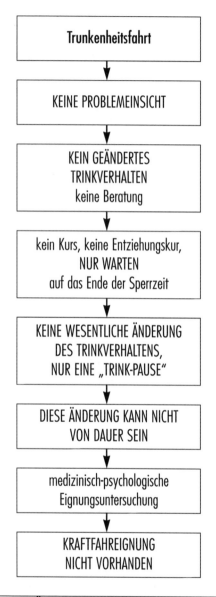

Abb. 7 Der richtige Weg zurück zum Führerschein

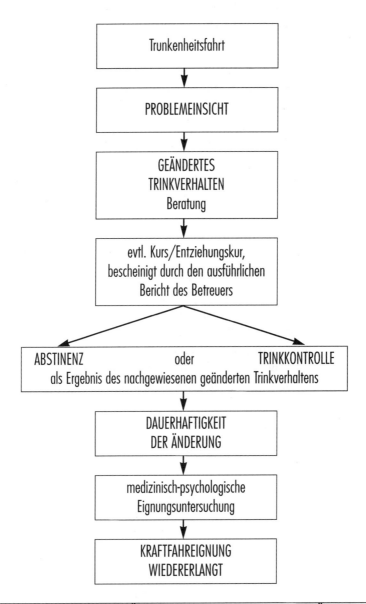

VORTEILE	1. SCHON WÄHREND DES STRAFVERFAHRENS DURCHFÜHRBAR
	2. BEREITS AM ENDE DER SPERRZEIT POSITIVE MPU

Der Weg zurück zum Führerschein bei durch Krankheit und/oder Behinderungen hervorgerufenen Eignungsmängeln

Es gilt für die nachstehend genannten Erkrankungen und Behinderungen, welche die Kraftfahreignung in Frage gestellt haben, daß die Eignung in der Regel wiederhergestellt ist, wenn die eignungsausschließende gesundheitliche Beeiträchtigung beseitigt wurde. Da der Besitz der Fahrerlaubnis zumeist zu einer Steigerung des Selbstwertgefühls führt und somit eine höhere Lebensqualität bedeutet, ist es immer anzustreben, die Fahrerlaubnis wiederzuerlangen, wenn sie aus den hier genannten Gründen entzogen wurde.

Der nachstehend abgedruckte amtliche Katalog beinhaltet den Begriff der „bedingten Eignung", was jeden Betroffenen hoffnungsfroh stimmen sollte, denn es gibt unzählige Möglichkeiten, die Fahrerlaubnis unter bestimmten Auflagen bedingt wiedererhalten zu können.

Aufgrund der immer individuellen Gegebenheiten kann an dieser Stelle nur empfohlen werden, sich sofort an den Experten, den Amtlich anerkannten Verkehrspsychologischen Berater zu wenden. Er wird Sie ausführlich beraten können, wie Sie aufgetretene Eignungsmängel beseitigen oder wie Sie trotzdem unter Auflagen in den Besitz der Fahrerlaubnis kommen können, wenn Mängel und/oder Erkrankungen fortbestehen.

Eignung und bedingte Eignung zum Führen von Kraftfahrzeugen, Anlage 4 (zu den §§ 11, 13 und 14) FeV

Vorbemerkung:

1. Die nachstehende Aufstellung enthält häufiger vorkommende Erkrankungen und Mängel, die die Eignung zum Führen von Kraftfahrzeugen längere Zeit beeinträchtigen oder aufheben können. Nicht aufgenommen sind Erkrankungen, die seltener vorkommen oder nur kurzzeitig andauern (solche sind z. B. grippale Infekte, akute infektiöse Magen-/Darmstörungen, Migräne, Heuschnupfen, Asthma).

2. Grundlage der Beurteilung, ob im Einzelfall Eignung oder bedingte Eignung vorliegt, ist in der Regel ein Gutachten eines Facharztes mit verkehrsmedizinischer Qualifikation oder eines Amtsarztes oder eines Arbeits- bzw. Betriebsmediziners (§ 11 Abs. 2 Satz 3), in besonderen Fällen ein medizinisch-psychologisches Gutachten (§ 11 Abs. 3) oder ein Gutachten eines amtlich anerkannten Sachverständigen oder Prüfers für den Kraftfahrzeugverkehr (§ 11 Abs. 4).

3. Die nachstehend vorgenommenen Bewertungen gelten für den Regelfall, Kompensationen durch besondere menschliche Veranlagung, durch Gewöhnung, durch besondere Einstellung oder durch besondere Verhaltenssteuerungen und -umstellungen sind möglich. Ergeben sich im Einzelfall in dieser Hinsicht Zweifel, kann eine medizinisch-psychologische Begutachtung angezeigt sein.

Tabelle 25

Krankheiten, Mängel	Eignung oder bedingte Eignung	Eignung oder bedingte Eignung	Beschränkungen/ Auflagen bei bedingter Eignung	Beschränkungen/ Auflagen bei bedingter Eignung
	Klassen A, A1, B, BE, M, L, T	Klassen C, C1, CE, C1E, D, D1, DE, D1E, FzF	Klassen A, A1, B, BE, M, L, T	Klassen C, C1, CE, C1E, D, D1, DE, D1E, FzF
1. Mangelndes Sehvermögen siehe Anlage 6				
2. Schwerhörigkeit und Gehörlosigkeit				
2.1. hochgradige Schwerhörigkeit (Hörverlust von 60 % und mehr), beidseitig sowie Gehörlosigkeit, beidseitig	ja, wenn nicht gleichzeitig andere schwerwiegende Mängel (z. B. Sehstörungen, Gleichgewichtsstörungen)	ja (bei C, C1, CE, C1E) sonst nein	–	vorherige Bewährung von 3 Jahren Fahrpraxis auf Kfz der Klasse B
2.2 Gehörlosigkeit einseitig oder beidseitig oder hochgradige Schwerhörigkeit einseitig oder beidseitig	ja, wenn nicht gleichzeitig andere schwerwiegende Mängel (z. B. Sehstörungen, Gleichgewichtsstörungen)	ja (bei C, C1, CE, C1E) sonst nein	–	wie 2.1
2.3 Störungen des Gleichgewichts (ständig oder anfallsweise auftretend)	nein	nein	–	–
3. Bewegungsbehinderungen	ja	ja	ggf. Beschränkung auf bestimmte Fahrzeugarten oder Fahrzeuge, ggf. mit besonderen technischen Vorrichtungen gemäß ärztlichem Gutachten, evtl. zusätzlich medizinisch-psychologisches Gutachten und/oder Gutachten eines amtlich anerkannten Sachverständigen oder Prüfers. Auflage: regelmäßige ärztliche Kontrolluntersuchungen; können entfallen, wenn Behinderung sich stabilisiert hat.	

Krankheiten, Mängel	Eignung oder bedingte Eignung	Eignung oder bedingte Eignung	Beschränkungen/ Auflagen bei bedingter Eignung	Beschränkungen/ Auflagen bei bedingter Eignung
	Klassen A, A1, B, BE, M, L, T	Klassen C, C1, CE, C1E, D, D1, DE, D1E, FzF	Klassen A, A1, B, BE, M, L, T	Klassen C, C1, CE, C1E, D, D1, DE, D1E, FzF
4. **Herz- und Gefäßkrankheiten**				
4.1 Herzrhythmusstörungen — mit anfallsweiser Bewußtseinstrübung oder Bewußtlosigkeit	nein	nein	–	–
— nach erfolgreicher Behandlung durch Arzneimittel oder Herzschrittmacher	ja	ausnahmsweise ja	regelmäßige Kontrollen	regelmäßige Kontrollen
4.2 Hypertonie (zu hoher Blutdruck)				
4.2.1 bei ständigem diastolischen Wert von über 130 mmHg	nein	nein	–	–
4.2.2 bei ständigem diastolischen Wert von über 100 bis 130 mmHg	ja	ja, wenn keine anderen prognostisch ernsten Symptome vorliegen	Nachunter- suchungen	Nachunter- suchungen
4.3 Hypotonie (zu niedriger Blutdruck)				
4.3.1 in der Regel kein Krankheitswert	ja	ja	–	–
4.3.2 selteneres Auftreten von hypotoniebeding- ten, anfallsartigen Bewußtseinsstörungen	ja, wenn durch Behandlung die Blutdruckwerte stabilisiert sind	ja, wenn durch Behandlung die Blutdruckwerte stabilisiert sind	–	–
4.4 koronare Herzkrankheit (Herzinfarkt)				
4.4.1 nach erstem Herzinfarkt	ja, bei komplikations- losem Verlauf	ausnahmsweise ja	–	Nach- untersuchung
4.4.2 nach zweitem Herzinfarkt	ja, wenn keine Herzinsuffizienz oder gefährliche Rhythmus- störungen vorliegen	nein	Nach- untersuchung	–
4.5 Herzleistungsschwäche durch angeborene oder erworbene Herzfehler oder sonstige Ursachen				
4.5.1 in Ruhe auftretend	nein	nein	–	–

Krankheiten, Mängel	Eignung oder bedingte Eignung	Eignung oder bedingte Eignung	Beschränkungen/ Auflagen bei bedingter Eignung	Beschränkungen/ Auflagen bei bedingter Eignung
	Klassen A, A1, B, BE, M, L, T	Klassen C, C1, CE, C1E, D, D1, DE, D1E, FzF	Klassen A, A1, B, BE, M, L, T	Klassen C, C1, CE, C1E, D, D1, DE, D1E, FzF
4.5.2 bei gewöhnlichen Alltagsbelastungen und bei besonderen Belastungen	ja	nein	regelmäßige ärztliche Kontrolle, Nachuntersuchung in bestimmten Fristen, Beschränkung auf einen Fahrzeugtyp, Umkreis- und Tageszeitbeschränkungen	
4.6 periphere Gefäßerkrankungen	ja	ja	–	–
5. Zuckerkrankheit				
5.1 Neigung zu schweren Stoffwechsel- entgleisungen	nein	nein	–	–
5.2 bei erstmaliger Stoff- wechselentgleisung oder neuer Einstellung	ja nach Einstellung	ja nach Einstellung	–	–
5.3 bei ausgeglichener Stoffwechsellage unter Therapie mit Diät oder oralen Antidiabetika	ja	ja ausnahmsweise, bei guter Stoffwechsel- führung ohne Unterzuckerung über etwa 3 Monate	–	Nachuntersuchung
5.4 mit Insulin behandelte Diabetiker	ja	wie 5.3	–	regelmäßige Kontrollen
5.5 bei Komplikationen siehe auch Nummer 1, 4, 6 und 10				
6. Krankheiten des Nervensystems				
6.1 Erkrankungen und Folgen von Verletzun- gen des Rückenmarks	ja abhängig von der Symptomatik	nein	bei fortschreitendem Verlauf Nachuntersuchungen	–
6.2 Erkrankungen der neuro-muskulären Peripherie	ja abhängig von der Symptomatik		bei fortschreitendem Verlauf Nachuntersuchungen	–

Krankheiten, Mängel	Eignung oder bedingte Eignung	Eignung oder bedingte Eignung	Beschränkungen/ Auflagen bei bedingter Eignung	Beschränkungen/ Auflagen bei bedingter Eignung
	Klassen A, A1, B, BE, M, L, T	Klassen C, C1, CE, C1E, D, D1, DE, D1E, FzF	Klassen A, A1, B, BE, M, L, T	Klassen C, C1, CE, C1E, D, D1, DE, D1E, FzF
6.3 Parkinsonsche Krankheit	ja bei leichten Fällen und erfolgreicher Therapie	nein	Nachuntersuchungen in Abständen von 1, 2 und 4 Jahren	–
6.4 kreislaufabhängige Störungen der Hirntätigkeit	ja bei leichten Fällen und erfolgreicher Therapie und Abklingen des akuten Ereignisses ohne Rückfallgefahr	nein	Nachuntersuchungen in Abständen von 1, 2 und 4 Jahren	–
6.5 Zustände nach Hirnverletzungen und Hirnoperationen, angeborene und frühkindlich erworbene Hirnschäden				
6.5.1 Schädelhirn-verletzungen oder Hirnoperationen ohne Substanzschäden	ja in der Regel nach 3 Monaten	ja in der Regel nach 3 Monaten	bei Rezidivgefahr nach Operationen von Hirnkrankheiten Nachuntersuchung	bei Rezidivgefahr nach Operationen von Hirnkrankheit Nachuntersuchung
6.5.2 Substanzschäden durch Verletzungen oder Operationen	ja unter Berücksichtigung von Störungen der Motorik, chron.-hirnorganischer Psychosyndro-me und hirnorganischer Wesensänderungen	ja unter Berücksichtigung von Störungen der Motorik, chron.-hirnorganischer Psychosyndro-me und hirnorganischer Wesensänderungen	bei Rezidivgefahr nach Operationen von Hirnkrankheiten Nachuntersuchung	
6.5.3 angeborene oder frühkindliche Hirnschäden siehe Nummer 6.5.2				
6.6 Anfallsleiden	ausnahmsweise ja, wenn kein wesentliches Risiko von Anfalls-rezidiven mehr besteht, z. B. 2 Jahre anfallsfrei	ausnahmsweise ja, wenn kein wesentliches Risiko von Anfalls-rezidiven mehr besteht, z. B. 5 Jahre anfallsfrei ohne Therapie	Nachuntersuchungen in Abständen von 1, 2 und 4 Jahren	Nachuntersuchungen in Abständen von 1, 2 und 4 Jahren

Krankheiten, Mängel	Eignung oder bedingte Eignung	Eignung oder bedingte Eignung	Beschränkungen/ Auflagen bei bedingter Eignung	Beschränkungen/ Auflagen bei bedingter Eignung
	Klassen A, A1, B, BE, M, L, T	Klassen C, C1, CE, C1E, D, D1, DE, D1E, FzF	Klassen A, A1, B, BE, M, L, T	Klassen C, C1, CE, C1E, D, D1, DE, D1E, FzF
7. psychische (geistige) Störungen				
7.1 organische Psychosen				
7.1.1 akut	nein	nein	–	–
7.1.2 nach Abklingen	ja abhängig von der Art und Prognose des Grundleidens, wenn bei positiver Beurteilung des Grundleidens keine Restsymptome und kein 7.2	ja abhängig von der Art und Prognose des Grundleidens, wenn bei positiver Beurteilung des Grundleidens keine Restsymptome und kein 7.2	in der Regel Nachuntersuchung	in der Regel Nachuntersuchung
7.2 chronische hirnorganische Psychosyndrome				
7.2.1 leicht	ja abhängig von Art und Schwere	ausnahmsweise ja	Nachuntersuchung	Nachuntersuchung
7.2.2 schwer	nein	nein	–	–
7.3 schwere Altersdemenz und schwere Persönlichkeitsveränderungen durch pathologische Alterungsprozesse	nein	nein	–	–
7.4 schwere Intelligenzstörungen/geistige Behinderung				
7.4.1 leicht	ja, wenn keine Persönlichkeitsstörung	ja, wenn keine Persönlichkeitsstörung	–	–
7.4.2 schwer	ausnahmsweise ja, wenn keine Persönlichkeitsstörung Untersuchung der Persönlichkeitsstruktur und des individuellen Leistungsvermögens	ausnahmsweise ja, wenn keine Persönlichkeitsstörung Untersuchung der Persönlichkeitsstruktur und des individuellen Leistungsvermögens	–	–
7.5 affektive Psychosen				
7.5.1 bei allen Manien und sehr schweren Depressionen	nein	nein	–	–

Krankheiten, Mängel	Eignung oder bedingte Eignung	Eignung oder bedingte Eignung	Beschränkungen/ Auflagen bei bedingter Eignung	Beschränkungen/ Auflagen bei bedingter Eignung
	Klassen A, A1, B, BE, M, L, T	Klassen C, C1, CE, C1E, D, D1, DE, D1E, FzF	Klassen A, A1, B, BE, M, L, T	Klassen C, C1, CE, C1E, D, D1, DE, D1E, FzF
7.5.2 nach Abklingen der manischen Phase und der relevanten Symptome einer sehr schweren Depression	ja, wenn nicht mit einem Wiederauftreten gerechnet werden muß, gegebenenfalls unter medikamentöser Behandlung	ja bei Symptomfreiheit	regelmäßige Kontrollen	regelmäßige Kontrollen
7.5.3 bei mehreren manischen oder sehr schweren depressiven Phasen mit kurzen Intervallen	nein	nein	–	–
7.5.4 nach Abklingen der Phasen	ja, wenn Krankheitsaktivität geringer und mit einer Verlaufsform in der vorangegangenen Schwere nicht mehr gerechnet werden muß		nein	regelmäßige Kontrollen
7.6 schizophrene Psychosen				
7.6.1 akut	nein	nein	–	–
7.6.2 nach Ablauf	ja, wenn keine Störungen nachweisbar sind, die das Realitätsurteil erheblich beeinträchtigen	ausnahmsweise ja, nur unter besonders günstigen Umständen		
7.6.3 bei mehreren psychotischen Episoden	ja	ausnahmsweise ja, nur unter besonders günstigen Umständen	regelmäßige Kontrollen	regelmäßige Kontrollen
8. Alkohol				
8.1 Mißbrauch (Das Führen von Kraftfahrzeugen und ein die Fahrsicherheit beeinträchtigender Alkoholkonsum kann nicht hinreichend sicher getrennt werden.)	nein	nein	–	–

Krankheiten, Mängel		Eignung oder bedingte Eignung	Eignung oder bedingte Eignung	Beschränkungen/ Auflagen bei bedingter Eignung	Beschränkungen/ Auflagen bei bedingter Eignung
		Klassen A, A1, B, BE, M, L, T	Klassen C, C1, CE, C1E, D, D1, DE, D1E, FzF	Klassen A, A1, B, BE, M, L, T	Klassen C, C1, CE, C1E, D, D1, DE, D1E, FzF
8.2	nach Beendigung des Mißbrauchs	ja, wenn die Änderung des Trinkverhaltens gefestigt ist	ja, wenn die Änderung des Trinkverhaltens gefestigt ist	–	–
8.3	Abhängigkeit	nein	nein	–	–
8.4	nach Abhängigkeit (nach Entwöhnungs- behandlung)	ja, wenn Abhängigkeit nicht mehr besteht und in der Regel ein Jahr Abstinenz nachge- wiesen ist	ja, wenn Abhängigkeit nicht mehr besteht und in der Regel ein Jahr Abstinenz nachge- wiesen ist	–	–
9.	Betäubungsmittel, andere psychoaktiv wirkende Stoffe und Arzneimittel				
9.1	Einnahme von Betäu- bungsmitteln im Sinne des Betäubungsmittel- gesetzes (ausgenommen Cannabis)	nein	nein	–	–
9.2	Einnahme von Cannabis				
9.2.1	regelmäßige Einnahme von Cannabis	nein	nein	–	–
9.2.2	gelegentliche Einnahme von Cannabis	ja, wenn Trennung von Konsum und Fahren und kein zusätzlicher Gebrauch von Alkohol oder anderen psycho- aktiv wirkenden Stoffen, keine Störung der Persönlichkeit, kein Kontrollverlust	ja, wenn Trennung von Konsum und Fahren und kein zusätzlicher Gebrauch von Alkohol oder anderen psycho- aktiv wirkenden Stoffen, keine Störung der Persönlichkeit, kein Kontrollverlust	–	–
9.3	Abhängigkeit von Betäubungsmitteln im Sinne des Betäubungs- mittelgesetzes oder von anderen psycho- aktiv wirkenden Stoffen	nein	nein	–	–

Krankheiten, Mängel	Eignung oder bedingte Eignung	Eignung oder bedingte Eignung	Beschränkungen/ Auflagen bei bedingter Eignung	Beschränkungen/ Auflagen bei bedingter Eignung
	Klassen A, A1, B, BE, M, L, T	Klassen C, C1, CE, C1E, D, D1, DE, D1E, FzF	Klassen A, A1, B, BE, M, L, T	Klassen C, C1, CE, C1E, D, D1, DE, D1E, FzF
9.4 mißbräuchliche Einnahme (regelmäßig übermäßiger Gebrauch) von psychoaktiv wirkenden Arzneimitteln und anderen psychoaktiv wirkenden Stoffen	nein	nein	–	–
9.5 nach Entgiftung und Entwöhnung	ja nach einjähriger Abstinenz	ja nach einjähriger Abstinenz	regelmäßige Kontrollen	regelmäßige Kontrollen
9.6 Dauerbehandlung mit Arzneimitteln				
9.6.1 Vergiftung	nein	nein	–	–
9.6.2 Beeinträchtigung der Leistungsfähigkeit zum Führen von Kraftfahrzeugen unter das erforderliche Maß	nein	nein	–	–
10. Nierenerkrankungen				
10.1 schwere Niereninsuffizienz mit erheblicher Beeinträchtigung	nein	nein	–	–
10.1 Niereninsuffizienz in Dialysebehandlung	ja, wenn keine Komplikationen oder Begleiterkrankungen	ausnahmsweise ja	ständige ärztliche Betreuung und Kontrolle, Nachuntersuchung	ständige ärztliche Betreuung und Kontrolle, Nachuntersuchung
10.3 erfolgreiche Nieren-Transplantation mit normaler Nierenfunktion	ja	ja	ärztliche Betreuung und Kontrolle, jährliche Nachuntersuchung	ärztliche Betreuung und Kontrolle, jährliche Nachuntersuchung
10.4 bei Komplikationen oder Begleiterkrankungen siehe auch Nummer 1, 4 und 5				

Krankheiten, Mängel	Eignung oder bedingte Eignung	Eignung oder bedingte Eignung	Beschränkungen/ Auflagen bei bedingter Eignung	Beschränkungen/ Auflagen bei bedingter Eignung
	Klassen A, A1, B, BE, M, L, T	Klassen C, C1, CE, C1E, D, D1, DE, D1E, FzF	Klassen A, A1, B, BE, M, L, T	Klassen C, C1, CE, C1E, D, D1, DE, D1E, FzF
11. Verschiedenes				
11.1 Organtransplantation Die Beurteilung richtet sich nach den Beurteilungsgrundsätzen zu den betroffenen Organen.				
11.2 Lungen- und Bronchialerkrankungen				
11.2.1 unbehandelte Schlafapnoe mit ausgeprägter Vigilanzbeeinträchtigung	nein	nein	–	–
11.2.2 behandelte Schlafapnoe	ja	ja	regelmäßige Kontrolle	regelmäßige Kontrolle
11.2.3 sonstige schwere Erkrankungen mit schweren Rückwirkungen auf die Herz-Kreislauf-Dynamik	nein	nein	–	–

Tabelle 26: Checkliste für die Begutachtung wegen Krankheit

Unterlagen:	Detaillierte fach-/amtsärztliche Atteste über Ihr spezielles Krankheitsbild, Berichte oder Atteste über Rehabilitationsmaßnahmen, Lichtbild, Behördenschriftsätze, Bescheinigung der Fahrschule.
Ansprechpartner:	Geschäftsstelle der gewählten BfF-Stelle oder Obergutachterstelle.
Fristen:	Werden durch die Führerscheinstelle festgesetzt.
Voraussetzungen:	Die Fähigkeit, krankheitsbedingte Mängel auszugleichen. Eventuell genaue Kenntnis der Umstände von Verkehrsverstößen, falls sie noch nicht getilgt sind, da diese ggf. im Zusammenhang mit der Erkrankung stehen könnten.
	Es muß eine Aufforderung der Behörde vorliegen. Falls eine MPU-Begutachtung umgangen und sofort ein Obergutachten erstellt werden soll, muß die Behörde vorher zustimmen.
Kosten:	**MPU:** 590,00 DM zzgl. Laborkosten (insgesamt ca. 620,– DM). Bei mehrfacher Fragestellung zzgl. 50 % je Fragestellung. (Quelle: Gebührenordnung für Maßnahmen im Straßenverkehr, 1999) **Obergutachten:** medizinisch: 500,00 DM bis 1000,00 DM psychologisch: 1500,00 DM bis 2000,00 DM (Mindestgebühren!) **Fahrschule:** je nach Anzahl der Fahrstunden **Facharztattest:** je nach Notwendigkeit
Kostenträger:	Untersuchter, ggf. Kranken- und/oder Unfallversicherung, Berufsgenossenschaft, Rechtsschutzversicherung.
Rechtsanwalt:	Ist zu empfehlen, um die juristischen Aspekte der krankheitsbedingten Nichteignung und ggf. aller zu berücksichtigenden Verkehrsverstöße für den Begutachtungsvorgang abzuklären.
Verkehrspsychologe:	Ist zu empfehlen, um die psychologischen Aspekte Ihres Falles abzuklären und sich umfassend und intensiv auf die notwendige Mitarbeit vorbereiten zu lassen, um sich die besondere Sorgfaltshaltung anzueignen.
Sonstiges:	Fern- und Lesebrille mitbringen. Eventuell andere medizinisch-technische Hilfsmittel. Bei mangelnden Sprachkenntnissen: beeidigten Dolmetscher verpflichten (auf eigene Kosten).

N. Ihre Fragen – unsere Antworten zur Neuerteilung der Fahrerlaubnis

Während eines Strafverfahrens

Beschlagnahme des Führerscheins – vorläufige Entziehung der Fahrerlaubnis: So verhalten Sie sich richtig. Sie haben jetzt die besten Chancen.

Nachdem Sie den bei Ihnen festgestellten BAK-Wert kennen, wissen sie auch, ob Sie tatsächlich diese Menge konsumiert haben oder ob Sie zu den äußerst seltenen Fällen zählen, bei denen tatsächlich eine Verwechslung der Blutprobe vorgekommen ist. Falls Sie selbst eine Verwechslung ausschließen können, müssen Sie mit Sicherheit eine Bestrafung und eine Sperrfrist in Kauf nehmen – mit der Folge, daß Ihre Fahrerlaubnis nach § 69 StGB entzogen wird, und sie ist damit auch erloschen. In diesem Moment kommt es nicht auf irgendwelche Rechtfertigungen oder „Entschuldigungen" an, sondern darauf, daß Sie vom frühestmöglichen Zeitpunkt an die richtigen Lehren aus Ihrem Fehlverhalten ziehen. Es kann nur nachdrücklichst betont werden, daß Sie in dieser Phase, nämlich solange ein Strafverfahren in der ersten oder der Berufungsinstanz noch läuft, also ein gesprochenes Urteil noch nicht rechtskräftig geworden ist, die allergrößten Chancen haben. Wichtig ist, daß Sie bei sich eine grundlegende Änderung Ihrer Einstellungen und Haltungen herbeiführen und aufgrund dessen die Fahrerlaubnis auf dem kürzesten Weg – vom Strafrichter selbst – zurückerhalten. Bei strafrechtlich bedeutenden Verkehrsvergehen, die auf **charakterliche Mängel** zurückzuführen sind, kommt es nämlich entscheidend auch darauf an, daß Ihre tätige Einsicht zum frühestmöglichen Zeitpunkt zum Tragen gekommen ist. Und dieser Zeitpunkt ist, wie könnte es anders sein, im Normal- und Idealfall kurz nach Begehung einer strafwürdigen Handlung. Aber auch wenn die vorläufige Entziehung der Fahrerlaubnis wegen einer groben Verkehrsgefährdung in nüchternem Zustand erfolgte, begeben Sie sich in Absprache mit Ihrem Rechtsanwalt umgehend in die Beratung eines Amtlich anerkannten Verkehrspsychologischen Beraters, der Ihnen die angemessene Betreuung gewährleisten und Ihnen zum einen zu den notwendigen Einsichten verhelfen, zum anderen aber auch das unerläßliche Rüstzeug vermitteln kann, um gegebenenfalls schon von dem Strafrichter den Führerschein wiedererhalten zu können, was auch bei einer unvermeidlichen Bestrafung durchaus möglich ist.

Wird die Fahrerlaubnis auch ohne Verhängung einer Sperrfrist wiedererteilt?

Nein, weil nach der juristischen „Regelvermutung" ein Promille-Fahrer und/oder ein wegen einer anderen Straftat verurteilter Kraftfahrer, dem die Fahrerlaubnis entzogen wurde, für eine bestimmte Zeit nach der eignungsausschließenden Straffälligkeit immer für ungeeignet gehalten wird. Es ist jedoch möglich, daß die Zeit der vorläufigen Entziehung auf die Sperrfrist angerechnet wird.

Kann die Sperrfrist verkürzt werden?

Bei „Ersttätern" ist eine Verkürzung der Sperrfrist üblich. Voraussetzung für eine Verkürzung nach § 69a Abs. 7 StGB ist, daß die verhängte Sperre bei Ersttätern mindestens sechs Monate gedauert hat. Für eine mögliche Verkürzung der Sperre müssen Sie auf jeden Fall neue, bisher nicht vorhandene Gründe vortragen, die die Entscheidung in einem neuen Licht erscheinen lassen. Hierzu kann Ihnen Ihr psychologischer Betreuer behilflich sein. Bei längeren Sperrfristen, die ein oder mehrere Jahre – im Höchstfall fünf Jahre –, aber auch in seltenen Fällen lebenslänglich betragen können, kommt allerdings die Verkürzung häufiger vor, sofern Sie an einer Nachschulungsmaßnahme nicht lediglich teilgenommen haben, ohne dabei eine Prüfung abzulegen, sondern eine Individualtherapie bei einem anerkannten Psychologen absolviert haben, der den Kurserfolg in einem ausführlichen Bericht auch bescheinigt.

Gibt es Ausnahmen von der Sperrzeit?

In ganz besonderen Fällen ist es gemäß § 69a Abs. 2 StGB möglich, die Sperre für bestimmte Arten von Kraftfahrzeugen nicht zu verhängen, und zwar bereits während der vorläufigen Entziehung der Fahrerlaubnis. Die Gerichte machen von dieser Möglichkeit nur ungern Gebrauch. Bei Berufskraftfahrern oder Landwirten kann allerdings in Ausnahmefällen bei einer psychologisch und/oder medizinisch hinreichenden Begründung eine Ausnahmeregelung erreicht werden. Da jedoch beispielsweise eine Trunkenheitsfahrt auf eine charakterliche Ungeeignetheit schließen läßt und nach einer Entscheidung des Bundesverwaltungsgerichtes stets die Gesamtpersönlichkeit des Kraftfahrers zu beurteilen ist, wird die Ausnahme von der Sperre eine große Seltenheit bleiben.

Nach Abschluß des Straf- oder Verwaltungsverfahrens

Wird die Fahrerlaubnis nach Ablauf der Sperrfrist automatisch wiedererteilt?

Nein, Sie müssen die Fahrerlaubnis in jedem Fall neu beantragen, weil nach einem rechtskräftigen Entzug die Fahrerlaubnis erloschen ist. Den Antrag können Sie persönlich oder schriftlich bei der für Ihren Hauptwohnsitz zuständigen Führerscheinbehörde stellen.

Welche Unterlagen sind für den Antrag notwendig?

1. Sehtest oder augenärztliches Gutachten (nicht älter als zwei Jahre). Die Bescheinigung stellt eine amtlich anerkannte Sehteststelle nach DIN 58 220, ein Augenarzt oder ein dafür zugelassener Augenoptiker aus. Fragen Sie Ihren Optiker nach der Sehtest-Zulassung.

2. Ein Lichtbild (nicht älter als ein Jahr) in der Größe 35mm x 45mm.

3. Nachweise über
   – die Unterweisung in Sofortmaßnahmen am Unfallort im allgemeinen,
   – die Ausbildung in Erster Hilfe, wenn die Fahrerlaubnis der Klasse 2 beantragt wird.

   Dieser Nachweis ist nicht erforderlich, wenn die entzogene Fahrerlaubnis nach dem 1. 8. 1969 erteilt wurde.

4. Polizeiliches Führungszeugnis, welches beim Einwohnermeldeamt zu beantragen ist (Kosten z. Z. 15,– DM).

5. Im Falle des vorangegangenen Entzuges einer DDR-Fahrerlaubnis wird bei einer Neuerteilung entsprechend der früher westdeutschen und heute bundeseinheitlichen Regelungen verfahren. Einem ehemaligen DDR-Bürger wird also bei Neuerteilung nicht die Auflage gemacht, die Führerscheinprüfung neu zu machen.

Welche Kosten fallen für die Antragstellung an?

Die Verwaltungsgebühr beträgt zur Zeit 65,– DM und kann bei besonderem Verwaltungsaufwand nachträglich auf bis zu 160,– DM erhöht werden.

Wird dem Antrag automatisch stattgegeben?

Falls bei Promille-Fahrern die BAK 1,6 Promille oder mehr betrug, wird die Vorlage eines MPU-Gutachtens angeordnet. Bei einem Rückfall in ein

Trunkenheitsdelikt wird die Fahrerlaubnis ohne ein positives Eignungsgutachten nicht neu erteilt. Die Fahrerlaubnis wird bei geringeren BAK-
Werten ebenfalls nicht ohne eine positive medizinisch-psychologische Begutachtung erteilt, wenn ein oder mehrere der folgenden Kriterien erfüllt
sind:

1. Die Fahrt unter Alkoholeinfluß hat bereits während der Tagesstunden
   stattgefunden (Restalkohol).

2. Die Fahrt unter Alkoholeinfluß hat über eine längere Fahrstrecke (nicht
   nur wenige hundert Meter) unfallfrei und unauffällig bis zur Verkehrskontrolle geführt.

3. Der Betroffene hat sich bei der Verkehrskontrolle unauffällig verhalten.
   (Er kann viel Alkohol vertragen.)

4. Das Blutentnahme-Protokoll läßt erkennen, daß gravierende alkohol-
   typische Ausfallerscheinungen fehlen (Hinweis auf Alkoholgewöhnung).

5. Es liegen sonstige Hinweise auf normabweichende Trinkgewohnheiten
   vor (z. B. entsprechende Anzeigen).

6. Es liegen Hinweise auf alkoholtoxische Schädigungen vor (z. B. ärztliche Zeugnisse).

7. Es liegen Hinweise auf Auffälligkeiten unter Alkoholeinfluß außerhalb
   des Straßenverkehrs vor (z. B. Randalieren oder ähnliches).

8. Der Betroffene gehört der besonders risikobereiten Gruppe der Fahranfänger im Alter von 18 bis 24 Jahren an.

9. Der Betroffene erscheint zu einem Gespräch bei der Straßenverkehrsbehörde und steht dabei unter Alkoholeinfluß.

Dieser Kriterienkatalog geht auf folgende Überlegungen zurück: Personen,
die sich 1,6 Promille und mehr antrinken, keine besonderen Ausfallerscheinungen erkennen lassen und bereits am Tage oder gar vormittags alkoholisiert sind, müssen zu den geübten Vieltrinkern gerechnet werden. In besonderen Fällen – Hinweise der Polizei und/oder des Arztes bei der Blutentnahme – kann schon das Vorliegen eines einzigen Kriteriums genügen, um die
Beibringung eines MPU-Gutachtens anzuordnen.

Falls die Entziehung der Fahrerlaubnis wegen Verkehrsstraftaten in nüchternem Zustand oder Anhäufung von Punkten nach dem Mehrfachtäter-Punktsystem erfolgte, wird ebenfalls die Beibringung eines Gutachtens angeordnet, wobei den Gutachtern eine andere Fragestellung (siehe unten) vorgegeben wird.

Welche Bedeutung hat die festgestellte Blutalkoholkonzentration (BAK-Wert) für die Neuerteilung?

Nach den Bestimmungen der ab 1. 1. 1999 geltenden Fahrerlaubnis-Verordnung wird ab 1,6 Promille angenommen, daß der Kraftfahrer im „Vieltrinken" geübt ist. Außerdem wird unterstellt, daß er nicht das erste Mal unter Alkoholeinfluß gefahren ist. Bei so hohen BAK-Werten wird eine Alkoholproblematik (Alkoholabhängigkeit, Alkoholmißbrauch) unterstellt und nicht mehr nur davon ausgegangen, daß er „Trinken und Fahren" voneinander nicht trennen könne, was bei Werten unter 1,6 Promille noch angenommen werden kann. Die Dunkelziffer nicht entdeckter Fahrten unter Alkoholeinfluß liegt zwischen 300 und 600.

Wie reagiert die Behörde auf die Antragstellung?

Nach Prüfung der Akte wird der Sachbearbeiter der Führerscheinstelle im Straßenverkehrsamt aufgrund des Kriterienkatalogs entscheiden, ob die Fahrerlaubnis erst nach Vorlage eines amts- bzw. fachärztlichen oder eines medizinisch-psychologischen Gutachtens neu erteilt werden kann. Welche Art von Gutachten angefordert wird, ist in der Fahrerlaubnis-Verordnung geregelt. Die Entscheidung der Behörden wird in einem Formbrief mitgeteilt.

Kann die Verwaltungsbehörde den Antrag sofort ablehnen?

Die Behörde hat das Recht, aufgrund Ihrer Verkehrsvorgeschichte gemäß § 11 Abs. 7 der Fahrerlaubnis-Verordnung zu vermuten, daß bei Ihnen eine „offenkundige Nichteignung" vorliegt, und deshalb ist sie auch berechtigt, Ihren Antrag abzulehnen. Sie können jedoch die Vermutung der Behörde durch ein entsprechendes Gutachten eines Experten widerlegen. Da diese Vermutung ausschließlich aufgrund der Aktenlage ausgesprochen wird, erfolgt zunächst eine Mitteilung über die beabsichtigte Ablehnung Ihres Antrags, so daß Sie die Möglichkeit haben, unter Hinzuziehung eines niedergelassenen Facharztes und/oder Verkehrspsychologen den Beweis des Gegenteils anzutreten. Die Erfahrung zeigt, daß die Behörden wissenschaftlich begründete und nachvollziehbare Gutachten zur Frage der „offenkundigen Nichteignung" akzeptieren und das Verfahren der Neuerteilung durchführen. Der von Ihnen zu beauftragende Arzt und/oder Verkehrspsychologe muß jedoch begründen können, daß Ihre eventuelle Eignungsprüfung begründete Erfolgsaussichten hat.

Die Einverständniserklärung – wozu?

Falls die Beibringung eines Gutachtens verlangt wird, werden Sie aufgefordert, eine „Einverständniserklärung" zu unterzeichnen, in der Sie die Behörde ermächtigen, Ihre Führerscheinakte an die Gutachter auszuhändigen. Gleichzeitig entbinden Sie die Gutachter von ihrer Schweigepflicht gegenüber der Behörde und verpflichten sich, das über Ihre Eignung erstellte Gutachten der Behörde vorzulegen. Sie erteilen auch die Erlaubnis, alle notwendigen Informationen über Sie einzuholen. Es handelt sich also um die Erklärung Ihrer grundsätzlichen Bereitschaft zur Mitarbeit mit der Erteilungsbehörde. Bei Obergutachtern müssen Sie die Verpflichtung unterzeichnen.

Kann die Beibringung eines angeforderten Gutachtens verweigert werden?

Selbstverständlich, denn ein Zwang darf nicht ausgeübt werden.

ABER: Nach allgemeiner Rechtsauffassung ist die Nichteignung zum Führen eines Kraftfahrzeuges bereits als erwiesen anzusehen, wenn ein Kraftfahrer eine angeordnete Untersuchung verweigert. In § 11 Abs. 8 der Fahrerlaubnis-Verordnung ist sogar geregelt, daß auf die Nichteignung des Betroffenen geschlossen werden darf, wenn er sich nicht untersuchen läßt oder das Gutachten nicht vorlegt. Psychologisch gesehen wäre eine solche Verhaltensweise tatsächlich sehr ungeschickt, denn Sie würden den Eindruck erwecken, daß bei Ihnen wirklich ein Eignungsmangel vorliegt, den Sie auch noch verschleiern wollen.

Kann die angeordnete Beibringung umgangen werden?

Zwar ist dem Sachbearbeiter der Führerscheinstelle ein recht großer Ermessensspielraum eingeräumt, doch wird er sich hüten, von den Bestimmungen der Verordnung abzuweichen, ohne sich zumindest mit einer gutachtlichen Stellungnahme rückzuversichern. Es ist eine absolut seltene Ausnahme, was sich der Leiter einer Führerscheinstelle einer westdeutschen Großstadt erlaubte: Er ließ sich von einem ehemaligen Promille-Fahrer überreden, ihm die Fahrerlaubnis trotz eines sehr hohen BAK-Wertes ohne Gutachten wiederzuerteilen. Zwei Wochen später verursachte der Kraftfahrer, der erneut unter erheblichem Alkoholeinfluß stand, einen schweren Verkehrsunfall. Die Staatsanwaltschaft verklagte daraufhin den Leiter der Führerscheinstelle wegen grober Verletzung seiner Sorgfaltspflicht.

Welche Frist wird für die Vorlage eines Gutachtens gesetzt?

Je nach angefordertem Gutachten (Amtsarzt, Gesundheitsamt, Facharzt, MPU usw.) kann die Frist einige Tage, aber auch einige Monate betragen. Für die Vorlage eines BfF-Gutachtens wird in der Regel eine Frist von einem Monat bestimmt.

Kann diese Frist verlängert werden?

Selbstverständlich. Sie sollten jedoch darauf achten, der Behörde gegenüber belegen zu können, daß Sie die Nichteinhaltung der Frist nicht selbst verursacht haben bzw. daß triftige Gründe wie z. B. eine Krankheit vorgelegen haben. Falls die Gründe nicht bei Ihnen liegen, brauchen Sie sich keine Gedanken über ein Fristversäumnis zu machen, da sie auf die Terminierung der Gutachter keinen Einfluß haben.

Kann die Terminvergabe beeinflußt werden?

In gewissen Grenzen ja. Sie sollten allerdings möglichst frühzeitig Kontakt mit der Untersuchungsstelle aufnehmen und die Gründe, weshalb Sie einen Termin verschieben möchten, mitteilen. Eine Vorverlegung eines Termins ist fast unmöglich, da sich die Gutachterstellen dem Vorwurf der Begünstigung nicht aussetzen möchten. Die Terminvergabe erfolgt nach Eingang der Akten und nach Eingang der Untersuchungsgebühr. Auch der drohende Ablauf der Zweijahresfrist ist kein Grund für die Bevorzugung bei der Terminvergabe. Bei Verschiebung eines Termins stellt sich selbstverständlich die Frage nach dem Grund, denn jeder Gutachter wird sich fragen, warum es dem Betroffenen nicht auf eine möglichst schnelle Erledigung seiner Sache ankommt, wo er doch schon so lange die Fahrerlaubnis vermißt. (Braucht er etwa noch Zeit, um seine Leberwerte normalisieren zu lassen?!)

Kann die Gutachterstelle oder der Gutachter frei ausgewählt werden?

Ja, auf jeden Fall können Sie den Facharzt oder den Obergutachter frei wählen, wobei bereits jetzt festgestellt werden sollte, daß die Obergutachter mit der Durchführung der Untersuchung Mitarbeiter beauftragen können, so daß Sie in der Regel den von Ihnen persönlich ausgewählten Obergutachter nicht einmal zu Gesicht bekommen. Beim Amtsarzt und bei den BfF-Stellen können Sie die Person auch nicht frei wählen; Sie haben jedoch die freie Wahl unter verschiedenen BfF-Stellen im ganzen Bundesgebiet. Einige Führerscheinstellen fügen der Einverständniserklärung eine Liste der Untersuchungsstellen bei, die den Eindruck vermittelt, als ob Sie nur unter den aufgeführten Stellen wählen könnten. Sie brauchen sich nicht daran zu halten, denn Sie haben die freie Wahl – sie sind der Auftraggeber des jeweiligen Gutachters bzw. der Gutachterstelle. Zwischen Ihnen und dem Gutachter bzw. der Gutachterstelle kommt nach dem Bürgerlichen Gesetzbuch ein Werkvertrag zustande. Sie müssen allerdings der Behörde mitteilen, welche Untersuchungsstelle Sie ausgewählt haben, damit Ihre Akte dorthin geschickt werden kann.

Gibt es „leichte" und „schwere" BfF-Stellen?

Es gibt auf jeden Fall Untersuchungsstellen, die von positiv begutachteten Untersuchten als „leicht" gepriesen werden. Es wäre jedoch kurzsichtig, wenn auch verständlich, die Auswahl der BfF-Stelle einzig und allein nach diesem Gerücht zu treffen. Ihr Ziel sollte nicht nur das Bestehen der Untersuchung sein, sondern das Vermeiden erneuter Verkehrsauffälligkeit. Wenn Sie dazu in der Lage sind und sich auf die MPU gründlich vorbereitet haben, werden Sie überall bestehen. Da die Untersuchungsstellen eine Statistik der positiven und negativen Begutachtungen führen, kommen die sogenannten „leichten" BfF-Stellen lediglich vorübergehend zu diesem Ruf. Die BfF-Stellen sorgen dann dafür, daß die positiven und negativen Gutachten sich die Waage halten. Es wird seit Jahren damit geworben, daß jeder zweite positiv begutachtet werde – es muß offensichtlich auch jedes zweite Gutachten negativ sein.

Kann ich mir eine(n) bestimmte(n) Gutachter/in bei den BfF-Stellen wählen?

Theoretisch ja – praktisch nein. Himmelreich/Janker (1999, Rn 56 ff.) weisen zwar darauf hin, daß ein Betroffener rechtstheoretisch nicht nur die Person des Obergutachters, sondern auch den Gutachter seines Vertrauens bei einer BfF-Stelle wählen kann. In der praktischen Wirklichkeit wird dies mit Sicherheit nicht möglich sein. Die BfF-Stellen, die zahlreiche angestellte Gutachter beschäftigen, können sich gar nicht leisten, daß die Betroffenen bestimmte Gutachter bevorzugen, andere sogar ablehnen. Dies würde zu erheblichen arbeitsorganisatorischen und arbeitsrechtlichen Problemen führen. Davon erst gar nicht zu sprechen, welche psychologischen Probleme dadurch unter den Gutachtern und der Güte ihrer Prognosen ausgelöst werden würden.

Was ist der „Gutachten-Tourismus"?

Es kommt immer wieder vor, daß über die eine oder andere Gutachterstelle die Nachricht Verbreitung findet, dort gäbe es besonders häufig positive Gutachten, oder daß die Betroffenen sich dort besonders gut behandelt fühlen, auch wenn das Gutachten nicht positiv war. Dies führt dann dazu, daß Betroffene, wenn sie bei Vorgutachten schlecht behandelt wurden und bei sich diesen negativen Eindruck durch Verdrängung eigener Fehler haben entstehen lassen, sogar lange Anreisen auf sich nehmen und diese Untersuchungsstellen starken Zulauf bekommen. Bis jetzt galt die freie Wahl des Gutachtens bzw. der Gutachterstelle bundesweit. Andererseits erwecken viele Führerscheinstellen seit langem den Eindruck, als ob nur unter den Gutachterstellen gewählt werden dürfte, die sich auf den durch die Behörde selbst zusammengestellten Verzeichnissen befinden. In letzter Zeit sollen Bezirksregierungen eine Weisung erteilt haben, wonach die Straßenverkehrsämter in Nordrhein-Westfalen darauf einwirken sollen, daß die Begutachtungen nach Möglichkeit bei den im eigenen Bundesland vorhandenen BfF-Stellen durchgeführt werden, um diesen angeblichen „Gutachten-Tourismus" einzustellen.

Was macht die Untersuchungsstelle mit der Führerscheinakte?

Nach Eingang Ihrer Akte erhalten Sie von der Untersuchungsstelle zunächst eine „Auftragsbestätigung" nebst einer freundlichen Zahlungsaufforderung und den Auftragsbedingungen. Es wird nur auf Vorkasse gearbeitet. Erst bei Eingang Ihrer Zahlung kommt der eigentliche Auftrag bzw. Vertrag zustande. Erst danach wird Ihnen schriftlich ein Untersuchungstermin mitgeteilt. Man macht Sie auch darauf aufmerksam, daß bei Ausbleiben Ihrer Zahlung nach einer Wartezeit von etwa vier Wochen Ihre Akte als unerledigt an die Führerscheinstelle zurückgeschickt wird. Die Untersuchungsstelle geht davon aus, daß Sie kein Interesse mehr an einer Untersuchung haben.

Was Sie bei den Auftragsbedingungen der BfF-Stellen des TÜV besonders beachten sollten

Die Gutachter verpflichten sich lediglich dazu, ein *„möglichst objektives Gutachten"* zu erstellen. Das heißt also, daß Sie im Rahmen dieses Werkvertrages schon aus formalen Gründen keinen juristisch abgesicherten Anspruch auf ein *„objektives"* Gutachten haben. Gleichzeitig wird im Vertrag festgelegt, daß *„die Verantwortung für die berufliche Eignung des Gutachters und den wissenschaftlichen Standard der Begutachtung beim TÜV als dem Träger der Untersuchungsstellen liegt"*. (Quelle: TÜV-Rheinland)

Obwohl die psychologische und medizinische Beurteilung der Fahreignung nur aufgrund eines sehr intensiven Austausches zwischen den Gutachtern und Ihnen über intimste Fragen erfolgt, sind die Gutachter beim TÜV durch diese vertragliche Konstruktion von jeder persönlichen Verantwortung Ihnen gegenüber entbunden. Demgegenüber haftet ein Obergutachter stets persönlich für seine Arbeit, und er beruft sich auch nie darauf, lediglich ein „möglichst objektives Gutachten" erstellen zu wollen. Im ganzen Fahrerlaubniswesen ist diese vertragliche Möglichkeit, daß sich TÜV-Ärzte und -Psychologen hinter dem Monopolisten, d. h. dem Riesenunternehmen Technischer Überwachungsverein, verstecken, einmalig. Weder ein Richter noch ein angestellter Arzt eines Krankenhauses kann sich jemals hinter seinem Arbeitgeber verstecken, sondern er muß immer für Fehlentscheidungen persönlich geradestehen. Wenn Sie aber mit Ihrer Beurteilung unzufrieden sind und das schriftliche Gutachten des TÜV für ein „Flickwerk" halten, müssen Sie als Vertragspartner den TÜV in die Pflicht nehmen. Dieser wird natürlich mit seiner „Armada" von Juristen jedes Verfahren in die Länge ziehen. Dennoch haben es inzwischen mehrere Kläger geschafft, Urteile gegen den TÜV wegen mangelhaften Eignungsgutachten zu erstreiten, ohne allerdings eine allgemeine Verbesserung zu erreichen.

Was kostet die Begutachtung?

Die Gebühr bestimmt sich für eine amtlich veranlaßte Eignungsuntersuchung nach der „Gebührenordnung für Maßnahmen im Straßenverkehr" (GebOSt). Die ab dem 1. 1. 1999 vorgesehenen Gebührensätze betragen:

- 360,– bis 590,– DM für die medizinische und psychologische Untersuchung zuzüglich Kosten für die Bestimmung der Laborwerte.

- Je nach Schwierigkeitsgrad kann sich die Gebühr allerdings leicht auf 540,– bis 870,– DM erhöhen.

Es ist zu beachten, daß die im Zusammenhang mit Eignungs- und Tauglichkeitsuntersuchungen entstehenden Kosten durch die gesetzlichen Krankenkassen nicht übernommen werden. Ob die in Ihrem konkreten Einzelfall notwendig gewordenen medizinischen Untersuchungen wegen einer eventuellen Heilbehandlung oder unmittelbar mit der Fahreignungsbegutachtung im Zusammenhang stehen, deren Kosten also von der Krankenkasse zu tragen sind oder nicht, muß Ihr behandelnder Arzt entscheiden. Sie sollten auf jeden Fall Ihren Arzt auch darüber in Kenntnis setzen, daß Sie sich um die Wiedererlangung der Fahrerlaubnis bemühen.

Welche Laborwerte sind von Bedeutung?

Je nachdem, ob also Ihre Eignung etwa wegen Alkohol am Steuer und/oder eignungsausschließender Erkrankungen in Frage gestellt wurde, müssen mitunter eine Vielzahl von Blutwerten bestimmt werden. Da über 90 % aller Untersuchungen wegen Trunkenheitsfahrten stattfinden, sind besonders folgende Leberfunktionswerte von Bedeutung: SGOT, SGPT und Gamma-GT. Außerdem sind der MCV-Wert und mitunter der CDT-Wert zu ermitteln. Einzelheiten hierzu finden Sie in „Mein Führerschein ist weg – was tun?" (4. Auflage 1999).

Welche Vor- und welche Nachteile hat die Bestimmung der Leberwerte durch Ihren Hausarzt?

Von einigen BfF-Stellen erhalten die Betroffen einen an den Hausarzt gerichteten Vordruck, in dem dieser gebeten wird, die Leberfunktionswerte und den MCV-Wert einzutragen, wobei die letzte Bestimmung innerhalb von vier Wochen vor dem Begutachtungstermin stattgefunden haben muß. Auch ältere Laborbefunde sind erwünscht, falls vorhanden. Der Vorteil liegt etwa für einen Promille-Fahrer, bei dem ein sehr hoher BAK-Wert festgestellt wurde (1,6 Promille und mehr), darin, daß durch die Vorlage regelmäßig erhobener alkoholrelevanter Laborwerte eine etwaige positive Veränderung untermauert werden kann. Die Vorlage von Werten, die kurzfristig oder schon seit längerem regelmäßig außerhalb der Norm liegen, wird stets zu ihrem Nachteil gewertet, es sei denn, Ihre behandelnden Ärzte bescheinigen, daß andere als alkoholbedingte Gründe für die erhöhten Werte vorliegen. Näheres siehe in „Mein Führerschein ist weg – was tun?".

Was bedeutet die „Verpflichtung zur aktiven Mitarbeit" in der Untersuchung?

Wie bereits oben dargestellt, verpflichten sich die Gutachter im Vertrag mit Ihnen lediglich dazu, ein „möglichst objektives Gutachten" zu erstellen. Falls Sie also die Mangelhaftigkeit des Gutachtens beklagen, werden Sie allzu schnell mit dem Vorwurf konfrontiert, in der Untersuchung nicht aktiv mitgearbeitet zu haben. Aufgrund der Vorschriften in den „Eignungsrichtlinien" sind die Gutachterstellen und Obergutachter allerdings dazu verpflichtet, ein **nachvollziehbares und nachprüfbares** Gutachten zu erstellen, so daß Sie trotz der spritzfindigen Auftragsbedingungen das Recht haben, Mängel beseitigen zu lassen. Die eingegangene Verpflichtung zur aktiven Mitwirkung beinhaltet aber auch, daß Sie alle Unterlagen und Kenntnisse, die für Ihre Eignungsbeurteilung von Bedeutung sein können und in Ihrer Führerscheinakte nicht enthalten sind, den Gutachtern zur Verfügung stellen.

Was bedeuten „Nachvollziehbarkeit" und „Nachprüfbarkeit"?

Nach Anlage 15 der Fahrerlaubnis-Verordnung (und den früheren „Eignungsrichtlinien") betrifft die „Nachvollziehbarkeit" die logische Ordnung

(Schlüssigkeit) des Gutachtens. Sie erfordert die Wiedergabe aller wesentlichen Befunde und die Darstellung der zur Beurteilung führenden Schlußfolgerungen. Die „Nachprüfbarkeit" betrifft die Wissenschaftlichkeit der Begutachtung; sie erfordert, daß die Untersuchungsverfahren, die zu den Befunden geführt haben, angegeben werden und, soweit die Schlußfolgerungen auf Forschungsergebnisse gestützt sind, die Quellen genannt werden.

Sollte man frühere Urteile oder andere Schriftsätze zur medizinisch-psychologischen Untersuchung oder zum Obergutachten mitbringen?

Urteile und Schriftsätze, Zeugenerklärungen und dergleichen sind in der Regel kein Teil Ihrer Führerscheinakte. Wenn Sie über solche Unterlagen verfügen, welche für Ihre charakterliche Eignungsbegutachtung zu Ihren Gunsten von Bedeutung sein können, ist es ratsam, sie in der Untersuchung den Gutachtern zugänglich zu machen. Noch besser ist es aber, derartige Unterlagen durch den Sie gegebenenfalls betreuenden Verkehrspsychologen den Gutachtern im voraus im Rahmen eines Vorausgutachtens/Berichtes zuzuleiten, damit diesen genügend Zeit bleibt, das Material auszuwerten.

Müssen die Gutachter auch über in der Führerscheinakte noch nicht enthaltene Vorgänge informiert werden?

Ja! Denn die Verpflichtung zur aktiven Mitarbeit in der Untersuchung erstreckt sich auch auf eine vollständige Aufklärung der Gutachter bezüglich aller eignungsrelevanten Vorgänge. Das heißt also, daß Sie etwaige Krankenhausberichte, Atteste, gegen Sie laufende, aber noch nicht rechtskräftige Verfahren wegen Ordnungswidrigkeiten und/oder Straftaten einreichen bzw. über sie berichten müssen. Falls Sie dieser Verpflichtung nicht nachkommen und die Gutachterstelle erst nach Erstellung eines für Sie positiven Gutachtens durch die Führerscheinstelle von weiteren Vorgängen erfährt, nachdem sie rechtskräftig abgeschlossen wurden, kann das Gutachten widerrufen werden – was nicht selten tatsächlich erfolgt.

Es ist im übrigen dringend zu empfehlen, Ihre Führerscheinakte bei der Behörde einzusehen, um zu wissen, welche Unterlagen den Gutachtern zur Verfügung gestellt werden. Sie können sich auch Fotokopien geben lassen, um Ihre Erinnerung aufzufrischen und den gleichen Kenntnisstand wie die Gutachter zu erlangen. Dadurch wird es Ihnen besser gelingen, die bei den Gutachtern aufgrund der Aktenanalyse entstehenden „Vorurteile" abzumildern oder gar zu beseitigen.

Welche Fragestellungen gibt die Verwaltungsbehörde den Gutachtern auf?

Diese Fragestellungen sind in der neuen Fahrerlaubnis-Verordnung (im Gegensatz zu den früheren „Eignungsrichtlinien") nicht mehr kategorisiert, aber für die meisten Fragestellungen könnten die Aufgabenstellungen nach der früheren Praxis wie folgt lauten:

1. Liegt eine Krankheit oder Gesundheitsstörung vor, die für die Eignung erheblich ist? Kann der Untersuchte trotz der festgestellten Gesundheitsstörung oder Krankheit ein Kfz der Klasse ... sicher führen?

2. Ist die Krankheit oder Gesundheitsstörung so schwerwiegend, daß spätere psychische und physische Störungen zu erwarten sind?

3. Ist zu erwarten, daß der Untersuchte auch zukünftig ein Kfz unter Alkohol- oder Drogen- und/oder Arzneimitteleinfluß führen wird, oder liegen als Folge eines unkontrollierten Alkoholkonsums Beeinträchtigungen vor, die das sichere Führen eines Kfz in Frage stellen? Bei Abhängigkeit von Alkohol, Drogen und Arzneimitteln hat sich die Begutachtung darauf zu erstrecken, daß die Abhängigkeit nicht mehr besteht.

4. Ist zu erwarten, daß der Betroffene den Konsum von Alkohol einerseits und das Führen von Kraftfahrzeugen im Straßenverkehr andererseits zuverlässig voneinander trennen kann – falls Alkoholmißbrauch und nicht -abhängigkeit vorgelegen hat?

5. Ist zu erwarten, daß der Untersuchte auch zukünftig erheblich gegen verkehrs- und/oder strafrechtliche Bestimmungen verstoßen wird?

6. Werden in Zusammenhang mit den vorangegangenen Feststellungen Auflagen oder Bedingungen erforderlich?

Wie weit kann die Behörde die Fragestellungen für die Begutachtung nach eigenem Ermessen formulieren?

Da eine Kategorisierung für alle denkbaren Fälle nicht möglich ist, wird wohl der Text in Anlage 15 „Grundsätze für die Durchführung der Untersuchung und die Erstellung der Gutachten" zu §§ 11 Abs. 5 der Fahrerlaubnis-Verordnung maßgeblich sein, der in Ziffer 1a) folgendes vorschreibt und letztendlich wahrscheinlich für viel Auseinandersetzung sorgen wird:

„Die Untersuchung ist anlaßbezogen und unter Verwendung der von der Fahrerlaubnisbehörde zugesandten Unterlagen über den Betroffenen vorzunehmen. Der Gutachter hat sich an die durch die Fahrerlaubnisbehörde vorgegebene Fragestellung zu halten."

Da die Mitarbeiter der Führerscheinstellen mit den Mustersätzen (s. o.) der bis Ende 1998 maßgeblichen „Eignungsrichtlinien" eingeübt sind, werden diese Texte aller Wahrscheinlichkeit nach noch eine Weile nachwirken. Zugleich sind jedoch folgende Vorschriften zu berücksichtigen:

• Anlage 15 zu §§ 11 Abs. 5 der Fahrerlaubnis-Verordnung besagt in Ziffer 1b), daß der Gegenstand der Untersuchung *„nicht die gesamte Persönlichkeit des Betroffenen (ist), sondern nur solche Eigenschaften, Fähigkeiten und Verhaltensweisen, die für die Kraftfahreignung von Bedeutung sind (Relevanz zur Kraftfahreignung)."*

Hierzu ist festzuhalten, daß es keinen nach wissenschaftlichen Grundsätzen arbeitenden Gutachter gibt, der die für die Kraftfahreignung bedeutsamen Eigenschaften, Fähigkeiten und Verhaltensweisen ohne eine gründliche Untersuchung der Gesamtpersönlichkeit zutreffend beurteilen könnte. Er muß nämlich zunächst feststellen, welche Persönlichkeitsmerkmale denn überhaupt für die Kraftfahreignung relevant sind, und dazu ist erst einmal eine gründliche Diagnose vonnöten.

Deshalb wird hier wahrscheinlich zu befürchten sein, daß einerseits die Führerscheinstellen sehr vage Fragestellungen formulieren, andererseits aber manche Gutachter der Begutachtungsstellen für Fahreignung nach eigenem Gutdünken vorgehen und die Fragestellung im Endeffekt selbst bestimmen.

Worin besteht für die Behörde die Eignung zum Führen von Kraftfahrzeugen?

Das neue Straßenverkehrsgesetz (StVG) schreibt in § 2 Abs. 2 Ziffer 3 vor, daß der Bewerber um die Fahrerlaubnis

„zum Führen von Kraftfahrzeugen geeignet"

sein muß, was bisher nicht so definitiv verlangt war, weil das alte Recht die sogenannte „Eignungsvermutung" eines jeden Bewerbers vorsah. Mit anderen Worten war man sozusagen durch Geburt zum Führen von Kraftfahrzeugen geeignet. Diese Regelung wurde nun durch die Forderung zum Nachweis der Eignung abgelöst. In § 2 Abs. 4 wird diese Eignung wie folgt näher definiert:

„Geeignet zum Führen von Kraftfahrzeugen ist, wer die notwendigen körperlichen und geistigen Anforderungen erfüllt und nicht erheblich oder nicht wiederholt gegen verkehrsrechtliche Vorschriften oder gegen Strafgesetze verstoßen hat."

Da im obigen Satz nicht konkretisiert ist, was „notwendige körperliche und geistige Anforderungen" sind, oder was „nicht erheblich oder nicht wiederholt" bedeuten, wird es wohl ratsam sein, wenn Sie noch vor der Formulierung der Fragestellung durch die Behörde einen Amtlich anerkannten Verkehrspsychologischen Berater und/oder Rechtsanwalt konsultieren.

Wie erfahren Sie die von der Behörde den Gutachtern vorgegebene Fragestellung?

Das Straßenverkehrsamt fordert Sie in der Regel lediglich dazu auf, gemäß §§ 12, 15b und 15c der StVZO ein im Formbrief bezeichnetes Gutachten wegen der bekannt gewordenen Auffälligkeit beizubringen. Die konkrete Fragestellung (siehe oben) wird Ihnen in der Regel nicht mitgeteilt, obwohl sie kein Geheimnis ist.

Wird das Ergebnis unmittelbar nach der Untersuchung bekanntgegeben?

Bei rein medizinischen Fragestellungen, bei denen es etwa um die Prüfung von Fertigkeiten und/oder der funktional-psychischen Leistungsfähigkeit geht, kann damit gerechnet werden, daß die Gutachter bereits eine abschließende Diagnose mitteilen. Bei allen anderen Fragestellungen, wenn es also um charakterliche Gründe geht, wird das Ergebnis nicht mitgeteilt, in der Regel mit der Begründung, daß der Arzt und der Psychologe ihre Befunde noch miteinander besprechen müssen. In den Obergutachterstellen wird die Nichtbekanntgabe der endgültigen Ergebnisse normalerweise damit begründet, daß der Leiter der Obergutachterstelle, der persönlich für das Gutachten haftet, jedoch die Untersuchung in der Regel nicht selbst durchführt, die Befunde noch gewichten müsse. Gleichwohl gibt es Gutachter, die bei günstigem Verlauf durchaus eindeutige Hinweise auf das zu erwartende Endergebnis geben. Neuerdings bieten einige Untersuchungsstellen ein „Nachgespräch" an: Am Ende des Untersuchungstages besteht die Möglichkeit für die Untersuchten, mit den Gutachtern das Ergebnis zu besprechen. Dafür müssen allerdings einige Stunden Wartezeit in Kauf genommen werden. Da sowieso ausschließlich das schriftliche Gutachten maßgeblich ist und ohne die schriftliche Ausfertigung nichts geschehen kann und weil Gutachter sich bei charakterlichen Fragestellungen im Gespräch nicht festlegen, sollte man sich von diesem Angebot nicht allzuviel versprechen.

Wie lange dauert es, bis das Gutachten vorliegt?

Bei den BfF-Stellen dauert es etwa 2 bis 4 Wochen, bis das zwischen 4 und 8 Seiten lange Gutachten, das etwa zur Hälfte aus vorgefertigten Textbausteinen besteht, zugestellt wird. Rein medizinische Obergutachten werden in ein bis zwei Wochen ausgefertigt, ein psychologisches Obergutachten, das zwischen 20 und 50 Seiten lang sein kann, zwischen 4 und 6 Wochen.

Wie verhalten Sie sich richtig, wenn nach der Untersuchung, jedoch vor Ausfertigung des Gutachtens, weitere Atteste erbeten werden?

Es ist durchaus möglich, daß Gutachter bei der Auswertung ihrer Untersuchungen noch weitere Befunde für nötig halten. Sie sollten deshalb ihre diesbezüglichen Bitten erfüllen, und zwar auch dann, wenn etwa bei einer Begutachtung wegen Trunkenheit am Steuer ein bis zwei Wochen nach der Untersuchung nachträglich noch die Vorlage weiterer, aktueller Leberwerte verlangt wird, obwohl Sie für den Zeitraum vor der Untersuchung schon die von Ihrem Arzt regelmäßig erhobenen Werte eingereicht haben bzw. in der Untersuchung selbst eine Blutprobe entnommen wurde.

Natürlich geht es in solchen Fällen darum, zu prüfen, ob Sie bei einer behaupteten Abstinenz konsequent bei Ihrem Vorsatz geblieben sind, nachdem Sie glauben, die Untersuchung hinter sich gebracht zu haben.

Was passiert mit dem Gutachten?

Der Empfänger des Gutachtens einer BfF-Stelle ist immer der Untersuchte selbst. Obwohl dies in den Auftragsbedingungen vertraglich so geregelt ist, wird Ihnen anläßlich der Untersuchung eröffnet, daß das Gutachten auch direkt der Behörde zugeschickt werden kann. Dazu müßten Sie die Gutachter aber schriftlich von ihrer Schweigepflicht entbinden. Wie mit dem Gutachten verfahren wird, ist allerdings von den Verwaltungsbehörden der einzelnen Bundesländer nicht einheitlich geregelt. Während z. B. in Hessen der Untersuchte immer mindestens ein Exemplar des Gutachtens erhält (zwei Exemplare, wenn der Gutachter nicht von der Schweigepflicht entbunden wurde), ist dies in Bayern durchaus nicht üblich, und die Straßenverkehrsbehörde erhält alle Exemplare direkt.

Es liegt auf der Hand, daß Sie im Falle einer Begutachtung aus charakterlichen Gründen den Eindruck von Selbstunsicherheit und Zweifeln erwecken, wenn Sie auf der Einhaltung der soeben abgeschlossenen vertraglichen Bedingungen bestehen. Andererseits haben Sie lediglich einen scheinbaren Vorteil, wenn Sie ein negatives Gutachten der Behörde nicht vorlegen. Nach Abschluß der Begutachtung erhält die Führerscheinstelle nämlich Ihre Führerscheinakte von der BfF-Stelle zurück. Falls das Gutachten dann aber nicht vorgelegt wird, nimmt der Sachbearbeiter automatisch an, daß es negativ war.

Wie verhalten Sie sich richtig, wenn die Behörde die Vorlage eines für Sie negativen Gutachtens anmahnt?

Nach Rücksendung Ihrer Führerscheinakte an die Behörde wird der Sachbearbeiter Sie zur Vorlage des Gutachtens auffordern und Ihnen eine Frist setzen. Er wird sogleich auch darauf hinweisen, daß die Nichtvorlage des Gutachtens als der Beweis für Ihre Nichteignung zum Führen von Kraftfahrzeugen angesehen werden würde. Aus psychologischen Gründen ist natürlich verständlich, daß Sie ein negatives Gutachten der Behörde nicht ohne weiteres preisgeben möchten – weil darin unbequeme Wahrheiten enthalten sind oder weil Sie das Gutachten für falsch halten. Welche Gründe auch immer vorhanden sind: Sie sind auf eine Zusammenarbeit mit Ihrem Sachbearbeiter angewiesen, und deshalb ist der Ausweg aus dem Dilemma, daß Sie in Zusammenarbeit mit Ihrem Rechtsanwalt durch einen erfahrenen Verkehrspsychologen das Gutachten auf seine Richtigkeit prüfen lassen. Das Gutachten sollte auf jeden Fall – allerdings zusammen mit einer Stellungnahme eines Fachpsychologen – der Behörde vorgelegt werden. Es hat keinen Sinn, mit dem Sachbearbeiter „Katz und Maus zu spielen" – Sie wollen schließlich Ihre Fahrerlaubnis auf jeden Fall zurückerhalten. Aus psychologischen Gründen ist deshalb auch keine sinnvolle Begründung dafür vorstellbar, das Gutachten nicht vorzulegen und damit die Nichteignung zu unterstellen oder den Antrag auf Neuerteilung der Fahrerlaubnis wegen eines negativen Gutachtens zurückzuziehen. Gleichwohl ist es psychologisch richtig, auch im Falle einer zutreffenden negativen Begutachtung auch der Behörde gegenüber Einsicht zu bekunden, schon deshalb, um möglichst schnell die Zustimmung zu einer Nachuntersuchung (siehe unten) zu erhalten. Außerdem kann der Sachbearbeiter, der über Ihre Eignung letztlich zu entscheiden hat, Ihnen auch trotz eines negativen Gutachtens die Fahrerlaubnis wiedererteilen, wozu er natürlich in die Lage versetzt werden muß, sich ein eigenes Bild von Ihnen und von Ihrem Fall zu machen.

Wie geht die Behörde nach Vorlage eines negativen Gutachtens vor?

Nach den geltenden Bestimmungen ist die Behörde verpflichtet, das Gutachten lediglich als Hilfsmittel zu betrachten und nach Abwägung aller ihr bekannten Umstände eine eigenständige Entscheidung zu treffen. In Wirklichkeit schließen sich die Sachbearbeiter den Feststellungen der BfF-Gutachter an, wobei sich die Unsitte verbreitet hat, daß die „TÜVologischen" Gutachten folgende Schlußformulierungen enthalten:

„Herr X. konnte die von der Behörde geäußerten Bedenken nicht ausräumen."

oder

„Herr X. ist nach wie vor ungeeignet." etc.

Die „TÜVologischen" Gutachter nehmen also die Entscheidung der Behörde vorweg und bereiten für viele Sachbearbeiter eine bequeme Entscheidung vor.

Was geschieht bei nachgewiesener Mangelhaftigkeit eines BfF-Gutachtens?

Den Nachweis wird ein Fachpsychologe führen müssen. Falls nur Sie Mangelhaftigkeit geltend machen, erhalten Sie kurzerhand die abweisende Antwort, daß noch kein negativ Begutachteter mit dem Gutachten zufrieden war. Da es sich hier um eine Mängelbeseitigung nach dem Bürgerlichen Gesetzbuch handelt, muß ein wissenschaftliches **Gutachten über das Gutachten** unter unbedingter Hinzuziehung eines Rechtsanwaltes vorgelegt werden. Falls die BfF-Stelle die Mängelrüge einsieht, findet zumindest eine **Teil-Nachuntersuchung** statt – schließlich muß ja der Mangel beseitigt werden. Die praktische Erfahrung zeigt, daß bei gerechtfertigter Mängelrüge der Sie betreuende Rechtsanwalt und/oder Psychologe eine Nachbesserung ohne weiteres erreichen können.

Wann sollte ein „privates Gegengutachten" in Auftrag gegeben werden?

Es besteht die grundsätzliche Möglichkeit, auch Gutachten der Behörde vorzulegen, die nicht von Mitarbeitern der amtlich anerkannten BfF-Stellen erstellt wurden. Ein solches sogenanntes **„privates Gutachten oder Gegengutachten"** wird in der Regel von frei praktizierenden erfahrenen Verkehrspsychologen nach gründlicher Untersuchung verfaßt. Bei der Vorlage eines „Gegengutachtens" zu der Frage Ihrer Fahreignung ist zu berücksichtigen, daß die Behörde bei mehreren, einander widersprechenden Eignungsgutachten den für sie bequemsten Weg wählen wird – in der Regel wird sie die Beibringung eines Obergutachtens anordnen, falls es in Ihrem Bundesland eine solche Stelle noch gibt. In Bundesländern ohne Obergutachterstellen bleibt nur der Rechtsweg offen.

Wann kann die Behörde zusätzlich zum Gutachten auch noch die Führerscheinprüfung verlangen?

Wenn das Gericht eine Sperrfrist von 2 oder mehr Jahren gegen Sie verhängt hat oder wenn Ihr Führerschein über einen Zeitraum von mehr als zwei Jahren beschlagnahmt bzw. Ihre Fahrerlaubnis erloschen war, müssen Sie davon ausgehen, daß diese nicht ohne eine solche Prüfung neu erteilt wird. Der

Sachbearbeiter ist gesetzlich ermächtigt anzunehmen, daß Ihnen die praktische Erfahrung und die theoretischen Kenntnisse nach einem so langen Zeitraum fehlen. Ist die Zeit der vorläufigen Beschlagnahme bzw. die Sperrfrist kürzer als 2 Jahre, liegt es im freien Ermessen der Behörde, auf eine Prüfung ganz oder teilweise zu verzichten, „wenn keine Tatsachen vorliegen, die die Annahme rechtfertigen, daß der Bewerber die (…) erforderlichen Kenntnisse und Fähigkeiten nicht mehr besitzt" (§ 15c II 1 StVZO).

Ist der Besuch einer Fahrschule ratsam?

Auch wenn Sie schon eine Million Kilometer gefahren sind und etwa als Berufskraftfahrer über eine überdurchschnittliche Erfahrung verfügen, ist es dringend zu empfehlen, nach einer mehr als zweijährigen Zwangspause einige Fahrstunden zu nehmen. Nicht etwa um Fertigkeiten aufzufrischen, denn die gehen nicht verloren, sondern um sich auf die Bedingungen einer Prüfungssituation einzustellen. Insbesondere ältere Erwachsene und Kraftfahrer mit sehr großer Fahrpraxis haben es häufig schwer, die praktische Fahrprüfung, die ja hauptsächlich auf junge Menschen zugeschnitten ist, zu bestehen.

Wo liegen die Nachteile und die Vorteile von Gruppenkursen?

Im Vergleich zu Einzelberatungen haben Gruppenkurse grundsätzliche Nachteile. Sie bestehen insbesondere darin, daß in den Gruppenkursen die Teilnehmer, die sich ja nicht kennen, sie wirklich berührende Probleme nicht ohne weiteres ansprechen. Die Zeit für das Entstehen eines Vertrauensverhältnisses in der Gruppe ist viel zu kurz. Diesem Problem versuchen die Veranstalter damit abzuhelfen, daß sie die Teilnehmer in Einzelverträgen zur Verschwiegenheit verpflichten. Unter Hinweis darauf, daß der Psychologe gemäß § 203 des Strafgesetzbuches zum Stillschweigen verpflichtet ist, unterschreibt auch der Kursteilnehmer die Erklärung, „über alle Tatsachen, die ihm über andere Kursteilnehmer im Verlaufe des Kurses bekannt werden, Stillschweigen zu bewahren". Diese Verpflichtung ist selbstverständlich nicht ausreichend, denn das Vertrauen zueinander kann nicht durch Vertrag erzwungen werden. Wenn sich dann ein Teilnehmer nicht an die getroffene Stilschweigevereinbarung hält, kann er nicht belangt werden, weil für ihn § 203 StGB nicht gilt.

Was kosten Aufbauseminare?

In den Gruppenkursen des TÜV: 1000 bis 2000 DM.

In Einzelkursen bei niedergelassenen Verkehrspsychologen: 2000 DM oder mehr, je nach Aufwand.

Diese Preise sind nur Richtwerte, die nach unten und nach oben variieren können.

Ist ein Aufbauseminar beim TÜV ohne Vorprüfung möglich?

Bei den Technischen Überwachungsvereinen und ihren Nachschulungsorganisationen ist die Teilnahme an einem Aufbauseminar ohne eine MPU nicht möglich. Wenn der Betroffene aufgrund eines Gutachtens zum Kurs zugelassen wurde und er diesen absolviert hat, brauchte er keine erneute MPU zu durchlaufen – die Fahrerlaubnis wird aufgrund der Teilnahmebescheinigung neu erteilt (§ 11 Abs. 10 FeV).

Hat es einen Sinn, bereits vor Abschluß des Strafverfahrens wegen einer Promillefahrt sich beim TÜV einer MPU zu unterziehen, dann an einem Seminar „Modell Leer" zur Verkürzung der Sperrzeit teilnehmen zu können?

Die BfF-Stellen des TÜV führen jeweils eine medizinisch-psychologische Untersuchung eines Betroffenen auch auf freiwilliger Basis durch, um zu prüfen, ob dieser für ein Aufbauseminar geeignet ist. Da das „Modell Leer" das Erlernen des kontrollierten Trinkens zum Gegenstand hat, ist es für Betroffene, deren künftige Eignung von einer bis zu einem Jahr dauernden Abstinenz abhängig zu machen ist, von vornherein nicht geeignet. Bei Alkoholmißbrauch und/oder Alkoholabhängigkeit wird nämlich eine mindestens sechs- bis zwölfmonatige überwachte Alkoholabstinenz gefordert.

In allen anderen Fällen ist eine derartige Begutachtung vor Abschluß des Strafverfahrens deshalb sinnlos, weil das Strafmaß noch nicht feststeht, was jedoch bei der Eignungsbegutachtung erforderlich ist. Vor Abschluß des Strafverfahrens ist nämlich die Fahrerlaubnis lediglich vorläufig beschlagnahmt worden; rein theoretisch könnte es sein, daß eine Schuld im Strafprozeß nicht festgestellt und die Fahrerlaubnis nicht entzogen wird.

Das Ergebnis einer derartigen MPU-Begutachtung wird also immer zunächst negativ sein – die dafür zur Zeit fälligen 590,– DM können Sie sich sparen!

Ist eine psychologische Schulung ohne Zustimmung der Verwaltungsbehörde möglich?

Für eine derartige Schulung bei einem niedergelassenen Verkehrspsychologen ist die Zustimmung der Behörde nicht erforderlich. Die Schulung erfolgt auf eigenes Risiko. Die Verwaltungsbehörde muß jede Art von Schulung oder Betreuung berücksichtigen, die zur Wiedererlangung der Eignung beiträgt, sie wird eine solche Maßnahme aber nur dann anerkennen, wenn sie wissenschaftlich fundiert und für den Sachbearbeiter nachvollziehbar sowohl die Methoden als auch die Lernschritte und -erfolge in einem ausführlichen Bericht darstellt.

Was ist zu tun, wenn die Behörde einer im Eignungsgutachten empfohlenen Maßnahme die Zustimmung verweigert?

Die Ablehnung muß begründet sein. Zu den Ablehnungsgründen ist dann eine Stellungnahme der BfF-Gutachter oder eines niedergelassenen Verkehrspsychologen einzuholen. Grundsätzlich gilt, daß die Verwaltungsbehörde nicht über den Sachverstand verfügt, um eine von Experten empfohlene Maßnahme beurteilen zu können.

Was geschieht nach beendetem Aufbauseminar?

In den TÜV-Gruppenmaßnahmen wird eine Teilnahmebescheinigung ausgehändigt, und die niedergelassenen Psychologen erstellen einen ausführlichen Abschlußbericht über den Erfolg der Maßnahme. Nach Vorlage dieser Bescheinigungen beim Straßenverkehrsamt wird die Fahrerlaubnis in der Regel neu erteilt, wenn die Behörde vorher mit dem Aufbauseminar als Voraussetzung für die Neuerteilung einverstanden war.

Rüstzeug für einen erneuten Versuch

Wenn die Behörde Ihrem Antrag auf Neuerteilung der Fahrerlaubnis nicht stattgegeben bzw. eine Entziehungsverfügung ausgesprochen hat, haben Sie im Prinzip zwei Möglichkeiten:

– Sie nehmen die behördliche Entscheidung an.

– Sie erheben Widerspruch bzw. Klage vor dem Verwaltungsgericht.

Sollten Sie im Widerspruchs- oder Klageverfahren den Kürzeren ziehen, bedeutet es auf gar keinen Fall, daß Sie die Fahrerlaubnis niemals wiederbekommen. Das gleiche gilt, wenn Sie die Entscheidung der Behörde akzeptiert haben, denn damit ist lediglich ein Verwaltungsvorgang abgeschlossen. Einer neuen Antragstellung steht im Prinzip nichts im Wege. Dazu müssen allerdings die nachfolgend beschriebenen Voraussetzungen erfüllt sein.

Nach Anerkennung der behördlichen Entscheidung

Was ist zu tun, wenn die Neuerteilung der Fahrerlaubnis wegen eines negativen Gutachtens versagt wurde?

Sie haben die Möglichkeit, nachdem die Entscheidung der Behörde bestandskräftig geworden ist, einen neuen Antrag zu stellen. Voraussetzung für die Antragstellung ist, daß Sie Ihre wiedergewonnene Fahreignung nachweisen können.

Wenn Sie gegen das Gutachten nicht durch Vorlage eines Gutachtens über das Gutachten Stellung bezogen haben, gilt alles, was im Gutachten steht, als richtig und zwar auch dann, wenn Sie das Gutachten gar nicht vorgelegt haben. In diesem Fall kennt die Behörde zwar die Einzelheiten nicht, sie weiß jedoch, daß Sie negativ begutachtet wurden. Beim den BfF-Stellen oder beim Obergutachter liegt ein Exemplar des Gutachtens vor, und Sie sind bei einer erneuten Untersuchung verpflichtet, die Gutachter über die vorangegangene Untersuchung zu informieren. Aussicht auf Erfolg bei einer erneuten Begutachtung haben Sie daher nur dann, wenn Sie die Gründe, die zu dem negativen Gutachten geführt haben, zwischenzeitlich aus der Welt schaffen.

Es liegt in der Natur der Sache, daß Ihr Antrag nach einer vorangegangenen negativen Begutachtung nur nach Vorlage eines für Sie günstig ausfallenden neuen Gutachtens positiv beschieden werden wird.

Ist es sinnvoll, nach Bestandskraft einer behördlichen Entscheidung die Mangelhaftigkeit des negativen Fahreignungsgutachtens geltend zu machen?

In juristischer Hinsicht ist es nur unter äußersten Schwierigkeiten möglich, die Bestandskraft aufheben zu lassen. Dieses Verfahren würde zudem sehr viel Zeit und Mühe kosten. Dennoch ist es ratsam, der Behörde, aber auch der Gutachterstelle gegenüber, durch Vorlage einer wissenschaftlich begründeten Stellungnahme zu belegen, daß das fragliche Gutachten mangelhaft war. Eine gerichtliche Feststellung der Mangelhaftigkeit ist dazu nicht erforderlich. Durch diese Stellungnahme eines Fachpsychologen oder Facharztes ist zumindest zu erreichen, daß bei der erneuten Untersuchung die Gutachter, aber auch die Sachbearbeiter mit der gebotenen Sorgfalt handeln.

Kann der Zeitraum bis zu einer Nachbegutachtung bei charakterlichen Mängeln verkürzt werden?

Wenn das negative Gutachten richtig war und Sie sich nach der Einsicht, Ihr Verhalten und Ihre Einstellungen ändern zu müssen – Ihre charakterlichen Mängel also zu beseitigen – in die Betreuung eines niedergelassenen Psychologen begeben haben, kann diese Zeit erheblich verkürzt werden. Voraussetzung ist jedoch, daß Ihr psychologischer Betreuer der Behörde gegenüber bescheinigt, daß die eignungsausschließenden Gründe nicht mehr vorhanden sind und Sie schon jetzt eine begründete Aussicht auf eine positive MPU-Begutachtung haben. Es ist letztendlich nicht entscheidend, daß eine bestimmte Zeit vergeht, denn es kommt ausschließlich darauf an, der Behörde gegenüber zu belegen, daß Sie aktiv und produktiv dazu beigetragen haben, wieder geeignet zu sein.

Müssen bei einer erneuten Begutachtung die vorher bereits erstellten Gutachten, die bei der Führerscheinstelle nicht abgegeben wurden, vorgelegt werden?

Ja – denn gemäß dem Erlaß des Verkehrsministers von Nordrhein-Westfalen vom 23. 11. 1990 – III C 2-21-03 – kann im Falle einer Vorbegutachtung die erneute Untersuchung nur nach Kenntnisnahme des Vorgutachtens erfolgen. Diese Regelung gilt in allen Bundesländern.

Ist eine erneute Antragstellung bei krankheitsbedingter Ungeeignetheit möglich?

Selbstverständlich. Voraussetzung dafür ist, daß entweder die früher eignungsausschließende Krankheit geheilt wurde oder daß Sie es gelernt haben, mit den Gefahren Ihrer Krankheit verantwortungsbewußt umzugehen. Bei einer erneuten Überprüfung Ihrer Kraftfahreignung wird es darauf ankommen zu prüfen, ob Sie diese besondere Verantwortungsbereitschaft aufbringen, weder sich noch die Allgemeinheit am Steuer Ihres Fahrzeuges zu gefährden. Da es sich auch hierbei nicht nur um eine medizinische, sondern auch um eine charakterliche Fragestellung handelt – schließlich geht es um Ihre besondere Verantwortungsfähigkeit – sollten Sie einen niedergelassenen Psychologen aufsuchen, der Ihnen bei diesem Lernprozeß helfen kann. Für die beabsichtigte erneute Antragstellung sollten Sie die Bescheinigungen Ihres Arztes und Psychologen vorlegen.

Ist eine erneute Antragstellung bei altersbedingter Ungeeignetheit möglich?

Eine erneute Antragstellung ist selbstverständlich immer möglich, denn ein hohes Lebensalter ist nach der Rechtsprechung des Bundesverwaltungsgerichtes (BVerwG, VRS 30, 386) und nach den Erkenntnissen der wissenschaftlichen Verkehrspsychologie allein noch lange kein Grund für die Ungeeignetheit. Die Autoren **Himmelreich** und **Menke** machen darauf aufmerksam, daß ein durch Altersabbau bedingtes Nachlassen der Leistungsfähigkeit von einem verantwortungsbewußten Senior durchaus ausgeglichen werden kann, was nach deutschem Verwaltungsrecht in jedem Einzelfall gesondert zu beurteilen ist. Wenn Ihnen also die Fahrerlaubnis aus Altersgründen entzogen wurde, haben Sie natürlich die Möglichkeit, sie wiederzubekommen, sofern die festgestellten Leistungseinbußen entweder rückgängig gemacht oder aufgehalten wurden und Sie sich dementsprechend verhalten können.

„Zum Trost für alle sei gesagt, daß zwar viele ältere Menschen infolge Uneinsichtigkeit oder auch bei nicht mehr vertretbarem Risiko nicht bereit sind, auf ihre Fahrerlaubnis zu verzichten, daß aber manche auch in sehr hohem Alter noch eine gute körperliche und psychische Verfassung aufweisen und durchaus in der Lage sind, ein Kraftfahrzeug sicher zu führen". (DAR, 12/90)

Vor der Antragstellung sollten Sie jedoch auf jeden Fall einen Amtlich anerkannten Verkehrspsychologischen Berater konsultieren, der Ihnen Ihre Erfolgsaussichten erläutern beziehungsweise Ihnen aufzeigen kann, mit welchen eventuellen Trainingsmaßnahmen sie die Leistungseinbußen wettmachen können. Der Verkehrspsychologische Berater sollte in seiner Praxis über die erforderlichen Testgeräte verfügen und mit Ihnen auch eine Fahrprobe in Begleitung eines Fahrlehrers durchführen, wozu er gesetzlich ermächtigt ist.

Sollte die beabsichtigte erneute Antragstellung mit dem Sachbearbeiter beim Straßenverkehrsamt abgesprochen werden?

In jedem Fall ist es ratsam, mit Ihrem zuständigen Sachbearbeiter beim Straßenverkehrsamt auch während dieses Zeitraums in Kontakt zu bleiben und beabsichtigte Schritte mit ihm abzustimmen. Eine Genehmigung für einen neuen Antrag ist nicht erforderlich und auch nicht vorgesehen.

Wie oft können Sie sich begutachten lassen?

Es gibt keinerlei Beschränkungen. Gleichwohl ist es sinnlos, eine neue Begutachtung anzustreben, ohne daß eine Änderung der Eignungsvoraussetzungen herbeigeführt wurde. Da es äußerst schwierig ist, die Eignungsvoraussetzungen durch „Selbstdiagnose" zu prüfen, festzustellen und diese auch noch der Behörde gegenüber zu belegen, sollten Sie damit Ihren Arzt bzw. einen Verkehrspsychologen beauftragen.

Muß das Straßenverkehrsamt einer erneuten Begutachtung zustimmen?

Auf jeden Fall! Ohne Zustimmung der Behörde wird Ihre Akte der Gutachterstelle ja gar nicht zugeleitet, und ohne diese Akte findet keine Untersuchung statt.

Was ist zu tun, wenn die Behörde einer erneuten Begutachtung nicht zustimmt?

Die Behörde kann die Zustimmung natürlich verweigern, insbesondere aus Gründen der offenkundigen Nichteignung oder aus Mangel an Erfolgsaussichten. Sie haben jedoch die Möglichkeit, die Dienste eines Amtlich anerkannten Verkehrspsychologischen Beraters in Anspruch zu nehmen und mit dessen Hilfe die vermutete Nichteignung oder Aussichtslosigkeit durch Vorlage eines Gutachtens des Verkehrspsychologen gegenüber der Behörde widerlegen zu lassen.

Sollte man bei einer erneuten Begutachtung zur gleichen Untersuchungstelle gehen?

Ihre persönlichen Vor- und Nachteile sollten Sie nach folgenden Gesichtspunkten abwägen:

Im Prinzip haben Sie die freie Wahl der Untersuchungsstelle. Wenn Sie eine andere beauftragen und das vorangegangene negative Gutachten beim Straßenverkehrsamt nicht abgegeben und Ihren Antrag auf Neuerteilung der Fahrerlaubnis vielleicht zurückgezogen haben, werden Sie spätestens während der Untersuchung danach befragt, wo und wann Sie zuvor begutachtet worden seien. Sie sind auch im Rahmen Ihrer Mitwirkungspflicht gehalten, sämtliche Auskünfte zu erteilen, andernfalls gefährden Sie den positiven Ausgang der Begutachtung oder machen ein positives Gutachten ungültig. Zwar gibt es verschiedene TÜV-Bezirke, sie gehören aber alle einer Dachorganisation an, nämlich der Vereinigung der Technischen Überwachungsvereine (VdTÜV), so daß dem Datenaustausch keine Hindernisse im Wege stehen dürften. Außerdem macht es psychologisch einen besseren Eindruck, nach einer vorangegangenen negativen Begutachtung „Flagge zu zeigen" und „in die Höhle des Löwen zu gehen". Diesen Gang sollten Sie insbesondere dann wählen, wenn Sie in der Zwischenzeit durch einen Verkehrspsychologen den Nachweis der Mangelhaftigkeit Ihrer Vorbegutachtung führen konnten und/oder eine bescheinigte Schulung absolviert haben.

Falls Ihre vormalige Begutachtung gänzlich mißglückte und Sie deshalb soviel Ärger hatten, daß Sie ohne innere Spannung die gleiche Untersuchungsstelle nicht aufsuchen könnten, weil Sie nicht das geringste Vertrauen zu den dortigen Gutachtern mehr aufbringen können, sollten Sie auf jeden Fall eine andere Gutachterstelle wählen. Es ist aber ratsam, diese Tatsache durch Ihren Rechtsanwalt und den betreuenden Psychologen in entsprechender Form dem Leiter des medizinisch-psychologischen Institutes im voraus zur Kenntnis zu bringen, zu dem die Untersuchungsstelle Ihrer ersten Begutachtung gehört.

Können die Eignungsvoraussetzungen vor einer neuen Antragstellung beim TÜV geprüft werden?

Da die Feststellung der Eignungsvoraussetzungen durch die amtlich anerkannten BfF-Stellen des TÜV erfolgt, ist es nicht ratsam und auch nicht üblich, für die Prüfung der Eignungsvoraussetzungen gleichfalls diese Stellen in Anspruch zu nehmen. Gleichwohl bietet der TÜV ein unverbindliches Beratungsgespräch an, das allerdings nicht auf eine individuelle Frage eingeht. Eine umfassende und intensive Aufklärung über die für Sie entscheidende Sachlage erhalten Sie bei einem niedergelassenen Verkehrspsychologen, wobei Sie auch der Gefahr ausweichen, sich einem möglichen Interessenkonflikt beim TÜV auszuliefern.

Bei Widerspruch gegen die behördliche Entscheidung

Unabhängig davon, ob es sich in Ihrem Fall um eine Versagung der Neuerteilung oder eine Entziehungsverfügung handelt, nimmt das Verfahren seinen juristischen Lauf. Die Erfahrung zeigt, daß derartige Verfahren in der Regel mit einem Vergleich enden, mit der Folge, daß Sie entweder erneut zu einer medizinisch-psychologischen Untersuchung müssen oder aber ein Obergutachten beizubringen haben.

Falls die Klage eine aufschiebende Wirkung hat, Sie also Ihre Fahrerlaubnis bis zur Rechtskraft der Entscheidung behalten dürfen, was auch mehrere Jahre dauern kann, ist es äußerst sinnvoll, sich in eine verkehrspsychologische Betreuung zu begeben, um während dieser Zeit nicht wieder auffällig zu werden.

Ihr psychologischer Berater kann sowohl für die Widerspruchs- als auch die Klagebegründung neue Fakten aufgrund der mit Ihnen geführten Gespräche und Untersuchungen beisteuern, so daß das juristische Verfahren sich nicht lediglich auf formale Fragen beschränkt. Auch zwischenzeitlich auftretende neue Gesichtspunkte können Ihnen zum Vorteil gereichen. Die Erfahrung zeigt, daß eine enge Zusammenarbeit zwischen Ihrem Rechtsanwalt und Ihrem Verkehrspsychologen unerläßlich ist.

Allgemein gilt, daß im wesentlichen diese Vorgehensweise auch dann zu berücksichtigen ist, wenn Sie zum zweiten, dritten oder gar zum vierten Mal einen Anlauf zur Wiedererlangung der Fahrerlaubnis starten.

Allgemein gilt aber auch, daß die gegen Sie entstehenden Vorbehalte der Erteilungsbehörde umso massiver werden, je häufiger Sie in der Vergangenheit erfolglose Versuche unternommen haben. Das sollte Sie jedoch auf gar keinen Fall entmutigen, insbesondere dann nicht, wenn Sie es bis jetzt ohne jede psychologische Unterstützung versucht haben. In diesen Fällen ist es in der Regel nämlich so, daß zwischen Ihnen und der Behörde eine spannungsgeladene Pattsituation entstanden ist. Der Ausweg daraus ist einzig und allein ein fachpsychologisch begründetes Gutachten über Ihre Erfolgsaussichten, das das Verwaltungsverfahren auf eine neue Grundlage stellt.

... und wenn Sie die Fahrerlaubnis schon seit vielen Jahren vermissen

ist ein Neubeginn immer möglich. Selbstverständlich wird es unvermeidlich sein, sich auf die komplette theoretische und praktische Führerscheinprüfung vorzubereiten. Sie werden auch eine Fahrschule besuchen müssen und werden praktisch wieder auf die „Schulbank" geschickt. Das Wichtigste ist aber in solchen Fällen, daß Sie über den verstrichenen Zeitraum den Gutachtern nachvollziehbar berichten können. Diese Anforderung ist insbesondere dann gründlich zu erfüllen, wenn Sie den Antrag schon viel früher – vielleicht schon vor Jahren – hätten stellen können. Ihre Gutachter wird es diesem Fall hauptsächlich interessieren, weshalb Sie von dieser Möglichkeit keinen Gebrauch gemacht haben. Was auch immer die Gründe gewesen sein mögen, die Vergangenheit ist immer nur eine Hälfte – und zwar die weniger bedeutsame – des Begutachtungsvorganges. Die entscheidende Hälfte ist immer das, was Sie für Ihre künftige Verkehrsbewährung getan haben. Da es wahrhaftig nicht leicht ist, für die für Sie erfolgreiche Begutachtung all das Gute und Positive, das Sie von sich aus verwirklicht haben, richtig darzustellen, erleichtern Sie sich die Arbeit, wenn Sie sich von einem Verkehrspsychologen beraten lassen. Ansonsten sind die Anforderungen an jedermann die gleichen.

O. Informationen zur Oberbegutachtung

Die ab dem 1. 1. 1999 geltende Fahrerlaubnis-Verordnung ersetzt die früheren „Richtlinien für die Prüfung der körperlichen und geistigen Eignung von Fahrerlaubnisbewerbern und -inhabern (Eignungsrichtlinien)".

Nach den „Eignungsrichtlinien" des Bundesministers für Verkehr **konnte** die Behörde die Beibringung eines Obergutachtens verlangen, wenn

  a) *„sie das vorliegenden Gutachten oder mehrere solcher Gutachten als Grundlage für die zu treffende Entscheidung nicht für ausreichend hält, insbesondere wenn mehrere einander widersprechende Gutachten vorliegen,*

  b) *der Untersuchte erheblich erscheinende Einwendungen gegen das Ergebnis eines vorliegenden Gutachtens oder mehrerer solcher Gutachten erhebt,*

  c) *ein Gutachter die Einholung eines Obergutachtens anregt. "*

Da die neue Fahrerlaubnis-Verordnung die Institution der Obergutachter nicht enthält, zugleich jedoch in einigen Bundesländern nach wie vor Obergutachter im Rahmen der Besitzstandswahrung beziehungsweise Neubenennung – wie in Köln – tätig sind, ist zumindest teilweise folgende Situation entstanden:

1. Eine Rechtsgrundlage für die Anordnung der Beibringung eines Obergutachtens scheint nicht mehr existent.

2. In einzelnen Bundesländern könnte jedoch durch Einzelverordnung die Institution der Obergutachterstellen beibehalten werden, wobei es im Augenblick nicht definitiv bekannt ist, ob diese dann nur im eigenen Bundesland tätig werden dürften. Dafür spricht ein von Himmelreich/ Janker zitierter Brief des Ministeriums für Wirtschaft und Mittelstand, Technologie und Verkehr des Landes Nordrhein-Westfalen vom 15. 7. 1998 (Az.: 732-21-03/5.9.2), wonach Obergutachten in einem anderen Bundesland nur als „fachärztliches Gutachten" in die Entscheidungsfindung einfließen können und ein medizinisch-psychologisches Gutachten nicht ersetzen. Würde diese Regelung sich durchsetzen, müßte man in diesen Bundesländern davon ausgehen, daß die „Eignungsrichtlinien" in der Praxis doch erhalten bleiben.

3. In den Bundesländern, in denen es aus welchen Gründen auch immer keine Obergutachter mehr geben sollte, wäre eine Überprüfung der Güte

von BfF-Gutachten logischerweise nur durch besonders qualifizierte Persönlichkeiten der wissenschaftlichen Verkehrspsychologie möglich. Demzufolge könnte ein Betroffener einem Verkehrspsychologen seiner Wahl den Auftrag zur Überprüfung eines BfF-Gutachtens erteilen, wie dies im Gerichtsverfahren ohnehin geschieht, wobei dort der Auftrag durch das Gericht erteilt wird. Ob sich dies bewährt, wird erst die Praxis zeigen. Die diesbezügliche Rechtslage ist unklar. Befugte Juristen sprechen sich für die obige Vorgehensweise aus, zumal sie nicht untersagt ist. In diesen Fällen würde es sich nicht um ein Obergutachten, sondern um ein Gegengutachten handeln.

Ist die Hinzuziehung eines Rechtsanwaltes notwendig?

Falls eine Verständigung mit der Verwaltungsbehörde nicht ohne weiteres zu erzielen ist, ist es unbedingt zu empfehlen, einen Rechtsanwalt zu beauftragen, der unter anderem auch darauf achten wird, daß stets „der Grundsatz der Verhältnismäßigkeit" beachtet wird, von Ihnen also nicht mehr als unbedingt notwendig abverlangt wird.

Welche Arten von Obergutachten/Gegengutachten gibt es?

Die jeweilige Fragestellung bestimmt die Art der Oberbegutachtung. So werden sowohl medizinische, psychologische als auch medizinisch-psychologisch-technische Obergutachten erstellt. Über die Notwendigkeit der einzelnen Gutachten entscheiden in der Regel die Obergutachterstellen selbst. Bei einem ehemaligen Trunkenheitsfahrer, bei dem auch gesundheitliche Schäden bekannt geworden sind, wird z. B. erst ein rein medizinisches Obergutachten erstellt. Die psychologische Untersuchung findet nicht mehr statt, wenn bereits aus medizinischen Gründen die Eignung ausgeschlossen wird. Den Umfang der Untersuchung bestimmen jeweils die Gutachter selbst.

Wann ist die Einholung eines Obergutachtens/Gegengutachtens zu empfehlen?

Wenn Sie Ihren Fall selbst als recht kompliziert ansehen, von vornherein auf einer sehr gründlichen Bearbeitung bestehen, keine Geldsorgen haben und das möglichst geringste Risiko eingehen möchten, ist es ratsam, direkt, also unter Auslassung einer „TÜVologischen" MPU-Begutachtung, ein Obergutachten in Auftrag zu geben. Die Behörde kann es nicht verhindern. In der Regel wird aber ein Obergutachten erst nach einer fachärztlichen oder MPU-

Begutachtung in Frage kommen. Einzelheiten zur Oberbegutachtung finden Sie in „Mein Führerschein ist weg – was tun?".

Welche Kosten entstehen bei einem Obergutachten/Gegengutachten?

Medizinisches Obergutachten: 500 bis 1000 DM.

Psychologisches Obergutachten: 1500 bis 2000 DM.

Der Betrag kann sich je nach Schwierigkeitsgrad erhöhen.

P. Nachuntersuchung bei charakterlicher Ungeeignetheit

Eine **Nachuntersuchung** kann sowohl nach einer medizinisch-psychologischen als auch nach einer Oberbegutachtung stattfinden. Eine Nachuntersuchung findet dann statt, wenn die Gutachter zu der Überzeugung gelangt sind, daß bei dem Untersuchten eine positive Entwicklung, ein Heilungsprozeß in Gang gekommen ist, die jedoch noch nicht ausreichend ist. Zu einem späteren Zeitpunkt, nach Durchführung bestimmter Maßnahmen, kann ein abschließender Erfolg erwartet werden, der bei einer Nachuntersuchung zu prüfen ist.

Bis Ende 1998 war es möglich, die Fahrerlaubnis unter Auflagen im Rahmen der „bedingten Eignung" zu erteilen. Die Auflagen wurden dann aufgehoben, wenn eine Nachuntersuchung, die in der Regel nach einem Jahr stattfand, eine Notwendigkeit dafür nicht mehr sah.

In Anlage 4 zu FeV wird die Nachuntersuchung bei zahlreichen eignungsausschließenden Gründen vorgeschrieben, nicht jedoch in Fällen der charakterlichen Eignung.

Bei Fragestellungen zur charakterlichen Eignung gibt es keinen Grund zu einer Nachuntersuchung, weil es die „bedingte Eignung" – bei der die Fahrerlaubnis unter Auflagen erteilt werden könnte – nicht mehr gibt (Alkoholabhängigkeit, Alkoholmißbrauch, Mißbrauch von Betäubungsmitteln).

Die neue Regel besagt also, daß es Nachuntersuchungen bei charakterlichen Fragestellungen gibt, ohne daß die Fahrerlaubnis vorher erteilt werden könnte.

Die Regel ist, daß die Gutachter bereits im Gutachten auf die Möglichkeit einer Nachuntersuchung verweisen.

Falls Sie in Ihrem Gutachten die Möglichkeit erhalten haben, sich wegen Alkohol oder Verstößen in nüchternem Zustand zu einem späteren Zeitpunkt nachbegutachten zu lassen, sollten Sie diese Zwischenzeit nicht ungenutzt verstreichen lassen, sondern sich auch dann in die Betreuung eines Verkehrspsychologen begeben, wenn dies nicht ausdrücklich verlangt wurde. Denn Ihre Aufgabe in der Nachuntersuchung wird nicht nur darin bestehen zu berichten, was Sie in der Zwischenzeit getan haben – Sie werden all das auch glaubhaft machen müssen.

Der voraussichtliche Zeitpunkt der Nachuntersuchung wird von den Gutachtern entweder angegeben oder völlig offengelassen. Sie findet in der Regel nach 6, 9 oder 12 Monaten statt. Die entweder von den Gutachtern oder von der Behörde festgelegte Frist zur Nachuntersuchung kann selbstverständlich verkürzt werden, jedoch nur dann, wenn gewichtige Gründe vorgetragen werden. Diese Gründe wird am ehesten ein Sie betreuender Verkehrspsychologe in einer Stellungnahme vortragen können.

Für die Zwischenzeit bis zur Nachuntersuchung können auch Auflagen erteilt werden, so etwa bei ehemaligen Promille-Fahrern die regelmäßige Bestimmung der „Leberwerte". Es ist sehr wichtig, daß im Falle einer Verschlechterung dieser Werte Ihr behandelnder Arzt die dafür in Frage kommenden Gründe attestiert, und zwar auch dann, wenn etwa der Anstieg des Gamma-GT-Wertes lediglich einmal vorkam.

Wenn der frühestmögliche Zeitpunkt für eine Nachuntersuchung nicht festgelegt wurde, kann schon nach 2–3 Monaten auf eine Nachuntersuchung bestanden werden, sofern in dieser Zeit entweder die geforderten oder selbständige Vorleistungen erbracht wurden. Diese Vorleistungen können etwa bescheinigte Maßnahmen eines Verkehrspsychologen sein.

Aber auch dann, wenn der Zeitpunkt für die Nachuntersuchung festgelegt wurde, ist es möglich, diesen vorziehen zu lassen. Die unerläßliche Voraussetzung dafür ist, daß von einem Verkehrspsychologen im einem **Zwischengutachten** bescheinigt wird, daß bereits zu einem früheren Zeitpunkt begründete Aussicht auf einen positiven Ausgang der Nachuntersuchung besteht.

Der **Umfang einer Nachuntersuchung** ist immer von der jeweiligen Fragestellung und davon abhängig, ob eine lange oder eine kurze Zeit seit der Erstuntersuchung vergangen ist.

Die zentrale Frage einer jeden Nachuntersuchung ist immer die Prüfung dessen, ob Sie die in der Erstuntersuchung festgestellten „Reste" von Eignungsmängeln „beseitigt" haben oder ob Sie standhaft bei Ihren Vorsätzen geblieben sind.

Eine Nachuntersuchung findet in jedem Fall bei jener Untersuchungsstelle statt, welche die Erstuntersuchung durchgeführt hat. Es ist auch nicht üblich, die Nachuntersuchung, insbesondere bei charakterologischen Fragestellungen, nicht bei jenem Gutachter durchführen zu lassen, der die Erstuntersuchung geleitet hat.

Tabelle 27: Checkliste für die Nachuntersuchung

Unterlagen:	Ärztliche Atteste über „Leberwerte", „MCV-Wert", CDT-Wert, ggf. sonstige Atteste (Entlassungsbericht eines Krankenhauses, Kurbericht usw.), falls eine Behandlung erfolgte, Stellungnahme/Gutachten eines Verkehrspsychologen (auch zu ggf. mangelhaften früheren MPU-Gutachten), Nachschulungsnachweise, Gerichtsurteile, Behördenschriftsätze, alle für die Erstantragstellung notwendigen Dokumente.
Ansprechpartner:	Sachbearbeiter der Führerscheinstelle des Straßenverkehrsamtes.
Fristen:	Keine.
Voraussetzungen:	Keine Abhängigkeit von Drogen, Medikamenten und Alkohol. Kontrolle der Trinkgewohnheiten. Genaue Kenntnis der Umstände aller Verkehrsverstöße. Beseitigung der in einem früheren Gutachten festgestellten eignungsausschließenden Gründe.
Kosten:	Wie bei Erstantragstellung.
Kostenträger:	Untersuchter, Rechtsschutzversicherung.
Rechtsanwalt:	Es ist dringend zu empfehlen, mit einem Rechtsanwalt die juristischen Möglichkeiten der erneuten Antragstellung abzuklären und bei einer zu erwartenden negativen Reaktion der Behörde ggf. weitere rechtliche Schritte vorzubereiten. In diesem Fall ist eine enge Zusammenarbeit zwischen Psychologen und Rechtsanwalt erforderlich.
Verkehrspsychologe:	Es ist dringend zu empfehlen, zunächst mit einem Verkehrspsychologen zu klären, ob ein erneuter Anlauf in diesem Stadium Aussichten auf Erfolg hat.
Sonstiges:	Falls die Behörde den Antrag nicht annimmt oder sofort ein Obergutachten verlangt, kann der Psychologe sowohl die „offenkundige Nichteignung" widerlegen als auch das Verlangen nach einem Obergutachten abwehren.

Q. Der Weg zurück zum Führerschein über Aufbauseminare, Kurse, Nachschulungen und Verkehrstherapien

Die neue Fahrerlaubnis-Verordnung bietet in diesem Bereich mehrere neue Möglichkeiten. Andererseits gibt es zahlreiche alte, bereits eingeführte Schulungsformen für unterschiedliche Zielgruppen mit unterschiedlichen Inhalten und sicherlich unterschiedlich befähigten Kursleitern. Bei der Auswahl sollte insbesondere auf folgende wesentliche Unterschiede geachtet werden:

Tabelle 28

Maßnahme	*Kursform*	*vor/nach einer MPU*	*wegen Trunkenheits- fahrt*	*wegen Punkten*
Aufbauseminar (§ 35 FeV) bei *Führerschein auf Probe* Kursleiter: Fahrlehrer	Gruppe (6–12 Personen); Einzelseminar auf Antrag	MPU steht nicht an	nein	ja
besondere Aufbau- seminare nach § 2b Abs. 2 Satz 2 StVG bei *Führerschein auf Probe* (§ 36 FeV) Kursleiter: Dipl.-Psychologe	Gruppenseminar (6–12 Personen); Einzelseminar auf Antrag des Betroffenen	MPU muß noch nicht anstehen	ja und/oder Gefährdung durch Alkohol/Drogen	0,8 Promille
Aufbauseminar (§ 42 FeV) Kursleiter: Fahrlehrer	Gruppe (6–12 Personen); Einzelseminar auf Antrag	MPU steht nicht an	nein	ja
besondere Aufbau- seminare nach § 4 Abs. 8 Satz 4 StVG (§ 43 FeV) Kursleiter: Dipl.-Psychologe	Gruppenseminar (6–12 Personen); Einzelseminar auf Antrag	MPU muß noch nicht anstehen	ja und/oder Gefährdung durch Alkohol/Drogen	0,8 Promille

137

Maßnahme	Kursform	vor/nach einer MPU	wegen Trunkenheits-fahrt	wegen Punkten
Nachschulungen Kursleiter: Dipl.-Psychologe	Gruppenkurs (6–12 Personen)	nur nach negativem MPU-Gutachten mit Empfehlung zur Nachschulung	ja	nein
Verkehrstherapie Leitung: Niedergelassener Dipl.-Psychologe	Einzelbetreuung	vor und/oder nach einer MPU	ja	ja

Es gibt außerdem nach § 11 Abs. 10 FeV **Kurse zur Behebung festgestellter Eignungsmängel**. Die Teilnahme an einem solchen nach § 70 FeV anerkannten Kurs ist von einer medizinisch-psychologischen Begutachtung abhängig, in der die Schulungsfähigkeit bescheinigt werden muß. Nach Beendigung dieses Kurses ist eine erneute medizinisch-psychologische Begutachtung nicht vorgesehen – die Fahrerlaubnis wird aufgrund der Teilnahmebescheinigung erteilt.

Schulungsmaßnahmen sind also in der Regel Gruppenveranstaltungen, es gibt jedoch solche auch für Einzelpersonen – sie werden gewöhnlich Verkehrstherapie genannt und man hat natürlich wesentlich mehr davon als von Gruppenkursen.

Die allermeisten Gruppenveranstaltungen sind für Trunkenheitsfahrer gedacht. Sie laufen im Prinzip nach einem recht starren und auf eine bestimmte Stundenzahl kalkulierten System ab. Die namhaftesten Maßnahmen sind rechtlich abgesichert, d. h., sie sind als Bestandteile eines ministeriell abgesegneten, mehrjährigen Forschungsprojekts aufgebaut und fortgeführt worden.

Bei jährlich 150 000 bis 180 000 Betroffenen, die durch die Bürokratie und „TÜVologische" Eignungsbegutachtung geschleust werden, entstand zwangsläufig ein Massenbetrieb. Die Wiederherstellung der Kraftfahreignung kann bei einer derartigen Anzahl von Betroffenen durch Einzelbetreuung nicht mehr gewährleistet werden. Es gab früher und es gibt auch heute noch nicht genügend Verkehrstherapeuten, die diesen Massenansturm in Einzelmaßnahmen bewältigen könnten. So ist es auch kein Wunder, daß sich in den vergangenen Jahrzehnten eine Vielzahl von Schulungsmaßnahmen mit dazugehörigen Firmen und Institutionen gegründet hat. In diesem Bereich betätigen sich seit Jahren alle möglichen Vereine, Wohlfahrtsverbände, Caritas usw., deren methodische Vorgehensweise mitunter fraglich ist. Auch sachunkundige Geschäftemacher haben sich darunter gemischt – die Bestimmungen der neuen Fahrerlaubnis-Verordnung in §§ 11, 35, 36, 38, 42, 43 haben nun diesem Treiben ein Ende bereitet: Die Maßnahmen zur Wiederherstellung der Kraftfahreignung müssen künftig anerkannt sein.

Wie aus den Tabellen 28 bis 33 zu entnehmen ist, gibt es unter diesen Kursen (Aufbauseminaren) auch solche, die ohne eine abschließende Eignungsprüfung zur Neuerteilung der Fahrerlaubnis führen. Dies erweckt bei den Betroffenen, die natürlich so schnell und so leicht wie möglich wieder in den Besitz der entzogenen Fahrerlaubnis kommen möchten, den Eindruck, der beste Weg zurück zum Führerschein sei ein solcher Kurs (Aufbauseminar).

Die Überraschung ist dann groß, wenn sich herausstellt, daß die Zulassung zu einem solchen Kurs von einer BfF-Begutachtung, also von einer MPU, abhängig gemacht wird, in der zunächst die Schulungsfähigkeit des Betroffenen geprüft wird. Wenn er sich dann begutachten läßt, ohne sich vorher etwa nach einer Trunkenheitsfahrt in Alkoholabstinenz geübt und sich Gedanken über sein Tun und Lassen beim „Trinken und Fahren" gemacht zu haben, liegt das erste negative BfF-Gutachten vor, und etwa 600,– bis 700,– DM sind weg.

Was viele gar nicht bedenken, ist aber weitaus schlimmer. Es ist nämlich ein Gutachten entstanden, das nunmehr bei jedem weiteren Anlauf herangezogen werden muß. Die Vorschrift besagt, daß bei jeder Folgeuntersuchung vorhandene Gutachten dem Gutachter vorzulegen sind. Außerdem ist die Begutachtung ein Inhalt der Führerscheinakte geworden, und die Behörde weiß: Herr oder Frau X hat vier bis sechs Monate nach der Trunkenheitsfahrt immer noch nichts für die Eignung getan, denn sie/er wurde nicht einmal zu einer Schulung zugelassen.

Wenn Sie nach einer solchen Vorgeschichte dann keine seriöse und zuverlässige Beratung durch einen niedergelassenen Verkehrspsychologen in Anspruch genommen haben, kann Ihnen abermals passieren, daß Ihre Schulungsfähigkeit – sprich: Erziehbarkeit – erneut negativ beurteilt wird.

Aus dem vermeintlich leichten und schnellen Weg zurück zum Führerschein ist somit ein großes Problem geworden.

Wenn Sie dann doch für eine Gruppenmaßnahme mit einem positiven Gutachten zugelassen wurden, das Ihre Schulungsfähigkeit bejaht, sind die Hürden noch lange nicht genommen.

Die Gruppenmaßnahmen haben nämlich auch weitere Aspekte, die man als Betroffener nicht unterschätzen sollte. Diese ergeben sich zwangsläufig insbesondere aus der Tatsache, daß man als Erwachsener an einer „Umerziehungsmaßnahme" teilnimmt und gezwungen ist, anderen elf, einem völlig unbekannten Menschen Dinge seines Lebens preiszugeben, auf die man nicht stolz sein kann. Eine Trunkenheitsfahrt oder 18 Punkte beweisen nämlich, daß der Betroffene, der sonst in Beruf und Familie erfolgreich sein kann, als Kraftfahrer versagt hat.

Es wird sehr schwierig sein, die Forderung nach Offenheit in der Gruppe zu erfüllen, was natürlich auch dem Kursleiter-Psychologen bekannt ist. Da dieser aber den Kurs nicht abstürzen lassen kann, wird er sich nicht selten mit einer recht oberflächlichen Niveau abfinden (müssen). Die Lösung ergibt sich mehr oder weniger zwangsläufig daraus, daß es nach den Gesetzen der „Gruppendynamik" in jeder Gruppe Menschen gibt, die sich mit der Zeit in eine Führerrolle drängen (lassen), und es gibt auch den Gegenpol, nämlich das „schwarze Schaf". Zwischen diesen beiden Extremen ducken sich dann die anderen, oder sie stürzen sich auf den Außenseiter der Gruppe, das „schwarze Schaf". Da der Kursleiter mit der Steuerung dieser Gruppendynamik weitgehend ausgelastet ist, wird für den Einzelnen am Ende nicht viel herauskommen – allenfalls die Neuerteilung der Fahrerlaubnis.

Das ist zwar Ihr eigentliches Ziel, aber wenn Sie nicht mehr erwartet haben, waren Sie kurzsichtig. Das Ziel Ihres Bestrebens muß nämlich grundsätzlich sein zu erlernen, wie Sie künftig einen Rückfall in ein Trunkenheitsdelikt vermeiden oder sich keine Punkte mehr sammeln.

Zur Vertrauensbildung in den Gruppenkursen bei Trunkenheitsfahrern trägt auch nicht gerade die Tatsache bei, daß es regelmäßig zu Alkoholkontrollen kommt: jeder muß mal pusten und wenn sich etwa Restalkohol zeigt, ist der Teilnehmer auf der Stelle aus dem Kurs ausgesperrt.

Unter den unterschiedlichsten Gruppenmaßnahmen gibt es also „Kraftfahrerseminare" für Fahranfänger und Punkte-Sammler, die nicht mehr als 13 Punkte haben und durch die Kursteilnahme einen Rabatt von drei Punkten erhalten können. Ab 14 und mehr Punkten finden sogenannte „Mehrfachtäter-Kurse" statt. Schließlich gibt es für ehemalige Trunkenheitsfahrer „Aufbauseminare" nach verschiedenen theoretischen Denkmodellen (siehe Tabellen 29–33). Inhaltlich ist allen Kursen gemeinsam, daß sie die Auffrischung oder die Ergänzung angeblich bereits vorhandener, in Wirklichkeit jedoch nie erworbener Kenntnisse zum Ziel haben. Grundsätzlich ist allerdings richtig, daß verkehrsauffällig gewordene Kraftfahrer durch eine Schulung zu der notwendigen Verhaltensänderung erzogen werden können. Gelernt werden sollen Selbstbeobachtung, Selbstkontrolle und die etwaige Problembewältigung. Das heißt also, Nachschulungen sind für jene Kraftfahrer gedacht, die zum Zeitpunkt ihrer Eignungsbeurteilung zwar nach wie vor nicht geeignet sind, durch eine Nachschulungsmaßnahme jedoch ihre Eignung wiedererlangen könnten. An solchen Nachschulungen kann also nicht jeder teilnehmen. Es muß eine Auslese der Lernfähigen und Lernbereiten stattfinden. Deshalb ist es höchst problematisch, daß diese Seminare in den meisten Fällen vom TÜV selbst oder von eng mit ihm verbundenen Organisationen (z. B. IMPULS GmbH) abgehalten werden, so daß häufig der berechtigte Verdacht aufkommt: Die MPU-Stellen des TÜV überweisen der Nachschulungsstelle ihres eigenen Hauses zahlungsfähige Nachschüler, denn die Feststellung der Eignung ist Sache der Behörde und nicht der MPU-Stellen. Höchst bedenklich ist es ebenfalls, wenn z. B. eine Woche nach der „TÜVologischen" Untersuchung dem Betroffenen in einem Brief mitgeteilt wird, sein Gutachten sei zwar noch nicht fertig, aber die Gutachter wären jetzt schon dafür, daß er sich zu einer TÜV-eigenen Nachschulung anmelde. Wenn er die beigefügte Anmeldung umgehend unterschrieben zurücksende und die Kursgebühr bezahle, könnte er bereits nächste Woche den Kurs beginnen. Meldet der Untersuchte sich an, entbindet er die Gutachter praktisch von der Pflicht, ein wissenschaftlich begründetes Gutachten im Sinne der Auftragsbedingungen zu erstellen. Da diese Kurse immer in Form von Gruppensitzungen stattfinden und nicht mit einer Prüfung des Gelernten enden, erhalten die Teilnehmer lediglich eine Teilnahmebescheinigung. In der psychologischen Fachwelt ist der Nutzen dieser Gruppenkurse stark umstritten. Auch die Strafgerichte gehen verstärkt dazu über, nur solche Kurse bei der Verkürzung der Sperrfrist zu berücksichtigen, die mit einer Prüfung bzw. mit einer detaillierten Abschlußbeurteilung des betreuenden Psychologen den Kurserfolg belegen.

Wenn Sie also zu jenen Einsichtigen gehören, die bei sich wirklich eine Umstellung eingefahrener Gewohnheiten erreichen möchten, stehen Sie besser da, wenn Sie sich in eine Einzelschulung (Verkehrstherapie) eines niedergelassenen Verkehrspsychologen begeben, was nicht unbedingt mehr kosten muß als ein TÜV-Gruppenkurs. Außerdem wird Ihnen der niedergelassene Psychologe den Kurserfolg in einem ausführlichen Bericht für die Behörde bescheinigen, ohne daß Sie elf Unbekannten gegenüber – unter denen vielleicht ein Ihnen bis dahin nicht bekannter Arbeitskollege oder Nachbar ist – Ihre persönliche Geschichte preisgeben müßten.

Die Vereinbarung, in der sich die Teilnehmer gegenseitig Verschwiegenheit zusichern müssen, ist juristisch völlig wertlos, weil § 203 des Strafgesetzbuchs die Geheimhaltungspflicht für Privatpersonen nicht kennt.

Wie bereits oben ausgeführt, berücksichtigen Strafgerichte bewährte Therapiemaßnahmen bereits bei der Strafzumessung. Nach einer Erhebung des ADAC (in Syndici Nr. 24/91) waren 25 bis 50 % der deutschen Strafrichter bereit, die Verkehrstherapie vor und nach der Gerichtsverhandlung bzw. nach Rechtskraft des Urteils durch Verkürzung der Sperrzeit zu berücksichtigen. Das Entscheidende dabei ist immer: Der Strafrichter muß sich davon überzeugen können, daß die Schulungsmaßnahme wissenschaftlich abgesichert ist.

Die folgende Auswahl stellt ohne Anspruch auf Vollständigkeit die bekanntesten, bundesweit oder zumindest in mehreren Orten angebotenen Nachschulungsmodelle und ihre Kurzbeschreibung vor. Es sei jedoch darauf hingewiesen, daß nach der neuen Fahrerlaubnis-Verordnung derartige Kurse nach § 70 anerkannt sein müssen. Ob diese Anerkennung für den von Ihnen bevorzugten Kurs bereits vorliegt, erfahren Sie bei der für Sie zuständigen Führerscheinstelle.

Tabelle 29

Modell „Mainz 77"	
Zielgruppe:	Erstmalig durch Trunkenheit bis zu 1,59 Promille aufgefallene Fahrer, die nicht im Besitz einer Fahrerlaubnis sind.
Teilnahmevoraussetzung:	Schulungsfähigkeit (Alkoholabhängige sind ausgeschlossen.)
Zuweisung:	Freiwillige Teilnahme. Zuweisung durch Gericht oder Anwalt.
Kursziel:	Reduzierung der Rückfallwahrscheinlichkeit in das Trunkenheitsdelikt zu einem relativ frühen Zeitpunkt einer unerwünschten Gewohnheitsbildung.
Kursinhalt:	Verbesserung des Wissens um die Gefahren, die mit dem Fahren unter Alkoholeinfluß verbunden sind. Auflösung des sogenannten „Pechvogel"-Arguments. Verhaltenstechniken zum Konflikt „Alkohol und Fahren".
Kursleiter:	Diplom-Psychologen mit langjähriger Erfahrung in der Begutachtung der Kraftfahreignung und spezieller Zusatzausbildung zur Kursdurchführung.
Kursform:	Gruppengespräche unter fachlicher Leitung.
Abschluß:	Detaillierte Bescheinigung über aktive Teilnahme zur Vorlage bei Gericht.

Tabelle 30

Modelle „LEER" und „IFT"
Zielgruppe: Rückfällig gewordene Trunkenheitsfahrer, die nicht im Besitz einer Fahrerlaubnis sind (Blutalkoholkonzentration: 1,6 bis etwa 2,0 Promille).
Teilnahmevoraussetzung: Schulungsfähigkeit (Alkoholabhängige sind ausgeschlossen).
Zuweisung: Freiwillige Teilnahme. Die Nachschulungsfähigkeit wird im Rahmen einer vom zuständigen Straßenverkehrsamt angeordneten medizinisch-psychologischen Begutachtung attestiert.
Kursziel: LEER: Abbau des Konfliktes „Trinken und Fahren" durch Selbstanalyse, Selbstkontrolle und Entwicklung individueller Vermeidungsstrategien. IFT: Analyse und Aufbau von Selbstkontrolle in den Verhaltensbereichen „Trinken und Fahren".
Kursinhalt: Analyse des eigenen Trink- und Fahrverhaltens. Information über Alkohol im Straßenverkehr. Einübung und Anwendung von Selbstkontrollmaßnahmen. Aufbau von Verhaltensalternativen zu Alkoholkonsum und Fahren.
Kursleiter: Diplom-Psychologen mit langjähriger Erfahrung in der Begutachtung der Kraftfahreignung. Zusatzausbildung in Techniken der Verhaltensmodifikation zu dem Bereich: Alkoholauffälligkeiten im Straßenverkehr.
Kursform: Verhaltenstraining in der Gruppe unter fachlicher Anleitung.
Abschluß: Bescheinigung der aktiven Teilnahme zur Vorlage beim Straßenverkehrsamt.

Tabelle 31

Modell „MFT"	
Zielgruppe:	Mehrfach verkehrsauffällig gewordene Kraftfahrer. Alkohol spielt keine oder nur eine untergeordnete Rolle.
Teilnahmevoraussetzung:	Ausreichende Schulungs- und Lernfähigkeit.
Zuweisung:	Freiwillige Teilnahme. Personen, die so viele Punkte im Verkehrszentralregister haben, daß ihre Eignung zum Führen von Kraftfahrzeugen von der zuständigen Behörde bezweifelt wird.
Kursziel:	Analyse und Aufbau von Selbstkontrolle. Verminderung der Auffallenswahrscheinlichkeit, insbesondere der Unfallwahrscheinlichkeit.
Kursinhalt:	Analyse des Problemverhaltens. Anwendung von Selbstkontrollmaßnahmen. Aufbau von Verhaltensalternativen zum Problemverhalten.
Kursleiter:	Diplom-Psychologen mit langjähriger Erfahrung in der Begutachtung der Kraftfahreignung. Zusatzausbildung in Techniken der Verhaltensmodifikation von verkehrsauffälligen Kraftfahrern.
Kursform:	Verhaltenstraining in der Gruppe unter fachlicher Anleitung.
Abschluß:	Medizinisch-psychologisches Gutachten, das u. a. die aktive Teilnahme an der Nachschulungsmaßnahme ausweist.

Tabelle 32

Kurse der AFN Gesellschaft für Ausbildung, Fortbildung und Nachschulung e.V. – Köln	
ALFA-Kurse	Teilnehmer sind Personen, die als Inhaber einer Fahrerlaubnis auf Probe innerhalb der Probezeit mit Alkohol am Steuer aufgefallen sind. Diese Kurse sind aufgrund gesetzlicher Verankerung bzw. aufgrund der Regelung durch Erlasse der Bundesländer rechtsrelevant. (Vergleichbar mit dem Kursmodell NAFA des TÜV Rheinland)
I.R.A.K.-Kurse	Teilnehmer sind Personen, die sich aufgrund eines oder mehrerer Alkoholdelikte im Straßenverkehr einer medizinisch-psychologischen Untersuchung unterziehen mußten und deren festgestellte Eignungsmängel von den Gutachtern für durch einen Nachschulungskurs für alkoholauffällige Kraftfahrer behebbar gehalten wurden. Diese Kurse sind aufgrund gesetzlicher Verankerung bzw. aufgrund der Regelung durch Erlasse der Bundesländer rechtsrelevant. (Vergleichbar mit den Kursmodellen IFT und LEER)
I.R.A.K.-L-Kurse	Teilnehmer sind Personen, die (zumeist mehrfach) an der medizinisch-psychologischen Untersuchung (MPU) gescheitert sind und sich vor der folgenden MPU einer längerfristigen Rehabilitationsmaßnahme unterziehen.
„mobil"-Therapie	Teilnehmer sind Personen mit ausgeprägter Alkoholproblematik. Die Therapie gründet auf dem Kurs I.R.A.K.-L und einer tiefenpsychologischen Gruppenpsychotherapie. Sie dauert etwa 3 Monate, in der 52 Stunden zu absolvieren sind. Teilnehmerzahl: 8 bis 10 Personen.

Tabelle 33: Lang-/Kurzzeittherapie bei schweren Problemfällen – eine Gegenüberstellung

Modell	ITV-Hö	„mobil"-Therapie der AFN (inhaltlich)
Zielgruppe:	Ehemalige Trunkenheitsfahrer mit erheblicher Alkoholproblematik ohne chronifizierte Symptomatik nach negativem MPU-Gutachten ohne Empfehlung für eine Nachschulung.	
Dauer:	Langzeittherapiekurse von 9 bis 12 Monaten; auch intensive Kurztherapie von 1 Woche; Therapiedauer kann auch individuell festgelegt werden.	52 Stunden in etwa 3 Monaten
Kursziel:	Wiedererlangung der Voraussetzungen für die Kraftfahreignung	Wiedererlangung der Voraussetzungen für die Kraftfahreignung
Kursinhalt:	individuelle Psychotherapie, ärztliche Betreuung und Verkehrsschulung; individualpsychologische Lebensstilanalyse	*Teil 1 (39 Stunden):* Lebensstilanalyse in der Gruppe, Erfassung der Trinkdynamik und des Nüchternerlebens; Neuorientierung mit konkreten Verhaltensweisen; *Teil 2 (6 Wochen):* Einübungsphase der Realisierung mittels Selbstbeobachtung und Tagebuch; *Teil 3 (13 Stunden):* Diagnose der Weiterentwicklung mit Korrekturen
Kursleiter:	spezialisierte Diplom-Psychologen	spezialisierte Diplom-Psychologen
Abschluß:	Teilnahmebescheinigung/Therapiebericht zur Vorlage bei der Behörde und/oder BfF-Gutachterstelle	

Bereits diese kurze Auswahl an Schulungs- und Therapiemaßnahmen läßt auch für den Laien erkennen, daß starke inhaltliche Übereinstimmungen bestehen – also alle Anbieter nur mit Wasser kochen. Bei der Auswahl müssen Sie sich ohnehin an lokalen, für Sie auch mit öffentlichen Verkehrsmitteln erreichbaren Angeboten orientieren. Sie sollten dabei stets vor Augen halten, daß eine Gruppenmaßnahme niemals auf Ihr spezielles Problem zugeschnitten sein kann. dazu ist immer nur die ausschließlich persönliche Betreuung durch einen niedergelassenen Verkehrspsychologen möglich. Eine Gruppenveranstaltung kann für Sie jedoch den Einstieg in die eigene Problematik erleichtern und Sie können dann, wenn Ihnen die Gruppensitzungen nichts Neues mehr bringen, in eine für Sie maßgeschneiderte Betreuung bei einem Verkehrspsychologen wechseln, der jede Minute der Sitzungsstunde nur für Sie verwendet.

R. Was Sie immer schon über den Führerschein wissen wollten

Leider haben sowohl Verwaltungen wie auch Psychologen und Anwälte die unglückliche Eigenschaft, ihr jeweils ganz spezielles „Fachchinesisch" zu verwenden. Diese Fachausdrücke sind für einen „Themenfremden" oft unverständlich, und es ist besonders schwer, die manchmal sehr feinen Unterschiede zwischen fast gleichlautenden oder scheinbar identischen Begriffen zu entschlüsseln. Die folgende Aufstellung soll Ihnen helfen, ein wenig „mehr Licht ins Dunkel" zu bringen.

Das intensive Studium dieser Begriffssammlung soll aber auch dazu dienen, Ihnen das Erlernen möglichst aller in Ihrem speziellen Fall wichtigen Zusammenhänge zu erleichtern.

Abhängigkeit, psychische

Mit dem Begriff Abhängigkeit wird eine Beziehung zu einer bestimmten Substanz wie dem Alkohol (der Droge) bezeichnet, die noch nicht das Stadium der „Sucht" erreicht hat, sondern so beschrieben werden kann, daß ein psychologisches Verhältnis entsteht, wodurch die betroffene Person sich bei Abwesenheit oder Entzug dieser Substanz unzufrieden oder unwohl fühlt. Auch „Zustand vor Sucht" genannt.

Eine von Alkohol oder anderen Suchtmitteln abhängige Person ist zum Führen von Kraftfahrzeugen grundsätzlich ungeeignet. In der 5. Auflage des Gutachtens „Krankheit und Kraftverkehr" des Gemeinsamen Beirats für Verkehrsmedizin beim Bundesminister für Verkehr und beim Bundesminister für Gesundheit in seiner letzten Fassung aus dem Jahre 1996 und in der seit dem 1. Januar 1999 geltenden Fahrerlaubnis-Verordnung, die allen medizinisch-psychologischen Begutachtungen zugrunde liegen, sind die Kriterien festgelegt, die erfüllt werden müssen, damit eine erneute Teilnahme am öffentlichen motorisierten Straßenverkehr möglich wird. Bei Alkoholabhängigkeit (Sucht) ist der Nachweis einer Entziehung/Entwöhnung und Alkoholabstinenz von mindestens einem Jahr die Voraussetzung für eine positive Begutachtung.

Dieser Krankheitsbegriff wird in MPU-Gutachten häufig unkritisch auch bei Personen verwendet, bei denen eine entsprechende medizinische oder psychologische Diagnose nicht gestellt wurde.

Abstinenz, Alkoholabstinenz

Enthaltsamkeit. Hier: völliger Verzicht auf alle alkoholischen Getränke sowie Alkohol in anderen Nahrungsmitteln bzw. auf andere berauschende Mittel. Von Abstinenz kann nur gesprochen werden, wenn **überhaupt kein** Alkohol getrunken wird, selbst der Konsum geringer Mengen bei einem einzigen Anlaß bedeutet, daß nicht mehr von Abstinenz gesprochen werden kann. In MPU-Gutachten wird häufig eine Abstinenz von 6–9 Monaten als unabdingbare Voraussetzung für eine mögliche positive Begutachtung genannt. Diese These ist in der verkehrspsychologischen Fachwelt stark umstritten, weil nicht unbedingt jeder, der mit 1,6 ‰ Blutalkohol oder mehr verkehrsauffällig wurde, ein Alkoholgefährdeter ist bzw. weil die 6 Monate Abstinenz noch lange nicht beweist, daß ein Rückfall vermieden werden kann. So ist es z. B. für einen sog. „Quartalsäufer" keine besondere Anforderung, sechs Monate oder auch länger alkoholabstinent zu leben – und nur eine „Trink-Pause" einzulegen.

Alkoholabbau

Verbrennung und Ausscheidung des Alkohols aus dem Körper. Die Hauptmenge des Alkohols (90–95 %) wird in der Leber unter der Einwirkung eines Enzyms verbrannt. Der Rest wird über Atmung, Schweiß und Urin ausgeschieden.

Da der Alkoholabbau im wesentlichen in der Leber erfolgt, aber gleichzeitig dort nur eine begrenzte Menge dieses Enzyms zur Verfügung steht und zum sofortigen Abbau größerer Mengen nicht ausreicht, wird der Alkohol über einen längeren Zeitraum abgebaut, wobei die Konzentration des Alkohols im Blut (BAK) geradlinig sinkt.

Üblicherweise rechnet man mit stündlichen Abbauquoten zwischen 0,10 und 0,24 ‰ bzw. durchschnittlich 0,15 Promille (= ‰). Bezogen auf das Körpergewicht beträgt der stündliche Alkohol„-abbau" etwa 0,1 g/kg bei einem mittleren Körpergewicht von 70 kg, somit rd. 7 g/Std, d. h. etwa den reinen Alkoholgehalt eines Glases üblicher alkoholischer Getränke. Die Abbaugeschwindigkeit läßt sich laborchemisch individuell bestimmen und wird in der Regel im „Protokoll und Antrag zur Feststellung des Alkohols im Blut" bzw. im Arztbericht über die „Blutalkohol-Untersuchung" angegeben.

Da ein übliches Glas der in Deutschland normalerweise konsumierten Getränke im Durchschnitt 8 g reinen Alkohol enthält, ist die Faustformel ein verläßlicher Maßstab, daß pro Stunde die Menge eines Glases abgebaut wird. Folglich benötigt der Organismus zum Abbau von etwa 8 Gläsern Bier, die in 2 Stunden konsumiert wurden, 7 bis 8 Stunden.

Alkoholabusus

Auch als Alkoholmißbrauch bezeichnet, der chronisch oder nicht chronisch (akut) sein kann. Mit diesem Begriff wird in der Regel ein gesteigerter Alkoholkonsum über einen längeren Zeitraum gemeint, wobei die Trinkmengen so erheblich sind, daß es zu Schädigungen der Leber und anderer Organe aber auch zu Veränderungen der Persönlichkeit kommen kann. Man spricht von Alkoholmißbrauch, wenn die konsumierte Menge reinen Alkohols pro Tag mehr als 80 g bei Männern und mehr als 60 g bei Frauen beträgt, was einer Trinkmenge von ca. 10 Gläsern Wein à 0,15 l bzw. 10 Gläsern Bier à 0,2 l (Männer) bzw. 7 bis 8 Gläsern Wein à 0,15 l oder Bier à 0,2 l (Frauen) entspricht.

Alkoholdelikt

Eine Straftat, welche im Zustand der Trunkenheit bzw. alkoholbedingten Beeinflussung begangen wird. Die Schuldfähigkeit für eine unter Alkohol begangene Tat kann bei sehr hoher Blutalkoholkonzentration nach §§ 20, 21 StGB vermindert oder gar ausgeschlossen sein.

(Pschyrembel, Klinisches Wörterbuch, 256. Auflage, Verlag de Gruyter, Berlin 1990, S. 47).

Bei verminderter Schuldfähigkeit kann die Strafe wegen einer Trunkenheitsfahrt niedriger ausfallen, um so strenger wird jedoch die Begutachtung der künftig wahrscheinlichen Kraftfahreignung sein müssen.

Alkoholeinfluß

Der Einfluß, die Einwirkung des genossenen alkoholhaltigen Getränks auf das Handeln, Verhalten, Denken und Empfinden des Konsumenten.

Alkoholersttäter

Auch „Ersttäter". Eine Person, die zum ersten Mal mit Alkohol am Steuer auffällig wurde. Die Höhe der bei der Fahrt festgestellten Blutalkoholkonzentration – und somit die Tatsache, ob die Alkoholfahrt mit Bußgeld/ Fahrverbot oder mit Strafe und FE-Entziehung geahndet wurde – spielt im allgemeinen keine Rolle. Sollte die erstmalige Auffälligkeit lediglich etwa mit 0,84 ‰ zum Fahrverbot geführt haben und es kommt später zu einer zweiten Auffälligkeit und Bestrafung, spricht man vom „Rückfäller" oder „Rückfalltäter".

Nach den ab 1. 1. 1999 geltenden Bestimmungen muß sich jeder „Ersttäter" einer medizinisch-psychologischen Untersuchung unterziehen, wenn die BAK 1,6 ‰ oder mehr bzw. 0,8 mg/l oder mehr Atemalkoholkonzentration betragen hat.

Alkoholfestigkeit

Künstliche Wortschöpfung, die in jedem Fall meint, daß der Betroffene viel an alkoholischen Getränken vertragen kann und daß seine hochgradige Verträglichkeit die Folge mehrjährigen Vielkonsums ist. Siehe auch Trinkfestigkeit, Alkoholverträglichkeit.

Alkoholgewöhnung

Nach „TÜVologischem" Verständnis wird damit gemeint, daß der Betroffene in der Vergangenheit regelmäßig Alkohol konsumiert hat. Der Organismus hat sich darauf eingestellt, und der Betroffene bemerkt bei sich subjektiv aufgrund der Gewöhnung erst eine Alkoholwirkung, wenn er bereits erhebliche Mengen alkoholischer Getränke zu sich genommen hat und er aufgrund der objektiven BAK-Werte nicht mehr als fahrtüchtig einzustufen ist.

Dieser Begriff wird häufig mit einer der fünf Formen des Alkoholismus, nämlich des „gewohnheitsmäßigen Trinkens", verwechselt, was oft zu einer falschen Beurteilung führt. Betroffene meinen nämlich, Alkoholgewöhnung wäre gleichzusetzen mit „Ich brauche den Alkohol", „Ich müßte in der Gosse liegen, wenn ich alkoholgewöhnt wäre".

Richtig ist, daß eine Alkoholgewöhnung keinen regelmäßigen, gar täglichen Konsum alkoholischer Getränke voraussetzt. Der Organismus kann sich auch ohne diese Kriterien an den Alkohol gewöhnen. Alkoholgewöhnung ist von gewohnheitsmäßigem Alkoholkonsum abzugrenzen.

Alkoholiker

Eine Person, die an Alkoholkrankheit leidet (siehe dort) und nicht mehr fähig ist, ohne Alkohol Stunden oder Tage zu überstehen. Die Abhängigkeit oder Sucht zeigt sich in körperlichen Beschwerden wie Zittern (Tremor) und Unruhegefühl, die der Alkohol vorübergehend beseitigt.

Ein „trockener Alkoholiker" kann nur dann mit einem positiven Gutachten rechnen, wenn er nach einer Entgiftungs- bzw. Entwöhnungsbehandlung mindestens ein Jahr lang nachweislich abstinent gelebt hat.

In der „TÜVologischen" Wortverwendung wird – häufig nur indirekt – auch derjenige als Alkoholiker betrachtet, bei dem eine Alkoholkrankheit gar nicht diagnostiziert wurde. Diese Einstufung zeigt sich darin, daß im MPU-Gutachten ohne medizinische Diagnose und ohne Entwöhnungsbehandlung eine mindestens einjährige, nachgewiesene Alkoholabstinenz als Eignungsvoraussetzung „empfohlen" wird.

Alkoholkarenz

Siehe Abstinenz. Völliger Verzicht auf alkoholische Getränke.

Alkoholkonsum, verkehrsrelevanter

Einen „verkehrsrelevanten Alkoholkonsum", also einen für die Teilnahme am motorisierten öffentlichen Straßenverkehr bedeutsamen Alkoholkonsum, kann es gar nicht geben, weil es nach geltendem Recht (§§ 315 c I Nr. 1 a, III, 316 StGB/ § 24 StVG i. V. m. § 2, 69 a I Nr. 1 StVZO) grundsätzlich verboten ist, unter dem Einfluß berauschender Mittel ein Kraftfahrzeug zu lenken. Für die Teilnahme am motorisierten Straßenverkehr von wesentlicher Bedeutung ist der Alkoholkonsum von dem Punkt an, an dem verkehrs-/strafrechtliche Vorschriften zur Anwendung kommen, weil eine Beeinträchtigung der Fahrtüchtigkeit gegeben ist. Dabei ist zu beachten, daß diese Beeinträchtigung durch Alkoholkonsum bereits bei 0,3 ‰ einsetzt, was zu einer Bestrafung führen kann, falls der Verkehrsteilnehmer aufgrund einer BAK von 0,3 ‰ oder mehr an einem Unfall beteiligt war, also eine Gefahr nicht abwenden konnte. Wenn keine Verkehrsverstöße begangen wurden, liegt eine Ordnungswidrigkeit aber erst ab 0,5 ‰ vor. Die relative alkoholbedingte Fahruntüchtigkeit wird im Bereich zwischen 0,5 und 1,09 ‰ angesiedelt, die absolute Fahruntüchtigkeit im juristischen Sinne beginnt bei 1,1 ‰, was eine Straftat bedeutet. Diese Regelung führt zum weitverbreiteten Mißverständnis, wonach es Promille-Grenzen und daraus folgend einen „verkehrsrelevanten Alkoholkonsum" gibt.

Alkoholkrankheit

Alkoholkrankheit wird auch als **Alkoholismus** bezeichnet, obwohl Alkoholismus nicht in jedem Fall auch Alkoholkrankheit ist, und kann mannigfache Ursachen haben, die psychischer, psychosomatischer oder sozialer Art sein können. Im weiteren Sinne werden unter dieser Bezeichnung Schädigungen durch Alkohol zusammengefaßt; der Mißbrauch oder die Abhängigkeit von Alkohol; psychische Abhängigkeit oder das Auftreten von Entzugserscheinungen bei Abstinenz.

Alkoholkranke oder Alkoholismus werden je nach Trinkverhalten in fünf verschiedene Kategorien eingeteilt:

Alpha-Trinker: Konsum von Alkohol ohne Verlust der Kontrolle über die eigene Handlungsweise. Alkohol wird als Mittel zur Bewältigung psychischer und körperlicher Probleme gesehen. Auch Erleichterungs-, Entlastungstrinken bei Angst- und Spannungszuständen. Führt infolge regelmäßigen oder häufigen Konsums zu Abhängigkeit.

Beta-Trinker: Die Gründe für den Alkoholkonsum liegen in der Anpassung an das Trinkverhalten anderer bzw. entstehen schleichend und werden damit zu einer festen Gewohnheit. Seelische Ursachen fehlen, es wird in der Regel in „geselligem Kreise" Alkoholisches konsumiert. Der Konsum kann auch zu körperlichen Folgen wie Leberschädigung etc. führen. Vorstufe des *Gamma-Alkoholismus.*

Gamma-Trinker: Beim Konsum von Alkohol geht die Kontrolle über die eigene Handlungsweise zunehmend verloren; es entsteht Abhängigkeit, und es treten körperliche und soziale Probleme (in der Familie, am Arbeitsplatz, im Freundeskreis etc.) auf. Es kommt wiederholt zu Rauschzuständen. Rückkehr zum „kontrollierten Trinken" ist in der Regel nicht mehr möglich. Die häufigste Form des Alkoholismus in Deutschland.

Delta-Trinker: Zustand des ständigen Alkoholkonsums, ein Leben ohne Alkohol ist nicht mehr möglich, weil der Verzicht Entzugserscheinungen auslöst. Der Delta-Trinker ist jedoch im Gegensatz zum Gamma-Trinker in der Lage, die Kontrolle über Trinkmenge und Trinkzeit zu behalten. Es wird gewohnheitsmäßig während langer Zeiträume (Jahre) in großen Mengen Alkoholisches getrunken.

Epsilon-Trinker: Übermäßiger Alkoholkonsum über einen längeren oder kürzeren Zeitraum, der von Phasen gefolgt ist, in denen wenig oder gar kein Alkohol getrunken wird. Während der Phasen des übermäßigen Alkoholgenusses verliert der Alkoholiker die Kontrolle über sein eigenes Verhalten/ Trinkverhalten. Im Volksmund auch „Quartalsäufer" genannt.

(Pschyrembel, Klinisches Wörterbuch, 256. Auflage, Verlag de Gruyter, Berlin 1990, S. 47)

Alkoholmißbrauch

Übermäßiger Genuß alkoholischer Getränke über einen längeren Zeitraum hinweg. Die Grenzen dessen, was übermäßig ist, sind unter „Alkoholabusus" beschrieben.

Alkoholproblem

In der Verkehrspsychologie wird von einem Alkoholproblem gesprochen, wenn es nicht gelingt, die Trinkgewohnheiten hinreichend und dauerhaft zu kontrollieren.

Alkoholtoleranz

Individuelle Verträglichkeit von alkoholischen Getränken. Verschiedene körperliche Faktoren beeinflussen sowohl die objektive wie die subjektive Verträglichkeit. Dazu zählen Körpergewicht, evtl. vorliegende Schädigungen der Leber, Einnahme von Medikamenten etc. Es ist zu beachten, daß die vom einzelnen selbst (subjektiv) empfundene Alkoholtoleranz ansteigt, wenn regelmäßig größere Mengen Alkohol getrunken werden, es also zu einem „antrainierten Trinkverhalten" kommt. Die Wirkung des Alkohols wird in diesem Falle wesentlich später bemerkt, und der eigene Alkoholkonsum bzw. die zu treffenden (rationalen) Entscheidungen (etwa mit dem Auto zu fahren oder nicht) können in der Regel nicht mehr (restlos) verwirklicht werden. Die jeweiligen Zeichen (Symptome) der verschiedenen, individuell variablen Stufen von Alkoholverträglichkeit sind durch Selbstbeobachtung auch subjektiv für jeden einzelnen beobachtbar. Wenn ein Untersuchter die frühen Zeichen seiner Reduktion des Alkoholkonsums nicht aus eigener Erfahrung beschreiben kann, wird seine Selbstdarstellung in der Regel als nicht glaubhaft bewertet und deshalb negativ begutachtet. In den MPU-Gutachten fehlt zumeist die hierzu erforderliche nachvollziehbare Begründung.

Bei der medizinisch-psychologischen Untersuchung spielt die Alkoholtoleranz zu Recht eine entscheidende Rolle. Zu bemängeln ist allerdings, daß anläßlich der Exploration eine zuverlässige Abklärung der individuellen, früheren und jetzigen Toleranz offensichtlich nicht stattfindet. Jedenfalls sind diesbezügliche nachvollziehbare und nachprüfbare Beschreibungen in den Gutachten nicht oder nur selten zu finden.

alkoholtoxische Genese

Die Ursache einer Krankheit oder körperlicher/geistiger Schädigung ist im Genuß von Alkohol bzw. der Wirkung des Giftstoffes Alkohol zu sehen. (Genese = Entstehung).

Alkoholtrinkverhalten

„TÜVologische" Wortkombination, Standardbegriff in MPU-Gutachten. Gemeint ist die individuelle Art und Weise des Umgangs mit alkoholischen Getränken. Unter diesem Oberbegriff faßt man sowohl die Art (Sorte) der gewöhnlich konsumierten alkoholischen Getränke wie auch die Verteilung des Alkoholkonsums über einen bestimmten Zeitraum (Tag, Woche oder Monate) zusammen. Bei konsequenter Beobachtung bzw. Analyse des Alkoholkonsumverhaltens einer Person lassen sich individuelle Trinkmuster feststellen, die sehr häufig bereits zur Gewohnheit geworden und daher nur nach einer bewußten Entscheidung (Umlernen) und entsprechender Willenskraft zu verändern sind. Die realistische Kenntnis des früheren und auch jetzigen eigenen Trinkverhaltens sollte in jedem MPU-Gutachten nachvollziehbar und unter Darstellung von Einzelmerkmalen enthalten sein. Erst diese Beschreibung läßt erkennen, ob der Gutachter eine korrekte Exploration durchgeführt hat bzw. ob der Untersuchte sich mit seinem früheren Trinkverhalten tatsächlich tiefgreifend auseinandergesetzt hat. Fehlt in einem MPU-Gutachten die detaillierte Beschreibung des früheren und jetzigen (positiv geänderten) Trinkverhaltens, kann das Gutachten nicht nachvollziehbar und können die gutachtlichen Schlußfolgerungen nicht nachprüfbar sein. Ein solches MPU-Gutachten dürfte von den Verwaltungsbehörden nicht angenommen werden.

Das „Alkoholtrinkverhalten" müßte vom Begriff des allgemeinen „Trinkverhaltens" abgegrenzt werden, was i. d. R. nicht erfolgt (s. Trinkverhalten).

Alkoholverträglichkeit (subjektive)

Es hat sich bei den BfF-Stellen die allgemeine Auffassung verbreitet, daß die Verträglichkeit um so größer ist, je höher die Trinkmenge und je häufiger der regelmäßige (und daher gewohnheitsmäßige) Alkoholkonsum war. Diese These wird in der Regel bereits angewendet, wenn die bei der ersten Trunkenheitsfahrt festgestellte Blutalkoholkonzentration 1,6 ‰ oder mehr betrug. Diese Auffassung ist unter Experten stark umstritten, da von der Trinkmenge, die zu einer BAK von 1,6 ‰ führte, logischerweise nicht ohne weiteres auf eine allgemeine Alkoholverträglichkeit geschlossen werden kann, wenn nicht nachgewiesen werden kann, daß der Betroffene ähnliche Mengen alkoholischer Getränke vor der Trunkenheitsfahrt nicht das erste Mal zu sich genommen hat. In den MPU-Gutachten fehlt es in der Regel an diesem Nachweis, dennoch wird zumindest indirekt bei jedem Betroffenen eine „hohe subjektive Alkoholverträglichkeit" unterstellt (s. Alkoholtoleranz).

Alkoholvorgeschichte

Mit diesem Begriff werden das Trinkverhalten einer mit Alkohol am Steuer straffällig gewordenen Person in der Vergangenheit und insbesondere frühere Verkehrsverstöße unter Alkoholeinfluß beschrieben. Des weiteren können auch therapeutische Maßnahmen zur Entgiftung/Entwöhnung und/oder Besuch bei Selbsthilfegruppen o. ä. Teil der Alkoholvorgeschichte eines Probanden sein. Zur Alkoholvorgeschichte gehört aber auch die Entwicklung, der Verlauf des individuellen Konsumverhaltens, Schwankungen in den Trinkmengen und -häufigkeit sowie Abstinenzversuche, Abstinenzphasen.

Alpha-Alkoholismus

Alkohol wird konsumiert, um mit Problemen psychischer und körperlicher Art „leichter fertig zu werden". Der Alkohol wird als Mittel der Entspannung und der Betäubung angesehen, wobei durch regelmäßiges oder häufiges Trinken eine Abhängigkeit entstehen kann, die jedoch nicht als Sucht zu bezeichnen ist. Aus Alpha-Alkoholismus kann in der weiteren Entwicklung ein Gamma-Alkoholismus entstehen.

Amphetamine

Aufputschmittel, das ähnlich wie Adrenalin stimulierend auf das periphere und zentrale Nervensystem wirkt. Bei Amphetaminen besteht Suchtgefahr bzw. die Gefahr einer psychischen Abhängigkeit. Das Führen eines Kfz unter dem Einfluß von Amphetaminen wird mit Bußgeld und Fahrverbot bestraft und kann zur Ungeeignetheit führen.

Amtlich anerkannter Verkehrspsychologischer Berater

Durch die neue Fahrerlaubnis-Verordnung (siehe auch dort) wurde der neue Beruf eines „Amtlich anerkannten Verkehrspsychologischen Beraters" geschaffen. Die Anerkennung auf jeweils zwei Jahre wird vom Berufsverband Deutscher Psychologinnen und Psychologen e.V. erteilt. Der verkehrspsychologische Berater muß über ein abgeschlossenes Hochschulstudium als Diplom-Psychologe und 3 bzw. 5 Jahre Berufserfahrung in der Verkehrspsychologie verfügen sowie an Kursen teilnehmen und sich einem Qualitätssicherungssystem anschließen. Die verkehrspsychologische Beratung findet in Form von Einzelgesprächen statt (siehe auch dort).

Amtsgericht

Die unterste Instanz der ordentlichen Gerichte, die sich mit Zivil- und Strafrecht befassen, also auch mit Verkehrsverstößen. Vor dem Amtsgericht werden nur „normale", d. h. Fälle ohne besondere Schwere (Unfall, schwere Körperverletzung usw.) verhandelt.

Anamnese (Familien-, Eigen-, Alkohol-, Sozialanamnese)

Daten über die Vergangenheit und die Entwicklung einer Situation, eines Zustandes, Verlaufes bis zur Gegenwart. Dazu zählen die eigene Krankengeschichte, in der Familie aufgetretene oder derzeit bestehende Krankheiten oder Trinkgewohnheiten, eine Beschreibung des sozialen Umfelds und seiner Entwicklung in der Vergangenheit (Probleme in der Familie oder am Arbeitsplatz) sowie die eigene Einschätzung der Entwicklungen der Vergangenheit. Eine Anamnese müßte bei der medizinisch-psychologischen Untersuchung normalerweise im Rahmen der Untersuchung erhoben werden, wobei sich der Arzt/Psychologe bei ehemaligen Promille-Fahrern besonders auf frühere Krankheiten konzentrieren sollte, bei denen Alkoholgenuß die Ursache sein könnte. Es kann aber auch sein, daß die Daten zu dieser Anamnese noch kurz vor Beginn der Untersuchung durch Beantwortung eines sog. Gesundheitsfragebogens erhoben werden. Da die Anamnese zeitaufwendig ist und die Gutachter der BfF-Stellen ihre Untersuchungen unter einem enormen Zeitdruck durchführen (müssen), fällt die Anamnese in der Regel sehr dürftig aus, was häufig zu Falschbeurteilungen führt bzw. führen kann. Ein MPU-Gutachten, dessen Anamneseteil nicht nachvollziehbar ist, kann nicht nachvollziehbar und nachprüfbar sein.

Änderung, ausreichende, stabile

Standardausdruck der „TÜVologischen" Sprachregelung, der den Gutachtern von ihren Dienstvorgesetzten vorgegeben wurde. Bei ehemaligen Promille-Fahrern verlangen die Gutachter bei den BfF-Stellen, daß der Untersuchte und insbesondere der bereits mehrfach mit Alkohol auffällig gewordene Kraftfahrer deutlich machen kann, daß er sein Trinkverhalten entscheidend zum Positiven verändert hat. Eine Änderung des Trinkverhalten gilt dann als ausreichend, wenn die erhöhte Alkoholgewöhnung nicht mehr besteht und Alkohol entweder überhaupt nicht mehr oder nur in kleinen Mengen getrunken wird. Eine Änderung wird als stabil eingestuft, wenn der Untersuchte ein Problembewußtsein entwickelt, sein Verhalten aufgrund der Einsicht in das Problem umgestellt hat und die verwirklichte Veränderung bereits seit längerem konsequent besteht. Der Zeitraum, der von den BfF-Stellen zugrunde gelegt wird, beträgt sechs, neun oder zwölf Monate. Diese Zeiträume scheinen willkürlich entstanden zu sein, und sie berücksichtigen die Intensität der Einsicht in die eigene Problematik nicht. Es handelt sich dabei um rein formalistische Zeiträume.

Dieses Kriterium der positiven Begutachtung ist auf gar keinen Fall falsch.

Angemessenheit

Standardbegriff der MPU-Gutachten. Er soll bedeuten, daß sich eine Untersuchung auf das im betreffenden Einzelfall vorliegende Problem beziehen und auch dessen Schwere oder Besonderheiten berücksichtigen muß. Dabei ist zu beachten, daß sich die Angemessenheit auch auf den Umfang der Untersuchung beziehen muß (Grundsatz der Verhältnismäßigkeit).

Im Verständnis der BfF-Stellen bedeutet die Angemessenheit aber auch, daß – vereinfacht gesagt – für eine kleines Honorar als Leistung nur eine dementsprechend „angemessen" kurze Untersuchung mit einem entsprechend kurzen Gutachten erwartet werden kann.

Anhörung

Vor jeder Verwaltungsentscheidung soll der Bürger angehört werden (§ 28 HVwVfG). Normalerweise erfolgt sie schriftlich innerhalb einer bestimmten Frist, sie kann jedoch auch mündlich zu Protokoll gegeben werden.

Anlaßbezogenheit

Den „Richtlinien für die Prüfung der körperlichen und geistigen Eignung von Fahrerlaubnisbewerbern und -inhabern" (Eignungsrichtlinien) des

Bundesministers für Verkehr zufolge darf eine medizinisch-psychologische Untersuchung nur angeordnet werden, wenn eine konkrete Problem- bzw. Fragestellung vorliegt. Das bedeutet, daß die Verwaltungsbehörde nicht von jedem Kraftfahrer nach Gutdünken oder persönlichem Eindruck des Sachbearbeiters verlangen kann, daß er/sie sich einer Begutachtung unterzieht, sondern daß dafür ein konkreter Grund, also ein Anlaß vorliegen muß (festgestellte BAK, rechtskräftige Bestrafung, Anzahl der Punkte im Flensburger Zentralregister usw., aber auch sonst der Behörde zur Kenntnis gelangte Gründe wie etwa schwere, eignungsausschließende Krankheiten).

Sämtliche BfF-Stellen der Vereinigung der Technischen Überwachungsvereine (VdTÜV) haben sich verpflichtet, Untersuchungen nur zu dem von der Verwaltungsbehörde bezeichneten Anlaß durchzuführen.

Trotzdem findet auch immer eine medizinische Untersuchung statt, auch wenn in der Verkehrsvorgeschichte kein Anlaß zu einer medizinischen Untersuchung besteht. Darin weichen die BfF-Stellen z. B. von der Obergutachterstelle des Landes NRW ab, die auch bei Trunkenheitsfahrern mit hohen Blutalkoholwerten nur dann eine medizinische Untersuchung durchführt, wenn dazu ein konkreter Anlaß besteht.

anlaßspezifisch

siehe Anlaßbezogenheit

Anonyme Alkoholiker (AA)

Diese Selbsthilfegruppe ist eine „Gemeinschaft von Männern und Frauen, die miteinander ihre Erfahrung, Kraft und Hoffnung teilen. Die einzige Voraussetzung für die Zugehörigkeit ist der Wunsch, mit dem Trinken aufzuhören." **Achtung:** Viele BfF-Stellen verlangen den Besuch der Sitzungen einer AA-Gruppe auch von Betroffenen, die keine Alkoholiker waren. Es wird sogar eine Bescheinigung abverlangt, obwohl diese AA-Gruppen anonym sind: Die Teilnehmer müssen namenlos bleiben.

Anordnung

Die Anordnung ist ein Verwaltungsakt, d. h. jede Entscheidung oder Verfügung, die eine Behörde zur Regelung eines Einzelfalles trifft und die eine unmittelbare rechtliche Wirkung auf eine einzelne Person hat. Sie ist eine einseitige, die eigentliche Entscheidung vorbereitende verbindliche Maßnahme, die feststellend oder gestaltend bestimmt, was für den Betroffenen rechtens sein soll. In Führerscheinangelegenheiten ist es dringend zu empfehlen, der Anordnung Folge zu leisten, weil anderenfalls bereits die Nichtbefolgung eignungsausschließend ausgelegt wird.

Atemalkoholanalyse

Seit dem 1. 1. 1999 zulässige Methode zur Bestimmung der Blutalkoholkonzentration mit einem Gerät (Alcomat), das den Alkoholgehalt in der Atemluft mißt und auf die Blutalkoholkonzentration umrechnet. Eine Ordnungswidrigkeit begeht man, wenn die Alkoholkonzentration in der Atemluft 0,25 mg/l überschreitet. Im Gegensatz zur traditionellen Blutprobe ist es nicht mehr möglich, durch die Analyse einer Gegenprobe zu prüfen, ob die erste Bestimmung richtig war. Das Atemalkoholgerät soll dieses Risiko durch die gleichzeitige Analyse mehrerer Proben ausschalten. Das Verfahren ist in der Fachwelt umstritten.

Attest

Ärztliche Bescheinigung, die den Stempel und die Unterschrift des Arztes tragen sollte. Eine Bescheinigung der Leberwerte, etwa auf einem Rezeptvordruck, wird nicht anerkannt.

Aufbauseminar

(früher auch als „Nachschulungskurs" bezeichnet)

Aufbauseminare werden für Inhaber einer Fahrerlaubnis auf Probe einerseits und für Fahrerlaubnisinhaber mit 8 bis 14 Flensburg-Punkten andererseits in Form von Gruppenkursen angeboten, in denen durch Gruppengespräche, Verhaltensbeobachtung und Analyse problematischer Verkehrssituationen ein sicheres und rücksichtsvolles Fahrverhalten erreicht werden soll. Dadurch sollen die Einstellung zum Verhalten im Straßenverkehr geändert, das Risikobewußtsein gefördert und die Gefahrenerkennung verbessert werden. In besonderen Fällen sind auch Einzelseminare möglich.

Durch die Teilnahme an einem Aufbauseminar ist ebenso wie nach einer verkehrspsychologischen Beratung (siehe auch dort) einmal innerhalb von fünf Jahren eine Punktegutschrift im Verkehrszentralregister erreichbar.

Aufbauseminar, besonderes

(früher auch als „Nachschulungskurs für alkoholauffällige Kraftfahrer" bezeichnet)

Die besonderen Aufbauseminare sind für die Inhaber von Fahrerlaubnissen auf Probe oder Fahrerlaubnisinhaber gedacht, die durch einen Verstoß gegen die 0,8-‰-Grenze oder die Teilnahme am Straßenverkehr unter dem Einfluß von Rauschmitteln aufgefallen sind und aus diesem Grunde in das Verkehrszentralregister eingetragen wurden. In diesen Seminaren sollen die Ursachen für die Verstöße erörtert sowie Wissenslücken über die Wirkung des Alkohols/der Drogen beseitigt, das Trinkverhalten geändert und ein Rückfall in ein Verkehrsdelikt verhütet werden. Auch hier sind Einzelseminare möglich.

Auffallenswahrscheinlichkeit

Gemeint ist ein Prozentsatz, der die Wahrscheinlichkeit dafür angibt, mit der ein bisher noch nicht negativ in Erscheinung getretener Kraftfahrer erstmalig im öffentlichen Straßenverkehr durch einen Verstoß/Straftat auffallen könnte. Eine Auffallenswahrscheinlichkeit wird sowohl für Kraftfahrer mit in nüchternem Zustand begangenen Verstößen als auch für Trunkenheitsfahrten angenommen. Diese Wahrscheinlichkeit wird bei Trunkenheits-Ersttätern auf 5 bis 6 % geschätzt.

„Die Beurteilung der individuellen Rückfallwahrscheinlichkeit hat sich (zunächst) an der statistischen Auffallenswahrscheinlichkeit der Kraftfahrer auszurichten, die bisher nicht mit einer Blutalkoholkonzentration von 0,8 Promille oder mehr im Straßenverkehr aufgefallen sind. Bei dieser Personengruppe beträgt die Wahrscheinlichkeit des Führens eines Kraftfahrzeuges unter Alkoholeinfluß 5 % bis 6 %." (Stephan, DAR 1989, 125, 127 f.)

Die Auffallenswahrscheinlichkeit ist nicht zu verwechseln mit der statistischen Rückfallwahrscheinlichkeit eines bereits mindestens einmal auffällig gewordenen Kraftfahrers, bei dem sie wesentlich höher ist. Statistisch gesehen wird z. B. nach verschiedenen Schätzungen von 400 Alkoholfahrten nur eine entdeckt, wobei nach der Höhe der Blutalkoholkonzentration noch unterschieden wird. Bei Ersttätern ist daher die Wahrscheinlichkeit, bei einer Alkoholfahrt entdeckt zu werden, gering. Bei Kraftfahrern, die bereits häufiger aufgefallen waren, ist die statistische Wahrscheinlichkeit, erneut mit Alkohol am Steuer entdeckt zu werden, wesentlich höher.

Um eine positive Prognose abzugeben und somit zu einer positiven Beurteilung zu kommen, muß die Rückfallwahrscheinlichkeit des Untersuchten im allgemeinen wesentlich geringer sein als bei dem statistischen Durchschnitt für die Gruppe der auffälligen Kraftfahrer, der der Untersuchte aufgrund seiner Verkehrsvorgeschichte angehört.

Auftraggeber

Bei den Eignungsuntersuchungen ist der Auftraggeber der Untersuchung durch die BfF-Stellen nicht die Behörde, sondern der Betroffene selbst. Nicht die Behörde erteilt den Auftrag an die BfF-Stelle des TÜV; denn die Behörde darf mit dem TÜV, einem privaten Verein, nur nach Erlaubnis des Betroffenen direkt Kontakt aufnehmen. Diese rechtliche Konstruktion ist von größter Bedeutung bei jeder Führerscheinangelegenheit.

Ausnahmesituation, -charakter

In den medizinisch-psychologischen Untersuchungen wird von sehr vielen Untersuchten angegeben, daß es sich bei ihrer Trunkenheitsfahrt/Auffälligkeit um die absolute Ausnahme gehandelt habe und „daß so etwas noch nie vorgekommen sei". Diese Aussage wird von den Gutachtern insbesondere dann sehr bezweifelt, wenn die BAK über 1,6 ‰ lag, da sie davon ausgehen, daß der Kraftfahrer bereits im Genuß alkoholischer Getränke geübt ist und mit hoher Wahrscheinlichkeit auch bereits früher mit Alkohol am Steuer gesessen hat. Das Festhalten an dieser Darstellung wird als mangelnde Problemeinsicht und Bagatellisierung (s. dort) eingestuft, was eine negative Einschätzung der Eignung des Untersuchten zur Folge hat. Diese offensichtliche Haltung der MPU-Gutachter hängt möglicherweise damit zusammen, daß sie derartige Angaben häufig zu hören bekommen.

Ausnahmesituationen bzw. Situationen mit Ausnahmecharakter gibt es selbstverständlich. Die MPU-Gutachter, die jeden Fall individuell klären müßten, dürften einen derartigen Vortrag des Untersuchten nicht pauschal als Notlüge behandeln. In den Explorationen wird jedoch nicht geklärt, worin eine Ausnahmesituation bestanden habe.

Bagatellisierungsversuch

Standardbegriff in den MPU-Gutachten. Gemeint ist die unrealistische Darstellung der Wirklichkeit, des eigenen Tuns und Lassens und der getrunkenen Alkoholmenge, wobei der Alkoholkonsum durch den Untersuchten als geringer angegeben wird, als es den Tatsachen (= BAK-Wert bei der Trunkenheitsfahrt) entspricht. Zur Bagatellisierung zählen auch bestimmte Ausdrucksweisen wie z. B. die Verwendung von Verkleinerungsformen zur Beschreibung der Trinkmenge („Gläschen, Fläschchen"). Auch die Behauptung in der Exploration, daß der Trinkanlaß bei der Trunkenheitsfahrt eine absolute Ausnahme darstelle, kann als Bagatellisierung verstanden werden (wenn etwa die Leberwerte oberhalb des Normbereiches liegen). Bagatellisierung wird von den Gutachtern immer als mangelnde Problemeinsicht gewertet.

Es ist ein häufiger Mangel von MPU-Gutachten, daß darin von den Gutachtern Bagatellisierung quasi routinemäßig behauptet wird, ohne diese durch zitierte Äußerungen des Untersuchten oder gar als Befunde von standardisierten Tests (Fragebögen) belegen zu können.

BAK (Blutalkoholkonzentration)

Die Menge des konsumierten Alkohols kann im Blut (evtl. zusätzlich auch im Urin) mit Hilfe verschiedener Methoden bestimmt werden, wobei zur Vermeidung von Fehlern gemäß den Richtlinien des Bundesgesundheitsamtes immer zwei Methoden bei einer Probe verwendet werden müssen. Die am häufigsten verwendete Methode ist die ADH-Methode (Alkoholdehydrogenase-Methode). Alkoholdehydrogenase ist ein Enzym, das im Blut den Alkohol zu Acetaldehyd oxidiert, welches dann mit einem weiteren Enzym eine Verbindung eingeht, die im Photometer gemessen werden kann. Weitere Verfahren sind das Widmark-Verfahren (Mikrodestillation bei 60°) und gaschromatographische Verfahren. Die Blutalkoholkonzentration wird in Promille (‰) angegeben.

bedingte Eignung

Nach der neuen Fahrerlaubnis-Verordnung ist die „bedingte Eignung" konkreter Bestandteil der Eignungsbeurteilung im Falle von Erkrankungen; bei Mißbrauch von Alkohol, Betäubungsmitteln und psychoaktiv wirkenden Mitteln sowie Sucht ist bedingte Eignung nur dann möglich, wenn Mißbrauch bzw. Sucht nicht mehr bestehen und die Umstellung genügend gefestigt ist. Die Tendenz scheint dahin zu gehen, daß im Bereich der charakterlichen Eignung die „bedingte Eignung" kein zuverlässiges Instrument der Rehabilitation und Resozialisierung sei. Das Problem stellt sich bei der Überprüfung der Einhaltung von Vorsätzen in der Phase der bedingten Eignung, falls die Fahrerlaubnis neu erteilt wurde. Offenbar sehen sich Gutachter und Behörden außerstande, das Risiko auf sich zu nehmen und die Fahrerlaubnis nur „bedingt" zu erteilen, da man der Auffassung ist, daß die neue gesetzliche Regelung (FeV, StVG) nur das Vorhandensein und Nichtvorhandensein von charakterlicher Eignung kennt – eine Zwischenstufe der charakterlichen Eignung ist nicht vorgesehen. Dies spricht für einen Widerspruch, da im Punktsystem die Nichteignung bei 18 Punkten eintritt, jedoch streng genommen nur die Fahrer als charakterlich geeignet gelten, die auf ihrem Punktekonto keinen Punkt haben.

Befähigungsprüfung

Darunter wird die komplette theoretische und praktische Führerscheinprüfung verstanden.

Befundkonstellation

Zusammentreffen verschiedener Einzelbefunde, die ein Gesamtbild ergeben sollen. Dabei ist entscheidend, wie die Einzelbefunde gewichtet werden und daß wirklich alle Befunde berücksichtigt werden, weil das Gesamtbild anderenfalls verzerrt wird und keine wahrheitsgemäße Aussage mehr zuläßt. In den MPU-Gutachten wird in der Regeln nicht im einzelnen dargestellt, weshalb eine Befundkonstellation positiv oder negativ gewertet wurde. Der Begriff wird suggestiv in zumeist in negativer Form verwendet.

Begutachtungsstelle für Fahreignung (BfF-Stelle)

(früher als MPU-Stelle bezeichnet)

Begutachtungsstellen für Fahreignung sind die Institute, in denen die Begutachtung von Kraftfahrern vorgenommen wird, die mit mehr als 1,6 ‰ im Straßenverkehr aufgefallen sind. Die meisten BfF-Stellen in Deutschland werden von den regionalen TÜV-Organisationen getragen, aber es gibt auch einige „private" BfF-Stellen wie PIMA, AVUS. Die Stelle muß bei der Bundesanstalt für Straßenwesen (BASt) akkreditiert sein, über die nötige personelle und räumliche Ausstattung sowie Geräte verfügen, finanziell leistungsfähig sein und sich regelmäßig an einem ebenfalls von der BASt geleiteten Erfahrungsaustausch beteiligen. Die Träger von BfF-Stellen dürfen nicht zugleich Träger von Maßnahmen der Fahrausbildung oder von Kursen zur Wiederherstellung der Fahreignung sein.

Beibringungspflicht

Ein Betroffener kann sich der Anordnung der Behörde, ein Gutachten erstellen zu lassen, normalerweise nicht entziehen. Wenn er sich weigert, wird er natürlich nicht bestraft, er erweist sich jedoch nach geltender Rechtsauffassung bereits deshalb als ungeeignet, und sein Führerscheinantrag wird mit dieser Begründung abgewiesen.

Beratungsgespräch

In der letzten Zeit bieten die BfF-Stellen den Betroffenen vor der eigentlichen medizinisch-psychologischen Begutachtung ein Beratungsgespräch gegen eine Gebühr von ca. 200,– DM an, in dem der Betroffene mit einem Psychologen seinen Fall bespricht und von diesem eine Einschätzung seiner Erfolgschancen bei einer späteren medizinisch-psychologischen Untersuchung und den zu erfüllenden Voraussetzungen erhält. Diese Beratung kann unter Berücksichtigung der Führerscheinakte oder allein aufgrund der Angaben des Betroffenen erfolgen, wobei aber in jedem Fall eine Akte über den Betroffenen angelegt wird, die bei einer späteren Begutachtung auch herangezogen wird. Den Aussagen der BfF-Stellen zufolge sollen die Betroffenen dadurch besser auf die Untersuchung vorbereitet werden. Dem gleichen Zweck dient auch eine seit kurzem vertriebene Videokassette mit Unterstützung der DEKRA, in der ebenfalls Tips zum erfolgreichen „Bestehen" der MPU-Prüfung gegeben werden.

Da hier zweifelsohne erhebliche geschäftliche Interessen im Spiel sind, sollte jeder Ratsuchende ein Beratungsgespräch durch einen nicht den TÜV- oder DEKRA-Organisationen angehörenden Verkehrspsychologen in Anspruch nehmen, schon deshalb, damit die Dinge, die er im Beratungsgespräch über sich berichtet hat, später nicht zu seinem Nachteil verwendet werden können.

Beschönigung

siehe Bagatellisierung

Beta-Alkoholismus

Bei diesem Personenkreis handelt es sich um „normale" Menschen, die gerne in der Kneipe oder in Gesellschaft mit anderen zusammen Alkohol konsumieren. Bei dieser Gruppe sind noch keine Merkmale einer körperlichen Abhängigkeit festzustellen.

Betäubungsmittel

Die Abhängigkeit oder Einnahme von Betäubungsmitteln, die unter das Betäubungsmittelgesetz fallen, oder psychoaktiv wirkenden Substanzen kann die Straßenverkehrsbehörde dazu veranlassen, die Beibringung eines ärztlichen Gutachtens zu verlangen, um die Eignung zum Führen von Kraftfahrzeugen nachzuweisen.

Betroffener

Eine andere Bezeichnung für Auftraggeber, Antragsteller oder Proband in einer Untersuchung.

Bewährungszeitraum

Dadurch, daß ein Kraftfahrer nicht wieder auffällig wird, bewährt er sich im Straßenverkehr. Je länger die Zeit ohne Auffälligkeit, desto günstiger sind die Aussichten dafür, daß der Kraftfahrer auch in Zukunft nicht mehr auffällig werden wird, und desto geringer wird auch die individuelle Rückfallwahrscheinlichkeit. In den MPU-Gutachten wird dieser Begriff häufig dann benutzt, wenn die Gutachter etwa die Dauer der Alkoholabstinenz für noch nicht ausreichend halten und eine Überprüfung der Abstinenz durch eine erneute Untersuchung nach einer gewissen Zeit – in der Regel nach einem Jahr – verlangen.

Beweislast

Die Behörde stellt eine bestimmte Vermutung über die Eignung des Betroffenen aufgrund seiner Verkehrsvorgeschichte an. Es ist Aufgabe des Kraftfahrers, eine ungünstige Vermutung der Behörde zu entkräften und Beweise für das Gegenteil zu erbringen. Er trägt also praktisch die Last des Beweises, obwohl juristisch die Behörde beweispflichtig ist.

Beziehungsgefüge

In der Fahreignungsbegutachtung hauptsächlich das Gefüge sozialer, familiärer, beruflicher Beziehungen, die Halt bieten und daher für die Beurteilung der künftig wahrscheinlichen Eignung von erheblicher Bedeutung sein können.

Die Erforschung des Beziehungsgefüges eines Untersuchten zu seinem Umfeld kommt in den „TÜVologischen" Untersuchungen zu kurz, was stets zum Nachteil des Begutachteten ist.

BfF-Gutachten

Medizinisch-psychologisches Gutachten einer Begutachtungsstelle für Kraftfahreignung.

Blindgang

Grobneurologische Untersuchung zur Prüfung des Gleichgewichts. Bei der Blutentnahme wird die Alkoholeinwirkung bzw. Alkoholverträglichkeit durch Blindgang geprüft, weil ein schwankender Gang auf deutliche Alkoholisierung verweisen kann. Auch bei Schädigungen nach Alkoholmißbrauch über einen längeren Zeitraum treten Störungen des Gleichgewichtssinnes auf, die im Blindgangversuch deutlich werden, und zwar auch in nüchternem Zustand, wenn bereits ein erheblicher Abbau eingesetzt hat.

Blutdruckwert

Der Wert des in den Arterien herrschenden Drucks. Er beruht auf der Pumpleistung der linken Herzkammer und ist u.a. von den elastischen und Trägheitswiderständen in den kleinen Blutgefäßen (peripherer Widerstand) abhängig.

Krankhafter Bluthochdruck mit ständigem diastolischen Wert über 130 mmHg gilt nach der Fahrerlaubnis-Verordnung als eignungsausschließend. Liegt der diastolische Wert ständig zwischen 100 und 130 mmHg und es liegen sonstige ernsthafte Krankheitszeichen vor, wird von bedingter Eignung gesprochen. Ist der diastolische Wert ständig über 100 mmHg und es gibt keine sonstigen Symptome, ist alle drei Jahre eine allgemeine internistische Kontrolle vorgesehen.

Im medizinischen Teil der MPU-Gutachten wird auffallend häufig Bluthochdruck oder Verdacht auf Bluthochdruck bzw. erhöhter Blutdruck diagnostiziert, obwohl es bekannt ist, daß aufgrund einer Einmalmessung keine zuverlässige Diagnose gestellt werden kann. Zwar sagt man, daß übermäßiger bzw. gewohnheitsmäßiger Alkoholkonsum zu krankhaftem Bluthochdruck führen kann, der bei Einmalmessung festgestellte erhöhte Wert ist jedoch kein zuverlässiger Beweis. Es wird in den Befunden nicht zwischen einem aktuellen, etwa wegen der Anspannung bei der Begutachtung hervorgerufenen und dem evtl. krankhaften Bluthochdruck unterschieden und dadurch ein verzerrtes Bild vermittelt.

Blutentnahme(protokoll)

Nach Feststellung der Alkoholkonzentration in der Atemluft bei einer Verkehrskontrolle wird auf der Polizeistation durch einen Arzt eine Blutprobe entnommen, aus der die Blutalkoholkonzentration im Labor bestimmt wird. Gleichzeitig werden personenbezogene Daten erhoben und einfache Tests zur Prüfung der Alkoholwirkung (Blindgang, Finger-Nase-Versuch, Drehen um die eigene Achse, Schriftprobe etc.) gemacht, deren Ergebnisse im Blutentnahmeprotokoll festgehalten werden (Verhaltensbeobachtung). Eine deutlich feststellbare Beeinträchtigung der Koordinations-/Reaktionsfähigkeit spricht dabei für eine geringere Gewöhnung an hohe Trinkmengen (alkoholbedingte Ausfallerscheinungen).

Der Versuch, den individuellen Alkoholabbau aufgrund von zwei zeitlich versetzten Blutentnahmen zu ermitteln, führt zu keinen verläßlichen Werten. Die doppelte Blutentnahme kann ausnahmsweise für Rückschlüsse auf den Verlauf der Blutalkoholkurve bei oder nach der Tat in Betracht kommen, wenn Angaben über Schluß- oder Nachtrunk überprüft werden sollen. Die Polizei hat dafür besondere Anweisungen.

Im Blutentnahmeprotokoll werden die Ergebnisse der Verhaltensbeobachtung (s. o.) vom Arzt durch Markieren vorgegebener, für die Alkoholverträglichkeit charakteristischer Bezeichnungen gekennzeichnet. Bei der MPU-Begutachtung werden diese Kriterien in der Regel nicht einheitlich bzw. tendenziös verwertet: Sprechen sie zu Lasten des Untersuchten, so werden sie herangezogen, könnten sie zu Gunsten des Betroffenen ausgelegt werden, werden sie nicht beachtet.

Da auch die Sachbearbeiter der Führerscheinstellen dieses Blutentnahmeprotokoll bei Ersttätern anläßlich ihrer Anordnung der Beibringung eines MPU-Gutachtens werten, kommt es häufig zu Falschbeurteilungen.

Blutungszwischenfälle

Bei Bluthochdruck können spontane Blutungen dadurch auftreten, daß Gefäße dem Druck nicht standhalten und reißen. Je nach Größe des betroffenen Gefäßes können diese Blutungen ungefährlich oder auch lebensbedrohlich sein (Gehirnblutung). Auf jeden Fall können sie zu plötzlichem Bewußtseinsverlust und damit zur Gefährdung des Straßenverkehrs führen.

Bundesverwaltungsgericht

Die höchste Instanz der Verwaltungsgerichtsbarkeit. Es legt auch grundsätzliche Fragen der Fahreignungsbegutachtung fest. Die Gerichte, Tatsacheninstanzen, können unter bestimmten Voraussetzungen von den Urteilen des Bundesverwaltungsgerichts abweichen.

Bundeszentralregister

In diesem Berliner Amt werden vor allem rechtskräftige Strafurteile festgehalten. Die in Führerscheinangelegenheiten erforderlichen Führungszeugnisse werden hier erstellt.

Cannabis

Droge, die unter das Betäubungsmittelgesetz fällt und bei regelmäßiger Einnahme die Eignung zum Führen von Kraftfahrzeugen ausschließt. In dem in der neuen Fahrerlaubnis-Verordnung enthaltenen „Eignungs- oder Mängelkatalog" wird die Eignung bei gelegentlicher Einnahme von Cannabis nur bejaht, wenn eine strikte Trennung von Cannabis-Konsum und Fahren sowie keine anderen Rauschmittel bzw. Persönlichkeits- störungen oder Kontrollverlust gegeben sind.

CDT (Carbohydrate Deficient Transferrin – Kohlenhydratdefizientes Transferrin)

Normalwerte: weibl.: < 26 U/l, männl.: < 20 U/l.

Neueste Untersuchungsmethode. Laborchemischer Marker zum Nachweis eines Alkoholkonsums von mehr als 60–80 g reinem Alkohol über einen Zeitraum von mehr als sieben Tagen. Bei Vorliegen eines solchen Trinkverhaltens erhöht sich die CDT-Konzentration im Serum. Es ist anzumerken, daß ein einmaliger Konsum von großen Alkoholmengen nicht zu einem Anstieg der Konzentration führt. Dadurch ist der CDT-Wert im Vergleich zu anderen häufig verwendeten Laborparametern wie GGT (s. u.) oder MCV (s. u.) wesentlich treffsicherer (90 %) beim Nachweis von langfristigem Alkoholmißbrauch. Es entfallen die vielen Faktoren, die nicht alkoholbedingt sind, aber trotzdem z. B. beim GGT eine deutliche Erhöhung auslösen. Eine Überschneidung der CDT-Werte bei Patienten mit übermäßigem Alkoholkonsum und Patienten mit Lebererkrankungen, die nicht alkoholbedingt sind, findet praktisch nicht statt (Ausnahme: Patientinnen mit primär biliärer Zirrhose).

Erhöht bei Hämochromatose, bei alkoholbedingten Leberschäden und hepatozellulären Nekrosen.

(G. Schettler, Innere Medizin, Band II, 7. Auflage, Thieme Verlag, Stuttgart 1987, S. 245)

Medikamenteneinflüsse auf den CDT-Spiegel sind in der Fachliteratur bis jetzt nicht bekannt. Insgesamt besteht allerdings die Meinung, daß CDT-Spiegel zwischen 20–30 U/l nur bei gleichzeitig über Normal erhöhter GGT als Hinweis für einen Alkoholkonsum gewertet werden sollte.

Allerdings ist die Fachwelt in der Frage des klinischen Einsatzes von CDT zum Nachweis oder Ausschluß von chronischem Alkoholmißbrauch gespalten. In einer aktuellen Studie aus dem Jahre 1998 kommen U. M. Schmitt et al. zu dem Schluß, daß CDT wegen seiner unzureichenden diagnostischen Spezifizität und Sensitivität für einen klinischen Einsatz als Marker für Alkoholmißbrauch nicht in Frage kommt.

Die Bestimmung des CDT-Wertes erfolgt bei den BfF-Stellen der TÜV-Organisationen nicht. Bei Verdachtsdiagnose weisen die BfF-Stellen auch nicht darauf hin, daß der CDT-Wert eine Klärung herbeiführen könnte. Wenn in einem MPU-Gutachten aufgrund eines geringfügig erhöhten GGT-Wertes ohne Bestimmung des CDT-Wertes übermäßiger Alkoholkonsum oder unglaubhafte Angaben zum Alkoholtrinkverhalten behauptet werden, muß diese Schlußfolgerung als nicht nachvollziehbar abgelehnt werden.

Deliktbewertung

Einschätzung der Schwere und Bedeutung der Verkehrsverstöße für die künftig wahrscheinliche Eignung des Untersuchten. Diese Bewertung kann vom Untersuchten selbst oder dem Gutachter vorgenommen werden, wobei anzumerken ist, daß es sich um eine rein subjektive Einschätzung handelt, da keine zuverlässigen wissenschaftlichen Methoden bekannt sind, die mit hinreichender Sicherheit eine zutreffende Prognose erlauben. Bei der psychologischen Begutachtung der charakterlichen Eignung zum Führen von Kraftfahrzeugen kommt der realistischen und selbstkritischen Bewertung der früheren eigenen strafbaren Handlungen naturgemäß eine wichtige Bedeutung zu. In den MPU-Gutachten findet sich nur selten eine korrekte Wiedergabe der Deliktbewertung durch den Untersuchten selbst, was häufig auch Ursache falscher Beurteilungen ist.

Deliktdaten

Objektive Daten einer strafbaren Handlung (Tatzeit, Tatort, Tatverlauf, Tatbeteiligte, BAK-Wert usw.). Kategorisierte Deliktdaten können eine Grundlage der künftigen Rückfallwahrscheinlichkeit etwa eines ehemaligen Trunkenheitsfahrers sein.

Deliktvermeidung

Verhaltensmuster oder (Vermeidungs-)Techniken zur Verhinderung der Wiederholung der Straftat bzw. des erhöhten Alkoholkonsums, wenn dieser Ursache einer strafbaren Handlung war. Dazu können die Aufgabe von bestimmten Freundeskreisen, des Kneipenbesuchs oder der Umstieg auf andere (alkoholfreie) Getränke zählen.

Delta-Alkoholismus

Bei dieser Form des Alkoholismus kann der Betroffene nicht mehr ohne Alkoholkonsum existieren, da bereits Entzugserscheinungen auftreten können. In dieser speziellen Form wird ständig Alkohol getrunken, ohne daß der Kranke dabei die Kontrolle über sein eigenes Verhalten verliert bzw. darüber, wieviel er zu einer bestimmten Zeit trinken will. Diese Form des Alkoholkonsums kann über Jahre hinweg anhalten, und der Betroffene ist nicht in der Lage, die Abstinenz durchzuhalten.

diagnostisches Gespräch (Exploration)

Klären (explorieren) von Problemen, Zusammenhängen, auch psychologische Befragung. Subjektive Methode, deren Ergebnisse durch den Psychologen bzw. dessen Vorurteile verfälscht werden können (Suggestivfragen usw.)

Regelmäßig Bestandteil der medizinisch-psychologischen Untersuchung in den BfF-Stellen der TÜV-Organisationen und fast ausschließlich deren einzige psychologische Untersuchungsmethode. Dabei müßte der Psychologe zunächst die Umstände der Verkehrsauffälligkeiten und deren offensichtliche Motive ebenso wie die sozialen, familiären und zwischenmenschlichen Beziehungen des Untersuchten analysieren. Diese Befragung müßte in den BfF-Stellen nach einem streng standardisierten Schema erfolgen und schriftlich fixiert werden. Aufgrund der Mitschrift müßte der Psychologe die Exploration der betreffenden Persönlichkeit und ihrer Konflikte mit den ihm zur Verfügung stehenden Mitteln nach bestimmten Kriterien auswerten und mit den Ergebnissen objektiver, standardisierter Tests vergleichen, um etwaige subjektive Verfälschungen auszuschließen. Einige Psychologen benutzen Laboratoriumssituationen oder Interaktionssituationen. andere messen ausschließlich dem psychologischen Gespräch Bedeutung bei (psychologische Exploration im engeren Sinne), in dem die Erlebnisinhalte eines Lebenslaufs zur Sprache kommen, was die Bewußtmachung erleichtert und bis zu einer Änderung der Persönlichkeit führen kann.

(nach: Lexikon der Psychologie, Herder Verlag, Freiburg 1980, S. 548)

Die wörtliche Mitschrift der Exploration müßte zumindest in den wesentlichen Passagen in nachvollziehbarer Weise im Gutachten wiedergegeben werden. Darin liegt stets ein erheblicher Mangel, weil der Weg, den der Gutachter aufgrund der Aussagen und Erklärungen des Untersuchten beschritten hat, nicht nachvollziehbar bleibt. Es ist auffallend, daß die Exploration in positiven MPU-Gutachten in der Regel überhaupt nicht wiedergegeben wird, während in negativen MPU-Gutachten entweder bruchstückhafte Zitate mit den Kommentaren des Gutachters vermengt sind, oder der Gutachter gibt die angeblichen Äußerungen des Untersuchten in indirekter Rede, jedoch stets negativlastig wieder.

Im „TÜVologischen" Sprachgebrauch wird die Exploration wohl deshalb „diagnostisches Gespräch" genannt, weil es das einzige Instrument der Diagnose ist.

Differentialdiagnose

Unterscheidung zwischen ähnlichen, dem Wesen nach unterschiedlichen Krankheitsbildern. In der Differentialdiagnostik werden durch verschiedene Mittel der Diagnostik wie z. B. Labortests Unterscheidungen getroffen zwischen Krankheitsbildern, die ähnliche Symptome aufweisen, so daß die Krankheiten gegeneinander abgegrenzt werden können.

(nach: Duden, Großes Lexikon der deutschen Sprache, Duden Verlag, 1994)

Es ist ein erheblicher Mangel von MPU-Gutachten, daß weder Ärzte noch Psychologen sich die Mühe machen, eine Differentialdiagnose zu stellen. Statt dessen wird schematisch nach den Vorurteilen entschieden, die bereits nach Aktenlage entstehen.

Es ist nicht selten, daß etwa bei erhöhtem GGT-Wert im Gutachten lapidar ausgeführt wird, da der ehemalige Trunkenheitsfahrer keine anderen Gründe für den Anstieg seiner Leberwerte nennen konnte, könne die Ursache nur Alkoholkonsum sein.

Doppelbegutachtung

Die Kombination der medizinischen und psychologischen Eignungsuntersuchung. In den BfF-Stellen findet in der Regel immer eine Doppelbegutachtung statt, was von vielen Juristen kritisiert wird.

Eigendynamik

Eine Entwicklung, die eigenen Gesetzmäßigkeiten folgt und von außen nur schwer zu beeinflussen oder zu stoppen ist. Auch Verselbständigung von Entwicklungen, z. B. des Alkoholtrinkverhaltens.

Eignung

Allgemeine und umfassende Bezeichnung für den Grad der Möglichkeit eines Individuums, in einem bestimmten Leistungsbereich (z. B. Teilnahme am öffentlichen motorisierten Straßenverkehr) durch **Übung** ein bestimmtes Leistungsniveau zu erreichen. Ebenfalls gleichbedeutend mit **Leistungsfähigkeit** bzw. **Fähigkeit** im Sinne einer angeborenen Disposition, eines angeborenen Vermögens verwendet.

(nach: Drewer/Fröhlich, Wörterbuch zur Psychologie, dtv, München 1968, S. 63)

In bezug auf den motorisierten Straßenverkehr wird die Eignung eines Kraftfahrers in der Fahrerlaubnis-Verordnung festgelegt (s. dort). Die Kraftfahreignung ist demnach ein juristischer und nicht psychologischer oder medizinischer Begriff. Über die Eignung entscheidet deshalb nur die Verwaltungsbehörde.

Eignung, charakterliche

Dieser Begriff ist weder in den „Eignungsrichtlinien", im Straßenverkehrsgesetz noch der Fahrerlaubnis-Verordnung definiert, wird aber trotzdem häufig verwendet. In den meisten Fällen soll damit die Tatsache beschrieben werden, daß ein Kraftfahrer Punkte im Verkehrszentralregister hat und seine Fahrerlaubnis gefährdet ist oder die Fahrerlaubnis aufgrund von Gründen nicht (wieder) erteilt wird, die weder körperliche noch geistige Mängel darstellen.

Eignungsbedenken, -zweifel

„TÜVologisches" Kunstwort, das immer negativen Inhalts ist und die nicht näher genannten Gründe kaschiert, die für die Verwaltungsbehörde den Anlaß für die Anordnung einer Begutachtung darstellen. In der Regel müssen damit die konkreten Verkehrsverstöße gemeint sein, die den Untersuchungsanlaß bilden. In der Praxis werden in dieses Kunstwort aber auch jene Verkehrsverstöße zumindest indirekt aufgenommen, die aus dem Verkehrszentralregister bereits getilgt, aber weiterhin in der Führerscheinakte enthalten sind. Durch die mit diesem Kunstwort verkürzte Wiedergabe eines komplexen Inhalts wird der Eindruck erweckt, es handele sich um einen klar definierten Kriterienkatalog, dessen Kriterien, somit auch die „Eignungsbedenken", nur einfach „abgehakt" werden müssen, was in Wirklichkeit jedoch nicht der Fall ist. Die „TÜVologischen" MPU-Gutachter verwenden dieses Kunstwort mit offensichtlicher Vorliebe, wobei sie diesen generalisierten Ausdruck immer so einsetzen, daß sie betonen, nicht sie, sondern nur die Verwaltungsbehörde habe „Eignungsbedenken". Sie erwecken dadurch häufig den völlig falschen Eindruck, sie seien nur bemüht, den Untersuchten gegenüber der Behörde zu „entlasten". Da bekanntlich rund zwei Drittel aller MPU-Gutachten seit Jahren negativ ausfallen, machen die „TÜVologischen" MPU-Gutachter weit überwiegend keine *„Entlastungsdiagnostik"* (Kroj, 1995), sondern eine *„Nachweisdiagnostik"* (Kroj, 1995), indem sie i. d. R. bereits aufgrund von mitunter Jahre zurückliegenden Verkehrsauffälligkeiten den „Nachweis" führen, daß die „Eignungsbedenken der Behörde nicht zerstreut werden können".

Eignungsprognose

Kunstwort, das verkürzt die Prognose hinsichtlich der künftig wahrscheinlichen Eignung einer Person zum Führen von Kraftfahrzeugen im öffentlichen motorisierten Straßenverkehr beschreibt.

Eine psychologische Prognose ist im engeren Sinne eine Wahrscheinlichkeitsvorhersage von zukünftigen Handlungsabläufen aufgrund gegenwärtigen und vergangenen Verhaltens.

(Lexikon der Psychologie, Herder Verlag, Freiburg 1980, S. 1685)

Die Prognose wird üblicherweise entweder in Prozentzahlen im Verhältnis zu einer Bezugsgruppe oder in Form einer globalen Eignungsbeurteilung formuliert. Das Bundesverwaltungsgericht (7 C 87.84 vom 20. 2.1987) erkennt die „Verwendung von Prozentzahlen als Maßstab für die festliegende allgemein gültige Eignungsgrenze" nicht an. Die wissenschaftliche Eignungsdiagnostik kennt in der Beurteilung der Kraftfahreignung keine absoluten Aussagen. Ohne klare Definition der Eignung ist es logischerweise nicht möglich, eine entsprechende Eignungsprognose abzugeben.

In den MPU-Gutachten finden sich dessen ungeachtet in Form von Behauptungen formulierte Eignungsprognosen: „Der Untersuchte ist ungeeignet".

Eignungsrichtlinien

Kurzform für die juristischen „Richtlinien für die Prüfung der körperlichen und geistigen Eignung von Fahrerlaubnisbewerbern und -inhabern" des Bundesministers für Verkehr vom 1. 12. 1982 einschließlich der späteren Änderungen, die bis zum 31. 12. 1998 in Kraft waren. Sie sind teilweise in die neue Fahrerlaubnis-Verordnung eingegangen, und die verbleibenden Teile werden derzeit überarbeitet.

Eignungsvoraussetzungen

In der Kraftfahreignung bis vor kurzem unbestimmter Begriff. Gemeint ist damit bei körperlichen Gebrechen die Fähigkeit, diese zu kompensieren; bei charakterlicher Ungeeignetheit die Erfüllung jener Voraussetzungen, die den Kraftfahrer wieder als geeignet erscheinen lassen.

Bei ehemaligen Trunkenheitsfahrern sind die Eignungsvoraussetzungen nach den Kriterien der BfF-Stellen des TÜV in den folgenden Fällen erfüllt:

1. Das Alkoholtrinkverhalten wurde ausreichend und stabil geändert.

2. Die Änderung ist ausreichend, wenn die erhöhte Alkoholgewöhnung abgebaut ist und Alkohol entweder gar nicht mehr oder nur in geringen und damit überschaubaren Mengen getrunken wird.

3. Die Änderung ist stabil, wenn sie aus einem angemessenen Problembewußtsein heraus erfolgt und in das Gesamtverhalten integriert ist.

4. Es dürfen keine körperlichen Befunde vorhanden sein, die auf miß-
bräuchlichen Alkoholkonsum in jüngster Vergangenheit hindeuten.

5. Es dürfen keine Anhaltspunkte für wesentliche Leistungsbeeinträch-
tigungen bestehen.

Einsicht

Bezeichnung für direktes Erfassen von Bedeutungs- oder Sinnzusam-
menhängen, ermittelt durch die Methode der Selbstbeobachtung (Drewer/
Fröhlich, Wörterbuch zur Psychologie, dtv, München 1968, S. 64).

In den MPU-Gutachten ist Einsicht ein vielstrapazierter Begriff. Die Forderung nach Einsicht in die Zusammenhänge der Ursachen und Bedingungen früher fehlerhaften Verhaltens ist natürlich verständlich, denn
ohne selbstkritische Einsicht kann es keine Verhaltensänderung geben.

Zu kritisieren ist allerdings die Art und Weise wie in den MPU-Gutachten die Einsicht, Einsichtsfähigkeit und Einsichtsbereitschaft eines
Untersuchten angeblich festgestellt bzw. auch dargestellt wird. Nicht
jeder ist bekanntlich in der Lage, sich zu diesem Thema entsprechend zu
äußern, was eigentlich nicht dazu führen dürfte, daß daraus Uneinsichtigkeit abgeleitet wird, was allzu häufig passiert.

Einspruch

Ein förmlicher Rechtsbehelf im Verwaltungsrecht, über den die Behörde
entscheidet, die den Verwaltungsakt erlassen hat. In Führerscheinangelegenheiten ist das Einspruchsverfahren durch das Widerspruchsverfahren
abgelöst worden.

Einstellungen

Eine Einstellung wird normalerweise als eine Wahrnehmungsorientie-
rung und Reaktionsbereitschaft in Beziehung zu einem besonderen
Objekt oder zu einer Klasse von Objekten definiert. Einige Einschränkungen müssen jedoch hinzugefügt werden:

a) Einstellungen sind relativ dauerhafte Handlungstendenzen. Sie unterscheiden sich dadurch von **Erwartungen,** die sich normalerweise
mehr auf vorübergehende Reaktionsbereitschaften beziehen. Das
bedeutet nicht, daß sich Einstellungen nie ändern können (die Erforschung der Einstellungsänderung ist ein sehr bedeutendes Arbeitsge-

biet in der Sozialpsychologie), sondern nur, daß sie äußerst widerstandsfähig gegen Veränderungen sind.

b) Der Begriff der Einstellungen hat in der Psychologie den wissenschaftlichen Status eines hypothetischen Konstruktes. Eine Einstellung kann nicht direkt beobachtet werden, sondern muß aus dem zu beobachtenden Verhalten erschlossen werden, z. B. aus verbalen **Meinungsäußerungen** oder aus psychologischen Veränderungen, die sich aus der Wahrnehmung des Einstellungsobjektes ergeben, ferner auch aus beobachtbaren Handlungsfolgen in bezug auf das Objekt. Keine dieser Beobachtungsvariablen kann mit Einstellungen gleichgesetzt werden; sie können nur als Indikatoren, Maßstäbe oder „operationale Definitionen" benutzt werden.

(Lexikon der Psychologie, Herder Verlag, Freiburg 1980, S. 436 ff.)

Unter „verkehrsbezogenen Einstellungen" werden z. B. verstanden: Risikobereitschaft, Selbstwahrnehmung, Aggression, Emotion, emotionales Autofahren usw.

Einstellungen sind mit psychologischen Instrumenten (Tests) meßbar. Einstellungen bilden in den MPU-Gutachten eine der Beurteilungsgrundlagen, ohne daß die BfF-Stellen die vorhandenen standardisierten Tests einsetzen würden. Die „Messung, Bestimmung" von für die Kraftfahreignung maßgeblichen Einstellungen nehmen die TÜV-Psychologen aufgrund eines kurzen Gesprächs (Exploration) vor – was nicht das geringste mit wissenschaftlicher Methodik zu tun hat.

Einstellungs- und Verhaltensänderung

Häufig verwendete Phrase in MPU-Gutachten. Eine Änderung der Einstellungen (s. auch dort) ist das Ziel therapeutischer Maßnahmen, wobei zu beachten ist, daß sich Einstellungen nur langfristig verändern lassen. Die Verhaltensänderung zielt darauf ab, bestimmte Verhaltensstörungen oder nicht der Norm angepaßtes Verhalten zu verlernen und entsprechend angepaßtes Verhalten auf der Grundlage von lernpsychologischen Gesetzmäßigkeiten zu erlernen. Die Theorie der Verhaltensänderungen basiert auf der These, daß jede Verhaltensstörung erlernt wurde und durch entsprechendes Gegenlernen abgebaut werden kann. Unterstützt wird dies durch den Aufbau von gegenteiligen Verhaltensweisen. Hierbei erfolgt eine Neuordnung der Konsequenzen des individuellen Verhaltens im Umfeld des einzelnen.

(nach: Lexikon der Psychologie, Herder Verlag, Freiburg 1980, S. 2459)

Einstellungs- und Verhaltensänderung ist in den MPU-Gutachten stets eine Eignungsvoraussetzung. Dabei wird in jedem Fall davon ausgegangen, daß die zu verändernde Verhaltensweise des Untersuchten eine verfestigte, überdauernde ist – was man zumindest bei einem erstmalig aufgefallenen Trunkenheitsfahrer nicht von vornherein annehmen kann.

Entlastungsfunktion, psychische

Kunstbegriff der MPU-Begutachtung. Es wird hier auf die Rolle des Alkohols als entspannendes Mittel und die Tatsache Bezug genommen, daß insbesondere Personen, die unter starkem beruflichen oder persönlichen Streß stehen, Entspannung durch den Genuß von Alkohol suchen und zeitweilig auch finden. Als Folge der sich daraus entwickelnden Trinkgewohnheit erhöht sich die subjektive Alkoholtoleranz und die Gefahr, daß zwischen „Trinken und Fahren" nicht mehr konsequent getrennt wird, weil auch bei höherem Alkoholkonsum keine Beeinträchtigungen empfunden werden.

Entziehung der Fahrerlaubnis

Kann vom Gericht und von der Verwaltungsbehörde verfügt werden. Sie kann vorläufig, aber auch mit sofortiger Wirkung erfolgen.

Durch die Entziehung der Fahrerlaubnis verliert der Führerschein seine Gültigkeit.

Entziehungsandrohung

Aufgrund der vermuteten Ungeeignetheit eines Kraftfahrers teilt die Verwaltungsbehörde ihre Absicht mit, die Fahrerlaubnis entziehen zu wollen. In der Regel wird dem Betroffenen gleichzeitig die Möglichkeit eingeräumt, zu den Gründen der beabsichtigten Entziehung Stellung zu nehmen bzw. ein Gutachten beizubringen. Es ist wichtig, auf die Androhung zu reagieren und sofort mit dem Sachbearbeiter Kontakt aufzunehmen, da sonst die Entziehung verfügt wird.

Epsilon-Alkoholismus

Hierbei handelt es sich um eine Form des Alkoholismus, bei der in mehr oder minder kurzen Abständen große Mengen von Alkohol getrunken werden und ein Kontrollverlust eintritt. Dieses übermäßige Trinken kann mehrere Tage, Wochen oder sogar Monate anhalten, aber danach ist der Epsilon-Trinker in der Lage, sogar für eine bestimmte Zeit ganz auf Alkohol zu verzichten.

Erfahrungstatsache

In sich widersprüchlicher Begriff der „TÜVologischen" Sprachregelung. Erfahrungen sind grundsätzlich personenbezogene Erlebnisse und Erkenntnisse, die für jede einzelne Person unterschiedlich sein können, während Tatsachen objektiv erkennbare Fakten beschreiben. Es wird also – ohne eine entsprechende wissenschaftliche Untersuchung durchgeführt zu haben – versucht, bestimmte, häufig beobachtete Gegebenheiten als wissenschaftlich gesichertes und durch entsprechende Experimente etc. bewiesenes Wissen darzustellen. Natürlich lassen sich aufgrund eigener Erfahrungen bestimmte Vermutungen formulieren, diese sind aber solange nicht als gesicherte Tatsache anzusehen, wie sie nicht wissenschaftlich nachgewiesen sind.

Ersttäter

Kein juristischer Begriff. Im „Fachchinesisch" jedoch weitverbreiteter Begriff für den erstmals aufgefallenen Promille-Fahrer.

Bei diesem Kurzbegriff bleibt unklar, ob es sich bei den Verstößen um Straftaten oder Ordnungswidrigkeiten handelt – also wie schwer diese Delikte waren. Im Interesse einer einzelfallbezogenen Darstellung/Begutachtung müßte klarer definiert werden, durch welche Merkmale sich diese Gruppe zusätzlich auszeichnet, denn es erscheint z. B. fragwürdig, Trunkenheitsfahrer mit einer BAK von 0,81 ‰ mit solchen gleichzusetzen, die mit 1,99 ‰ verkehrsauffällig wurden.

Exploration

siehe „diagnostisches Gespräch"

Facharzt mit verkehrsmedizinischer Qualifikation

In der neuen Fahrerlaubnis-Verordnung genannte Person, die auf Beschluß der Straßenverkehrsbehörde Gutachten über die Eignung zum Führen von Kraftfahrzeugen erstellen kann, um die Eignungszweifel der Behörde auszuräumen. Die genaue Definition einer „verkehrsmedizinischen Qualifikation" fehlt noch.

Fahrbewährung

Kunstwort zur Wiedergabe der Tatsache, daß durch eine unauffällige, den Verkehrsvorschriften angepaßte Teilnahme am öffentlichen motorisierten Straßenverkehr über einen gewissen Zeitraum die Eignung nachgewiesen werden kann. Starke Verkürzung der Aussage durch Bildung eines Kompositums, das für einen gesamten Satzteil steht (etwa: Bewährung durch vorschriftsmäßige Fahrtätigkeit oder: Fahrtätigkeit zum Zwecke der Bewährung als Straßenverkehrsteilnehmer). Dadurch ist die Bedeutung dieses Wortes nicht mehr eindeutig und offen für verschiedene Interpretationsmöglichkeiten.

Fahreignung (auch Kraftfahreignung)

„Die Eignung zum Führen von Kraftfahrzeugen ist aus der Sicht des Gesetzgebers eine persönliche Eigenschaft, die durch Maßnahmen der Sicherung und Besserung verändert werden kann (vgl. u. a. § 69 StGB)" – (zitiert nach Kroj, 1995, S. 52).

Es handelt sich dabei in erster Linie um einen rechtsnormativen Begriff.

Im allgemeinen werden **körperliche, geistige** und **charakterliche** Fahreignung unterschieden und natürlich auch begutachtet.

Während die körperliche und die geistige Eignung durchaus klar definiert werden kann, geben sogar führende „TÜVologen" frei zu, daß *„der Begriff der **charakterlichen Eignung** sehr weit zu verstehen ist"* (Kroj, 1995, S. 20).

Fahrende Trinker

In Fußnote 7 der bis zum 31. 12. 1998 geltenden Eignungsrichtlinien wird im Teil „Begründung" ausgeführt, daß es sich bei Kraftfahrern, die mit 2,0 ‰ oder mehr eine Trunkenheitsfahrt begehen, „in der Regel nicht mehr um trinkende Fahrer, sondern um fahrende Trinker handelt."

Fahrerlaubnis

Die Erlaubnis der Verwaltungsbehörde, ein Kraftfahrzeug mit einer Höchstgeschwindigkeit von mehr als 6 km/h führen zu dürfen. Ohne Fahrerlaubnis gibt es keinen Führerschein.

Fahrerlaubnis auf Probe

Für Fahranfänger gibt es nach dem Erwerb der Fahrerlaubnis eine zwei-jährige Probezeit, in der Verkehrsverstöße besonders streng geahndet werden. Durch die neue Fahrerlaubnis-Verordnung verlängert sich ab dem 1. Januar 1999 die Probezeit von zwei auf vier Jahre, wenn Sie wegen schwerer Verstöße im Straßenverkehr zu einem Aufbauseminar verpflichtet werden.

Fahrerlaubnis mit Auflagen

Auflagen für die Erteilung einer Fahrerlaubnis können bei körperlichen, geistigen oder charakterlichen Mängeln verhängt werden (siehe auch „be-dingte Eignung"). Die Auflagen haben das Ziel, den vorhandenen Mangel gleich welcher Art auszugleichen und damit die Teilnahme am Straßenver-kehr zu ermöglichen. Sie werden in den Führerschein eingetragen. Zu den möglichen Auflagen zählen beispielsweise: Fahrerlaubnis nur für Fahr-zeuge mit einer bestimmten Höchstgeschwindigkeit, Tragen einer Brille, Fahren nur bei Tage oder in einem bestimmten Umkreis von Wohnort.

Fahrerlaubnisklassen, neue

Infolge der Umsetzung der 2. EU-Fahrerlaubnisrichtlinie in deutsches Recht werden ab dem 1. Januar 1999 die bisherigen Fahrerlaubnisklas-sen ersetzt, die in der gesamten EU einheitlich sind.

Fahrerlaubnis-Verordnung (FeV)

Die „Verordnung über die Zulassung von Personen zum Straßenverkehr (Fahrerlaubnis-Verordnung [FeV])" vom 16. 8. 1998 trat zum 1. Januar 1999 in Kraft und setzt europäische Richtlinien in deutsches Recht um. Sie faßt die zuvor getrennten Regelungen über die Fahrerlaubnisprüfung, Fahrerlaubnisklassen, Fahrerlaubnis auf Probe sowie das Punktsystem, die Eignung und Eignungsbegutachtung und das neue Fahrerlaubnisre-gister in einem einzigen Regelwerk zusammen und enthält zudem viele Neuerungen wie z. B. die verkehrspsychologische Beratung oder Auf-bauseminare (siehe auch dort).

Fahrtauglichkeit

Von den BfF-Stellen gebildeter Begriff in Anlehnung an den im Gutach-ten „Krankheit und Kraftverkehr" genannten und in der Rechtsprechung definierten Begriff der Fahreignung. Ein charakterlich nicht geeigneter Kraftfahrer kann geistig und/oder körperlich durchaus fahrtauglich sein. Fahrtauglichkeit beinhaltet Fähigkeiten und Fertigkeiten, während die Fahreignung ein rein rechtlicher, rechtsnormativer Begriff ist.

FE

Abkürzung für: Fahrerlaubnis. In der Umgangssprache auch als „Führerschein" bezeichnet, obwohl streng genommen der Führerschein lediglich das Dokument ist, das der Besitzer der Fahrerlaubnis mit sich zu führen hat, um nachweisen zu könne, daß er in Besitz der Fahrerlaubnis ist, d. h., daß er fahren darf, während die Fahrerlaubnis die amtliche Genehmigung darstellt, am öffentlichen motorisierten Straßenverkehr teilnehmen zu dürfen.

Fehleinstellungen

Siehe auch Einstellungen. Kunstwort der „TÜVologischen" Sprachregelung, das im Sinne der Fahreignung der Norm nicht entsprechende Einstellungen bezeichnen soll, d. h., die Anpassung an die geltenden Rechtsnormen und Vorschriften im Straßenverkehr ist unzureichend. Im Hinblick auf das Trinkverhalten wird wohl auf eine ungenügende Trennung von „Trinken und Fahren" bzw. eine fehlerhafte Einschätzung eines u. U. problematischen Alkoholkonsums angespielt.

Fehleinstellungen werden auch bei Kraftfahrern angenommen, die durch wiederholte, in nüchternem Zustand begangene Verstöße auffällig wurden (Punkte-Sammler, Mehrfachtäter-Punktsystem).

Es ist bezeichnend, daß hier nicht der allgemeinsprachlich verständliche Begriff „Einstellungsfehler" verwendet wird. Die Wortbedeutung erhält dadurch eine andere Nuance, die nicht mehr besagt, daß es sich um einen „Fehler in den Einstellungen" handelt, wobei Fehler natürlich immer auch korrigiert werden können. „Fehleinstellungen" weisen demgegenüber auf etwas grundsätzlich Falsches hin – „fehlerhafte Einstellungen" –, das einer Korrektur wesentlich schwerer zugänglich ist.

Fehlhaltungen

Zur Analyse der Wortzusammensetzung siehe auch unter „Fehleinstellungen". Hier wird auf seelische Haltungen im Sinne charakterlicher Festigkeit, Gesinnung und Zielsetzung Bezug genommen. Im übertragenen Sinne ist dieser Begriff mit „Fehleinstellungen" gleichzusetzen. Laut Duden beschreibt das Wort „Haltung" die innere Grundeinstellung, die das Denken und Handeln prägt bzw. das Verhalten, das durch eine bestimmte innere Einstellung, Verfassung hervorgerufen wird.

Fehlverhalten, Fehlverhaltensweisen

Synonyme. Zur Wortzusammensetzung siehe auch „Fehleinstellungen". Der Begriff „Verhalten" ist eine allgemeine Bezeichnung für die Gesamtheit aller beobachtbaren, feststellbaren oder meßbaren Aktivitäten eines Wesens, meist aufgefaßt als Reaktion auf bestimmte Reize, mit denen das Wesen in bestimmten lebensweltlichen Situationen konfrontiert ist. Verhalten ist aber nicht nur auf das objektiv Beobachtbare beschränkt, sondern schließt auch geistige Tätigkeiten (z. B. Denkvorgänge) oder Vorgänge wie bewußtes Erleben mit ein. Dazu zählt dann natürlich auch das Verhalten gegenüber etwas oder jemand anderem. Die Vorstellung des „Fehlverhaltens" geht davon aus, daß bestimmte Verhaltensmuster (s. auch dort) als allgemeingültige Norm gelten und daß man sich diesen Normen anpassen muß. Dabei ist der Begriff Fehlverhalten nicht so weitgehend, daß notwendigerweise rechtliche Normen verletzt werden – es handelt sich eher um eine Verletzung der Normen und Kategorien, die von „Fachleuten" mit oder ohne wissenschaftliche Überprüfung als korrekte und damit allein gültige Normen festgesetzt werden.

Fettleber

Häufigste Lebererkrankung mit vermehrter Fettablagerung in die Leberzellen (mäßiggradig 10 % bis maximal 50 %); die häufigsten Ursachen sind: Alkoholmißbrauch, Zuckerkrankheit (Diabetes mellitus), falsche Ernährung (Über- oder Untergewicht), Medikamente, z. B. Tetrazykline, Kortison, Pilzgifte. Die Leber ist vergrößert, prall elastisch oder derb.

Finger-Nase-Versuch

Abk.: FNV; Test zur Prüfung der Koordinationsfähigkeit: Proband muß mit dem Zeigefinger die Nasenspitze zuerst mit offenen, dann mit geschlossenen Augen berühren; bei Koordinationsstörungen und Tremor können diese Bewegungen nicht einwandfrei ausgeführt werden. Grobneurologische Standardprüfung anläßlich der Blutentnahme nach einer Trunkenheitsfahrt und bei der MPU. Dem FNV wird eine häufig überzogene Bedeutung beigemessen.

Fragestellung

Die von der Behörde für die Gutachterstelle formulierte Aufgabe bei einer Eignungsuntersuchung.

Führerschein

Der Nachweis der erteilten Fahrerlaubnis, der beim Autofahren immer mitzunehmen ist. Mit Entzug der Fahrerlaubnis wird der Führerschein sofort ungültig.

Führerscheinakte

Über jeden Führerscheininhaber wird in der Führerscheinstelle der Verwaltungsbehörde seines Wohnsitzes eine Akte geführt, in der unzulässigerweise in der Regel auch die längst gelöschten Eintragungen enthalten sind. Die Berücksichtigung gelöschter Eintragungen ist nach wie vor ein Streitgegenstand zwischen Juristen, Psychologen und Behörden. Führerscheinstellen berufen sich häufig darauf, daß das BZRG für Verfahren in Fahrerlaubnissachen eine Ausnahme vom Verwertungsverbot getilgter Strafen vorsieht (§§ 50, S2II.). Nach der neuen Fahrerlaubnis-Verordnung sind die Fahrerlaubnisdaten der Fahrerlaubnisinhaber künftig an das zentrale Fahrerlaubnisregister weiterzumelden.

Führerscheinstelle

Die Abteilung der für Ihren Wohnsitz zuständigen Verwaltungsbehörde, die alle Angelegenheiten rund um den Führerschein bearbeitet.

Gamma-Alkoholismus

Die Suche nach Erleichterung mit Hilfe von Alkohol führt zu häufigerem und stärkerem Alkoholgenuß. Dies kann sogar zu körperlicher Abhängigkeit führen, die sich in „Kontrollverlust" ausdrückt. Es wird immer häufiger bis zum Rausch weitergetrunken, wodurch ein Anzeichen der Sucht erfüllt ist. Häufigste Form des Alkoholismus in der Bundesrepublik.

Gefährdungsfaktor

Negativ belegte Wortschöpfung, welche einen bestimmten, klar definierbaren Umstand beschreibt, der zu einer Gefährdung im Straßenverkehr führen kann. Auch im Bereich der körperlichen Voraussetzungen gibt es Faktoren, wie ein mangelhaftes Sehvermögen, Farbsinnschwäche, die eine potentielle Gefährdung im Straßenverkehr darstellen. Ziel der medizinischen und/oder medizinisch-psychologischen Untersuchung ist es, die Fähigkeit des Begutachteten zu prüfen, potentielle Gefährdungsfaktoren z. B. durch besonders umsichtige Fahrweise auszugleichen oder spezielle Einbauten im Kraftfahrzeug auszuschalten oder auf ein Minimum zu reduzieren. Bei Promille-Fahrern können diese Faktoren durch Umstellung des Trinkverhaltens und kritische Auseinandersetzung mit dem früheren Verhalten günstig beeinflußt werden. Im Falle von Alkoholfahrern zählen dazu etwa das frühere und derzeitige Trinkverhalten.

Gefährdungsrisiko

Aus dem Wort an sich wird nicht deutlich, ob die Bedeutung in etwa lautet: Risiko für den einzelnen Kraftfahrer, zu einer Gefährdung im Straßenverkehr zu werden, oder ob es sich um das Risiko handelt, einer Gefährdung ausgesetzt zu sein. Die denkbaren Unterschiede in der Interpretation sind hier besonders deutlich. Die fehlende Eindeutigkeit der Bedeutung überläßt es der Phantasie des einzelnen, vor dem Hintergrund der individuellen Erfahrungen die eher wahrscheinliche Bedeutung zu wählen. Dadurch entsteht die Gefahr eines Mißverständnisses.

Gesamtpersönlichkeit

Nach der Entscheidung des Bundesverwaltungsgerichtes (BVerwG 7C 87, 84 vom 20. 2. 1987) beurteilt sich die Eignung eines Kraftfahrers auf der Grundlage einer umfassenden Würdigung seiner Gesamtpersönlichkeit. Insbesondere bei der charakterlichen Eignung kommt eine Vielzahl von Tatsachen und Merkmalen in Betracht (Art, Umstände der Verkehrsvorgeschichte und allgemeiner Vorgeschichte, Alter, persönliche und familiäre Verhältnisse, Alkohol- und Drogenabhängigkeit usw.).

Gesamtpopulation (der Kraftfahrer)

Die Gesamtheit aller Kraftfahrer. Statistische Bezugsgröße.

Gesellschaftstrinker

Personen, die alkoholische Getränke fast ausschließlich in Gesellschaft anderer konsumieren. Sie gelten als beeinflußbar, da sie im Schutz der Gruppe ihre Selbstkontrolle leicht aufgeben.

gewohnheitsmäßiges Trinken, Trinkverhalten

Siehe Alkoholtrinkverhalten. Stets negativ belegte Formulierung, wobei mit dem Adjektiv „gewohnheitsmäßig" in der „TÜVologischen" Lesart übermäßiges, mitunter in die Nähe der Abhängigkeit gerücktes Alkoholtrinkverhalten gemeint ist.

Gewohnheitstrinker

Personen, die alkoholische Getränke mit sehr großer Regelmäßigkeit konsumieren. Ihre Gewohnheit verselbständigt sich, was auch dann zur Abhängigkeit führen kann, wenn die tägliche Trinkmenge noch nicht allzu groß ist.

gezielte anamnestische Erhebung

Anamnese, die nur auf die Klärung der Hintergründe einer bestimmten Frage hinzielt. In den MPU-Gutachten richtet sich eine „gezielte anamnestische Erhebung" in der Regel auf frühere Trinkgewohnheiten, Lebererkrankungen und sonstige Organschäden, die möglicherweise durch übermäßigen Alkoholkonsum verursacht wurden.

GGT (SGGT) – Gamma-Glutamyl-Transpeptidase

Normbereiche der BfF-Stellen: männl.: 6 bis 28 µ/l; weibl.: 4 bis 18 µ/l.

GGT ist ein Enzym, dessen Produktion durch Östrogene, Narkotika, Sedativa, Alkohol usw. ausgelöst wird. Eine Erhöhung der Aktivität im Serum findet sich fast ausschließlich bei Erkrankungen der Leber und der Gallenwege. Eine Erhöhung des GGT-Wertes ist ein sehr sensibler Nachweis einer Cholestase sowie einer primär biliären Zirrhose. Die Konzentration des Enzyms steigt außerdem bei toxischen Leberschäden, z. B. Alkoholhepatitis. Bei akuter Hepatitis meist geringerer Anstieg als bei chronischen Lebererkrankungen.

(G. Schettler, Innere Medizin, Band II, 7. Auflage, Thieme Verlag, Stuttgart 1987, S. 244)

GGT, isolierte Erhöhung

Von einer isolierten Erhöhung spricht man dann, wenn allein der GGT-Wert und nicht die anderen Transaminasen GPT und GOT sowie der

MCV-Wert erhöht sind. Diese Erhöhung wird in den MPU-Gutachten vielfach so interpretiert, daß ein erhöhter Alkoholkonsum bzw. eine Leberschädigung vorliegt. Der GGT-Wert ist jedoch wenig aussagekräftig und durch viele andere Faktoren beeinflußbar (Medikamente, nicht alkoholische Leberverfettung, Schädigung anderer Organe wie Gallenwege, Niere, Herz, Lunge etc.). In einem Artikel in der Deutschen Medizinischen Wochenschrift 119 (Thieme Verlag 1994, S. 1041 ff.) schreiben dazu A. von Herbay und G. Strohmeyer:

„Zur Differenzierung kann in einigen Fällen die Bestimmung weiterer Laborparameter weiterhelfen, die bei fortbestehendem Alkoholkonsum oft pathologisch verändert sind: Oft findet man bei Alkoholikern zusätzlich eine makrozytäre Anämie (hohes mittleres korpuskuläres Volumen [MCV]), Folsäure-Mangel, Leukozytose, Thrombozytopenie, Hypertriglycerodämie, Hypercholesterinämie, Anstieg der Immunglobuline IgA und IgG. Allerdings gibt es keine Laborkriterien, um differentialdiagnostisch eine alkoholbedingte Leberschädigung von einer nicht-alkoholbedingten sicher zu unterscheiden, und auch histologisch ist dies nicht immer sicher möglich. Unseres Erachtens ist es aber allein aufgrund einer isolierten GGT-Erhöhung nicht gerechtfertigt, ohne weitere Kriterien (z. B. Fremdanamnese) einen Alkoholkonsum zu unterstellen, denn die Spezifität der GGT beträgt auch in Kombination mit den übrigen Laborbefunden nur 50–80 %.“

In den MPU-Gutachten wird eine erhöhte GGT offenbar systembedingt nicht differentialdiagnostisch interpretiert, was häufig zu unzutreffender Falschbegutachtung führt (s. Differentialdiagnose).

Giftfestigkeit

Laut Duden die Unempfindlichkeit, Immunität unterschiedlichen Grades gegenüber Giften. In den MPU-Gutachten wird dieser Ausdruck häufig und unangemessen verwendet, um die erhöhte Alkoholverträglichkeit einer Person zu beschreiben (s. auch dort). Dieser Ausdruck ist eindeutig negativ belegt, da Gift als solches aufgrund der schädlichen Wirkung ohnehin eine stark negative Bedeutung hat und die Unempfindlichkeit (Giftfestigkeit) dagegen eindeutig aussagt, daß dieses Gift, die schädigende Substanz, gewohnheitsmäßig und wahrscheinlich auch in größeren Mengen konsumiert wurde. Nach der „TÜVologischen" Sprachregelung handelt es sich also um einen Menschen, der selbstzerstörerisch und ohne Achtung der eigenen Gesundheit/Persönlichkeit handelt.

GOT (SGOT) – Serum-Glutamat-Oxalacetat-Transaminase

Standard-Leberfunktionswert, Normbereich: Männer bis 18 μ/l, Frauen bis 15 μ/l.

Transaminase, d. h. ein Enzym, das die Übertragung der Aminogruppe von einer Aminosäure auf eine Ketosäure katalysiert (Aminotransferasen), die Konzentration der GPT (im Zytoplasma lokalisiert) und der GOT (im Zytoplasma und mitochondrialen Raum lokalisiert) ist in der Leberzelle ca. 10 000mal größer als im Serum. Eine Zellschädigung führt je nach Schweregrad zum Austritt entsprechender Enzymmengen in das Serum. Entzündlich nekrotische Veränderungen der Leber gehen mit einer Erhöhung der GPT und GOT im Serum einher. Die Halbwertszeit der GOT im Serum liegt bei 50–60 Std., die GPT bei 70–80 Std. (nach: G. Schettler, Innere Medizin, Band II, Thieme Verlag Stuttgart 1987, S. 244)

GOT-GPT Verhältnis (SGOT-SGPT Verhältnis)

Dieses Verhältnis wird oft als Marker (Kennzeichen) für alkoholbedingte Ursachen von Lebererkrankungen/-schädigungen herangezogen. Es wurde bereits vor Jahren gezeigt, daß Patienten mit alkoholischer Lebererkrankung ein durchschnittlich höheres SGOT-SGPT-Verhältnis aufweisen als Patienten mit nicht-alkoholischer Lebererkrankung. In der Schweizer Medizinischen Wochenschrift schreibt dazu Renner (1992, 122, S. 616):

„Bei einem Großteil der alkoholbedingten, aber nur bei einem kleinen Teil der nicht-alkoholbedingten Lebererkrankungen lag das SGOT/SGPT-Verhältnis über 2. Umgekehrt aber lag bei fast der Hälfte auch der alkoholinduzierten Hepatopathien (alkoholbedingten Lebererkrankungen) das SGOT/SGPT-Verhältnis unter 2 und unterschied sich nicht von demjenigen beim Großteil der nicht-alkoholbedingten Lebererkrankungen. Während somit der positive Voraussagewert, d. h. die Wahrscheinlichkeit, daß ein Leberschaden alkoholbedingt ist, bei einem SGOT/SGPT-Verhältnis über 2 recht groß, um die 80 % erscheint, ist der negative Voraussagewert, d. h. die Wahrscheinlichkeit, daß bei einem SGOT/SGPT-Verhältnis unter 2 keine alkoholbedingte Ursache vorliegt, ungenügend."

GPT (SGPT) – Serum-Glutamat-Pyruvat-Transaminase

Normbereich: Männer bis 23 μ/l, Frauen bis 19 μ/l

Ebenfalls ein Leberfunktionswert, der häufig in den MPU-Gutachten zum Nachweis angeblich exzessiven Alkoholkonsums herangezogen wird. Dieses Leberenzym ist aber noch weniger sensibel oder spezifisch, d. h. weniger genau und aussagekräftig als der GGT-Wert.

(G. Schettler, Innere Medizin, Band II, Thieme Verlag, Stuttgart 1987, S. 244)

Grenzwert der Eignung

In MPU-Gutachten häufig verwendeter Ausdruck der „TÜVologischen Geheimsprache", wenn die Schlußbeurteilung negativ ausfällt. Einen irgendwie definierten und allgemein anerkannten „Grenzwert der Eignung" gibt es überhaupt nicht. Die BfF-Stellen täuschen damit in ihren negativen Gutachten vor, daß es einen solchen Grenzwert gibt, daß sie diesen kennen und daß der Untersuchte diesen Grenzwert nicht erreicht und deshalb nicht geeignet ist.

Es ist bemerkenswert, daß in positiven MPU-Gutachten niemals auf diesen angeblichen „Grenzwert der Eignung" Bezug genommen wird.

Daß es einen „Grenzwert der Eignung" nicht gibt, beweist die Tatsache, daß die *„unterschiedlichen Praktiken der medizinisch-psychologischen Institute"* dazu geführt haben, daß die *„Nichteignungsquoten bei Trunkenheitstätern bei den meisten TÜV-Instituten ca. dreimal so hoch waren wie bei den Instituten des TÜV Bayern."* (zitiert nach: Müller, DAR 8/94, 309).

grobneurologische Untersuchung

Eine erste, an oberflächlichen Kriterien orientierte ärztliche Prüfung von Reflexen und Sinnesorganen. Sie findet bei der Blutentnahme wegen Verdachts auf Trunkenheit am Steuer und im medizinischen Teil der MPU-Begutachtung statt.

Haltungen

In den MPU-Gutachten bedeutet dieser Begriff ausschließlich seelische Haltungen (im Gegensatz zu körperlichen Haltungen). Darunter werden charakterliche Haltungen im Sinne von charakterlicher Festigkeit, Gesinnung und Zielsetzungen verstanden. Haltungen haben zudem die Bedeutung spezifischer persönlicher Stellungnahmen etwa zu „Trinken und Fahren".

Informationsdefizit

Laut Duden das zu geringe Maß an Information. In den MPU-Gutachten ist damit das nicht vorhandene oder ausreichende Wissen über die Wirkung alkoholischer Getränke auf den menschlichen Organismus und speziell des Genusses bestimmter Alkoholmengen auf die Fahrtüchtigkeit gemeint. Es geht dabei um Kenntnisse über den reinen Alkoholgehalt eines alkoholischen Getränks, um Alkoholabbau und die alkoholbedingten Einschränkungen der Wahrnehmungsfähigkeit und des Reaktionsvermögens usw.

KBA-Auskunft

Auszug aus dem Verkehrszentralregister beim Kraftfahrt-Bundesamt, der beim Kraftfahrt-Bundesamt (KBA) von jedem Kraftfahrer kostenlos angefordert werden kann und den Gesamtpunktestand im Verkehrszentralregister enthält.

KBA-Auszüge

Anlage zur vollständigen KBA-Auskunft. Die Auszüge aus dem Verkehrszentralregister sind die Nachrichten oder Mitteilungen der Bußgeldstellen über Verkehrsverstöße („Nachricht an das Kraftfahrt-Bundesamt"), die im einzelnen in Flensburg eingetragen wurden. Sie enthalten Details zu den einzelnen Verkehrsverstößen wie die Art der Ordnungswidrigkeit, den Zeitpunkt und die verhängte Punktezahl bzw. Geldbuße. Bei einer Anfrage werden sie als Faksimile an den Betroffenen oder seinen Rechtsanwalt übermittelt.

Kontrolle über „Trinken und Fahren"

Sehr häufig anzutreffende Wendung in MPU-Gutachten. Damit ist die klare Trennung des Konsums von alkoholischen Getränken und der späteren Benutzung des Kraftfahrzeugs gemeint. Erklärtes Ziel aller Vor- und Nachschulungsmaßnahmen in der Verkehrspsychologie.

Kraftfahrt-Bundesamt (KBA)

Die oberste Bundesbehörde für sämtliche Fragen des Straßenverkehrs, die auch für Führerschein- und Verkehrsangelegenheiten zuständig ist. Ihr Sitz befindet sich in Flensburg, wo auch das Verkehrszentralregister geführt wird, in das alle Verkehrsverstöße, Begutachtungen, Neuerteilungen und Entziehungen der Fahrerlaubnis eingetragen werden. In Zukunft wird auch das Zentrale Fahrerlaubnisregister (siehe dort) beim Kraftfahrt-Bundesamt geführt (siehe auch: KBA-Auskunft, KBA-Auszüge).

Kreislaufversagen

Herz-Kreislauferkrankungen werden in der Fahrerlaubnis-Verordnung als eine mögliche Ursache für die fehlende Eignung zum Führen von Kraftfahrzeugen aufgeführt. Dort werden Herz-Kreislaufzwischenfälle als häufig nicht erkannte Unfallursache aufgeführt, und es wird insbesondere auf den Bluthochdruck eingegangen. Kreislaufversagen ist aber eine Form der Kreislaufstörung, die äußerst schwerwiegend ist, bei Schockzuständen anzutreffen ist und bei fehlender Behandlung über Tage hinweg sogar zum Tod führen kann.

Da solche Umstände wohl kaum in normalen Verkehrssituationen auftreten werden, ist hier wohl eher die Bedeutung der (schweren) „Kreislaufstörung" gemeint. Dabei handelt es sich um kurze oder länger anhaltende, u. U. anfallartig auftretende Funktionsstörungen des Herz-Kreislaufsystems ohne nachweisbare organische Erkrankung, Die Ursachen sind häufig psychosomatisch und durch Umwelteinflüsse bedingt. (nach: Pschyrembel, Klinisches Wörterbuch, 256. Auflage, Verlag de Gruyter, Berlin 1990, S. 903 f)

Der Begriff wird bevorzugt im medizinischen Teil des MPU-Gutachtens verwendet, bei älteren Kraftfahrern und dann, wenn der TÜV-Arzt nach einer Einmalmessung erhöhten Blutdruck oder Bluthochdruck diagnostiziert.

Kurse zur Wiederherstellung der Fahreignung

Diese Kurse müssen von den Landesbehörden genehmigt werden und auf einem wissenschaftlich begründeten Konzept beruhen; ihre Geeignetheit muß von einem wissenschaftlichen Gutachten bestätigt worden sein und die Kursleiter müssen ebenso qualifiziert sein wie die Leiter von besonderen Aufbauseminaren. Die Wirksamkeit der Kurse ist im Rahmen eines wissenschaftlichen Bewertungsverfahrens nachzuweisen, es ist ein Qualitätssicherungssystem einzuführen, und die Bewertung der Wirksamkeit muß über 15 Jahre hinweg belegt werden.

Laborparameter

In einer Laboruntersuchung ermittelte Werte. Für die Zwecke der MPU-Begutachtung sind vorrangig die Leberenzymwerte, der MCV- und der CDT-Wert von Bedeutung (siehe auch dort).

Landgericht

Beschwerde- bzw. Berufungsinstanz des Amtsgerichts. Bei einem höheren Streitwert oder einem schwereren Fall findet die Verhandlung sofort vor dem Landgericht statt.

Langzeitkonsum

Über einen längeren Zeitraum hinweg bestehender Konsum alkoholischer Getränke. In der besonderen „TÜVologischen" Terminologie ist immer der Konsum von Alkohol gemeint, wobei nicht näher bestimmt wird, nach welcher Zeit die Gutachter von „Langzeitkonsum" sprechen. Es wird nicht klar definiert, ob es sich dabei um den Konsum möglicherweise auch geringerer Mengen Alkohol über einen Zeitraum von mehreren Jahren oder den Konsum hoher Mengen über einen oder mehrere Monate handelt. Darin besteht ein erheblicher Mangel der Untersuchung und Begutachtung, weil es in der Alkoholismusforschung dafür klare Kriterien gibt (siehe z. B. den standardisierten „Münchner Alkoholismus-Test" – MALT).

Leberenzymwerte

In der Leber werden eine Vielzahl verschiedener Enzyme produziert, deren Werte auch durch den Genuß von Alkohol beeinflußt werden. Die typischen Leberenzyme, die in den MPU-Begutachtungen routinemäßig durch Blutanalyse geprüft werden, sind GGT, GOT und GPT. Eine Erhöhung dieser Werte über den Normbereich hinaus kann u. U. auf eine alkoholbedingte Schädigung der Leber hinweisen. Die o. g. Enzyme sind aber einzeln und auch zusammen kein absolutes Kriterium dafür, daß übermäßiger oder auch nur geringer Alkoholkonsum vorliegt, denn sie reagieren zwar durch Anstieg auf den Konsum von Alkohol – die Empfindlichkeit/Sensitivität von GGT liegt bei 90 % –, sie liefern aber insofern keine klare Aussage, weil die Ursache der Erhöhung nicht notwendigerweise im Alkoholgenuß liegen muß; sie sind also mit ca. 40 % oder weniger nicht besonders spezifisch. Die Leberenzymwerte sind daher keine zuverlässigen Marker (Kennzeichen) für die Veranlagung zum übermäßigen Alkoholkonsum oder den übermäßigen Alkoholkonsum selbst.

Leberparameter, Leberfunktionswerte

Untersuchungen der Leberfunktion auf bestimmte Parameter dienen zur Erkennung von Leberfunktionsstörungen. Als Folge der zentralen Stellung der Leber im Stoffwechsel und ihrer notwendigen Mitarbeit bei einem großen Teil der Stoff- und Energieumsetzungen im Organismus wirken sich Störungen der Leber auf die Funktionen aller Organe mehr oder minder stark aus (s. auch Leberenzymwerte).

In den MPU-Gutachten kommt es in erster Linie auf folgende Leberfunktionswerte an: GOT, GPT, GGT, weil der Konsum alkoholischer Getränke zu einem Anstieg dieser Werte über Normal führen kann.

Es ist ein systematischer Fehler der MPU-Begutachtung, daß eine Erhöhung der Leberfunktionswerte immer auf gesteigerten Alkoholkonsum zurückgeführt wird, obwohl in der Medizin allseits bekannt ist, daß die GOT-, GPT- und GGT-Werte eine sehr geringe Spezifität haben, d. h. deren Anstieg auch eine Vielzahl anderer Ursachen (Arzneieinnahme usw.) haben kann.

Leberzirrhose

Chronische Lebererkrankung, bei der eine fortdauernde, mit Faserbildung einhergehende Entzündung des Gefäßbindegewebes und ein schubweiser Untergang von Leberzellen mit nachfolgender Bildung von neuem Leberparenchym miteinander verknüpft sind und verschiedene anatomische und klinische Bilder gestalten. Der völlige Zusammenbruch der Leberfunktionen führt zum Coma hepaticum. Die Leberzirrhose führt zu einer Schrumpfung der Leber. Bei starker Verfettung des Restparenchyms (Rest des Drüsengewebes) spricht man von einer Fettzirrhose, bei starkem Hämosideringehalt von einer Pigmentzirrhose. Alkohol als Ursache der Leberzirrhose ist nicht mehr umstritten. Man unterscheidet zwischen verschiedenen Formen der Leberzirrhose: hypertrophische L. (Hanot) = splenomegale L.: eine ohne Bauchwassersucht auftretende Leberzirrhose mit starker Gelbfärbung der Haut, großem Milztumor und Lebervergrößerung, bei der die Leber histologisch eine diffuse Bindegewebsvermehrung zeigt. Biliäre Leberzirrhose: bei langanhaltender Gallestauung oder Entzündung der Gallenwege auftretender

Umbau der Leber. Charakteristisch ist die dunkelgrüne Farbe. Eine vaskuläre Leberzirrhose geht von Gefäßwandentzündungen aus (nach: Thieme, Wörterbuch der Medizin, Band 1, 6. Auflage, Thieme Verlag, Stuttgart 1973, S. 792).

Legalbewährung

Kunstwort der MPU-Gutachten bzw. der Verkehrsjuristen. Zusammengesetzter Begriff, der beschreibt, daß eine Person über einen bestimmten, im Wort nicht näher definierten Zeitraum keine Verstöße gegen allgemeinrechtliche oder insbesondere gegen verkehrsrechtliche Vorschriften begangen und sich somit als gesetzestreuer Bürger bewährt hat.

Durch die verkürzte Wiedergabe der Wortbedeutung unter Verwendung eines Fremdwortes („legal" = gesetzmäßig, rechtmäßig) ist einschlägiges Fachwissen erforderlich, um die Gesamtaussage des Kompositums zu erfassen, was eine klare Schranke bei der gegenseitigen Verständigung aufbaut. Der Begriff „Legalbewährung" ist insofern irreführend, weil man sich nicht gesetzmäßig, d. h. gemäß einer gesetzlichen Vorschrift bewähren kann, sondern nur durch die Einhaltung einschlägiger Gesetze, Vorschriften und Verhaltensnormen. Es gibt keine Vorschrift, welche die Methode der „Legalbewährung" beschreibt. Definiert ist allein das Ergebnis: gesetzestreues Verhalten.

Leistungs- und Persönlichkeitsbild

Die Gesamtheit der aufgrund von Testergebnissen ermittelten Merkmale der Leistungsfähigkeit und Persönlichkeitsstruktur einer Einzelperson.

In den MPU-Gutachten wird häufig über „Leistungs- und Persönlichkeitsbild" des Untersuchten gesprochen, ohne daß mit wissenschaftlichen Instrumenten zuverlässige Daten über die Leistungsfähigkeit und die Persönlichkeitsstruktur ermittelt worden wären. Die BfF-Stellen weigern sich ja seit vielen Jahren, Persönlichkeitstests einzusetzen, so daß sie keinerlei verläßliche Aussage über die Persönlichkeitsstruktur machen können.

Leistungsdisposition

In der Psychologie versteht man unter Disposition einen theoretischen Begriff zur Erklärung interindividuell unterschiedlicher, relativ konstanter Wahrscheinlichkeiten für das Auftreten bestimmter Verhaltensweisen,

Symptome und anderer individueller Eigenarten. Es wird zwischen angeborenen und erworbenen Dispositionen unterschieden. (nach: Lexikon der Psychologie, Herder Verlag, Freiburg 1980, S. 381)

Weiterhin spricht man in diesem Zusammenhang von Anlagen (angeborenen Bereitschaften) bzw. Eigenarten eines Individuums, auf bestimmte Situationen in einer spezifischen Weise zu reagieren.

Die Kombination mit dem Wortelement „Leistung" soll wohl darauf hinweisen, daß sich bei Leistungstests (s. auch dort) eine bestimmte Struktur ergibt, obwohl diese Bedeutung keineswegs eindeutig ist. Man könnte aus der Wortzusammensetzung ebenso schließen, daß dieses Kompositum gleichbedeutend mit „Leistungsbereitschaft" verwendet wird.

Leistungstest

Test zur Messung von funktional-psychischen Leistungen durch die Zahl der richtigen Lösungen oder Fehler, durch die Lösungszeit oder Qualität der Arbeit. Psychologische Untersuchungsverfahren, die nicht über die charakterliche Eignung, sondern lediglich über die funktional-psychische Leistungsfähigkeit wie Konzentration, Belastbarkeit, Reaktionsvermögen usw. Auskunft geben. Mit Leistungstests werden Fähigkeiten (in der Fahreignungsbegutachtung insbesondere Reaktions-, Aufmerksamkeitsfähigkeit usw.) erfaßt. Sie setzen eine eindimensionale Bewertungsskala voraus.

(nach: Lexikon der Psychologie, Herder Verlag, Freiburg 1980, S. 1235)

Leistungsvoraussetzungen

Zusammengesetzter Kunstbegriff der „TÜVologischen" Begutachtung. Es soll damit ausgedrückt werden, daß bestimmte Leistungen erbracht werden müssen (in bezug auf Reaktionsfähigkeit, Wahrnehmung, Einschätzung von Verkehrssituationen etc.). Aus der Wortbedeutung an sich ist dies aber nicht genau zu erschließen, denn die Bedeutung des Kompositums könnte ebenso als „Voraussetzungen zur Erbringung einer Leistung" umschrieben werden.

Lippenbekenntnis

Zeugt von unkritischer Sicht und hat negatives Gutachten zur Folge, weil derartige Äußerungen natürlich nicht ehrlich sind und keinen Ausdruck der unerläßlichen Verhaltensänderung darstellen. Der Gutachter muß zwangsläufig annehmen, daß dem Betroffenen jedes Mittel recht ist, um die Fahrerlaubnis wiederzubekommen, und daß der Betroffene deshalb stark rückfallgefährdet ist.

Mängelkatalog

Katalog in der Fahrerlaubnis-Verordnung, in dem die Krankheiten bzw. Mängel aufgeführt sind, welche die Eignung zum Führen von Kraftfahrzeugen ausschließen oder einschränken.

MCV-Wert

Abkürzung für „mean cell volume" (mittleres korpuskuläres Erythrozytenvolumen).

Bei den BfF-Stellen üblicher Normbereich geht bis 89 U/l.

Das MCV, der Quotient aus Hämatokrit und Erythrozytengehalt, ist bei einem hohen Prozentsatz der Alkoholiker erhöht, wird als relativ spezifischer Indikator angesehen und teilweise der GGT vorgezogen, da es sich um einen leberunabhängigen Parameter handelt. Die Sensitivität an der Grenze des Normalbereiches (Spezifität > 90 %) liegt bei 30 %. Das MCV soll bei einem täglichen Konsum von 40–60 g Alkohol reagieren. Für die Abstinenzkontrolle ist das MCV weniger geeignet, da es sich nur langsam, entsprechend der Erythrozytenlebensdauer von 120 Tagen erst nach drei bis vier Monaten nach Alkoholabstinenz normalisiert. Neben übermäßigem Alkoholkonsum können aber auch ein Mangel an Vitamin B12 oder an Folsäure, Lebererkrankungen und die Einnahme z. B. von Antiepileptika zu einer Volumenvergrößerung führen. Daraus resultiert auch die geringe Spezifität des MCV als Indikator.

(nach: Fortschritte der Diagnostik, 4. Jhrg. 1993, Praxis-Report 5)

medizinische Grunduntersuchung

„TÜVologischer" Ausdruck zur Beschreibung des Umfangs der anläßlich der medizinisch-psychologischen Untersuchung durchgeführten medizinischen Untersuchung, die standardmäßig aus der Erhebung der medizinischen Vorgeschichte und den vom Betroffenen regelmäßig eingenommenen Medikamenten (Anamnese) – oft auch in Form eines selbst auszufüllenden Fragebogens –, einer Blutuntersuchung (speziell der Leberfunktionswerte), Blutdruckmessung, u. U. Prüfung der Sehschärfe und der neurologischen Untersuchung besteht.

Dabei muß angemerkt werden, daß viele Menschen von sich aus keine genauen Angaben über ihre medizinische Vorgeschichte machen können, weil diese Daten allein der Arzt kennt. Außerdem besteht die Gefahr, daß aufgrund der Belastung und des Stresses durch die Untersuchungssituation die erhobenen Blutdruck-/Pulswerte sowie Phänomene wie „leichter Fingertremor, Schweißsekretion an den Händen" wohl kaum als Hinweise für Erkrankungen oder gar Alkoholismus gewertet werden können. Dennoch wird auffällig häufig in den MPU-Gutachten allein durch Nennung dieser Beobachtungen, Wahrnehmungen des TÜV-Arztes ein negativ gemeinter Hinweis zwischen den Zeilen an die Verwaltungsbehörde weitergegeben.

Mehrfachbegutachtung

Der Betroffene, aber auch die Behörde selbst dürfen mehrere Gutachten beibringen bzw. anordnen, bevor über die Eignung im Einzelfall entschieden wird.

Methadon

Ersatzdroge für Heroin. Es ist nicht in allen Fällen richtig, daß eine Behandlung mit Methadon einer Ungeeignetheit zum Führen von Kraftfahrzeugen gleichkommt. Die Eignung kann aber nur günstig beurteilt werden, wenn die Drogenabstinenz als solche stabil ist.

mmHg

siehe unter Blutdruckwert

Motorik

Unter Motorik versteht man Bewegung des Körpers und der Körperteile, angepaßt an räumliche und zeitliche Bedingungen. Zur Sensomotorik gehören sowohl die sensorische (Wahrnehmungs-) Kontrolle als auch die Kontrolle durch die im Laufe der Bewegung hervorgerufenen Eigenreize.

Der Übergang von visueller zu kinästhetischer Kontrolle der motorischen Bewegung ist kennzeichnend für das Erlernen der meisten motorischen Fähigkeiten. Ein Führerschein-Anfänger beobachtet beim Schalten angestrengt die Hebel, später wirft er nur einen flüchtigen Blick darauf und als erfahrener Fahrer macht er nur eine kurze Bewegung (kinästhetische Kontrolle). Bei dieser weit gefaßten Definition der Motorik werden auch die motorischen Fähigkeiten mit berücksichtigt, d. h. die Fähigkeit, eine Folge von Bewegungen koordiniert und kontrolliert ausführen zu können.

(nach: Wörterbuch der Psychologie, Herder Verlag, Freiburg 1980, S. 1415)

Vermehrter, übermäßiger Konsum alkoholischer Getränke kann zu einer Störung der Motorik, der Bewegungsabläufe, der Koordinationsfähigkeit führen.

MPU-Gutachten

Gängige Abkürzung für Gutachten der früheren Medizinisch-Psychologischen Untersuchungsstellen (MPU).

Nachschulungskurs

Jetzt als Aufbauseminar bzw. besonderes Aufbauseminar bezeichnet (siehe auch dort).

Für auffällig gewordene Kraftfahrer, die sich einer medizinisch-psychologischen Untersuchung unterzogen und kein eindeutig positives Ergebnis bekommen haben, wird von den Gutachtern häufig die Empfehlung gemacht, daß sie vor Wiedererteilung der Fahrerlaubnis an einem Nachschulungskurs, der ebenfalls vom TÜV veranstaltet wird, teilnehmen sollten. Für diese Nachschulungen, bei denen es sich immer um Gruppenkurse für ca. zehn Teilnehmer ohne direkte Erfolgskontrolle und lediglich einer Teilnahmebescheinigung am Ende handelt, werden verschiedene Modelle angeboten. Die am häufigsten angebotenen sind die Kurse nach „Modell Leer", „Modell Mainz 77", „Modell Hamburg 79", MFT, IFT, IRAK etc.

Es ist in den MPU-Gutachten nie nachvollziehbar, nach welchen Kriterien die Nachschulungsfähigkeit geprüft wurde. Auch dann, wenn die Nachschulungsfähigkeit im MPU-Gutachten verneint wird, ist nie angegeben, warum eine Nachschulung nicht möglich sein soll. Standardisierte Testverfahren zur Prüfung der Nachschulungsfähigkeit gibt es nicht. Nach den Berichten von Untersuchten wurden sie daraufhin auch nicht geprüft oder dazu befragt. Die Effektivität der Nachschulungskurse wird von Winkler (1990) mit einer Reduzierung der Rückfälle bei ehemaligen Trunkenheitsfahrern um lediglich 22 % in einem Zeitraum von 5 Jahren angegeben. In der Altersgruppe 18 bis 24 Jahre ist der Erfolg gleich Null (nach Müller in: Blutalkohol Vol. 30 N° 2, 83, 1993).

Nachtrunk

Fortgesetzter Alkoholgenuß in der Zeit nach der Trunkenheitsfahrt und vor der Blutentnahme. Durch den Nachtrunk wird eine genaue Feststellung der Blutalkoholkonzentration zum Tatzeitpunkt erschwert oder unmöglich gemacht bzw. die Behauptung des Trunkenheitsfahrers, er habe nach der Tat weiter Alkohol getrunken, muß zu der Feststellung einer geringeren BAK zum Tatzeitpunkt führen. Selbst wenn das zuständige Gericht einer solchen Darstellung des Betroffenen folgt und eine entsprechend geringere BAK feststellt, bei der nach Ablauf der Sperrzeit keine medizinisch-psychologische Untersuchung erforderlich wäre, setzen sich die Verwaltungsbehörden über solche Urteile hinweg und verlangen eine MPU, und zwar auch dann, wenn die Blutalkoholkonzentration zum Tatzeitpunkt sogar wesentlich unter 1,6 ‰ lag. Damit ist zumeist eine Umgehung der „Anlaßbezogenheit" gegeben, weil die Behörde eine MPU-Begutachtung eigentlich nur aufgrund der zum Tatzeitpunkt festgestellten BAK anordnen darf. Behörden und „TÜVologen" stellen jedoch auf die höhere, durch Nachtrunk erreichte BAK ab.

Netzhautschäden

(Retinopathie). Schäden der Netzhaut können verschiedene Ursachen haben, u.a. Bluthochdruck und Diabetes mellitus (Zuckerkrankheit). Bei der hypertonischen Retinopathie, die sich bei ständigen Blutdruckwerten über 120 mmHg diastolisch entwickeln kann, treten Blutungen der Netzhaut auf, und selbst bei diastolischen Blutdruckwerten jenseits 100 mmHg werden Netzhautschäden festgestellt. Eine regelmäßige ärztliche Überwachung muß besonders dann sichergestellt sein, wenn diese Kranken am Straßenverkehr teilnehmen wollen oder sich um eine Fahrerlaubnis bewerben.

Neuerteilung der Fahrerlaubnis

Wird nach einer rechtskräftigen Entziehung erneut eine Fahrerlaubnis (FE) beantragt, handelt es sich immer um eine Neuerteilung, da die vorangegangene Fahrerlaubnis unwiderruflich erloschen ist.

Normabweichung

Abweichung von einer Norm. Dabei wird aus dem Begriff selbst nicht deutlich, ob es sich dabei um eine Abweichung vom Durchschnitt oder von sozialen Standards handelt. Der Begriff wird hauptsächlich in negativen MPU-Gutachten in negativer Bedeutung verwendet.

normales Trinken

Auch „soziales Trinken" (siehe auch dort). Versteht man „normal" im Sinne von „durchschnittlich", so muß zunächst festgehalten werden, daß im statistischen Durchschnitt der deutschen Bevölkerung 12 l reiner Alkohol pro Jahr und Person konsumiert werden. Wenn man davon ausgeht, daß nur jeder zweite Bundesbürger regelmäßig Alkohol zu sich nimmt, errechnet sich für diesen Anteil der Bevölkerung ein täglicher Konsum von 65 g Alkohol, was bei 8 g Alkohol pro Glas einer Trinkmenge von 8 Glas Bier à 0,2 l pro Tag entspricht. Diese Menge wäre also im Sinne der Durchschnittsmenge als „normales Trinken" einzustufen. Im Sinne der allgemein als Standard angesehenen Menge läßt diese Angabe darauf schließen, daß bei einem durchschnittlichen Körpergewicht eines Mannes von 75 kg eine BAK von 1,2 ‰ zur Folge hätte. (nach Wedig in: Fortschritte der Medizin, 109. Nr. 5, 123–24, 1991)

Nach Müller wird diese Menge nicht täglich, sondern in der Regel an drei Tagen in der Woche konsumiert (Blutalkohol, Vol. 30 N° 2, 1993, S. 70).

Nach namhaften Verkehrspsychologen, die in den MPU-Gutachten in Textbausteinen zitiert werden, werden „von ‚sozialen Trinkern' eher selten Werte über 1,0 ‰ erreicht" bzw. werde „von ‚normalen' Trinkern eine Blutalkoholkonzentration von 1,3 ‰ in der Regel nicht überschritten."

Es steht also eine recht große Auswahl an dem zur Verfügung, was Experten selbst für „normales Trinken" halten.

Normaltrinker

Eine Person, die Alkoholisches niemals regelmäßig und jeweils nur in geringen Mengen (bis etwa fünf Glas je Trinkgelegenheit) zu sich nimmt.

Normbereich

Normwerte.

Wertebereich für physiologische und Funktionsparameter bei gesunden Menschen. Wenn die Grenzwerte über- oder unterschritten werden, deutet dies normalerweise auf eine Krankheit hin. Werte im Grenzbereich erfordern eine sorgfältige Kontrolle und weitere Abklärung durch Ausschluß- oder Differentialdiagnosen.

(Pschyrembel, Klinisches Wörterbuch, Verlag de Gruyter, Berlin 1990, S. 1185)

Normen

Normen sind Beurteilungs- und Wertmaßstäbe oder Gebote. Der Ausdruck wird in der Psychologie mit unterschiedlichen Bedeutungen verwendet. Zunächst bedeutet „Normen" das Bezugssystem, in das die einzelnen empirischen Daten eingeordnet werden (deskriptive Bedeutung). Besondere Bedeutung hat jedoch dieser einen Durchschnitt bezeichnende Begriff in den Bereichen, in denen genauere Messungen möglich sind. Ihre praktische Relevanz erhalten die Normen – in dieser Bedeutung – als Grundlage für die Interpretation bestimmter individueller Testergebnisse, weil sie die Vergleichsgröße darstellen.

Darüber hinaus hat der Begriff „Normen" auch die Bedeutung „Wert" (normative Bedeutung). In der Persönlichkeitspsychologie werden normative Aussagen über die Bestimmung des Menschen gemacht, die besonders im Hinblick auf ihre praktischen Auswirkungen von Bedeutung sind.

Soziale Normen sind z. B. Gepflogenheiten, Sitten, Gesetze, Bräuche, Umgangsformen, Gewohnheiten. Die sozialpsychologische Normenforschung ermittelt den Geltungsbereich von sozialen Normen, untersucht das Verhältnis zwischen Normenformulierung und -anwendung, die Interdependenz von Normen und die Struktur von Normenkomplexen, klassifiziert das Verhalten der Individuen in bezug auf Normenkonformität oder -abweichung und untersucht die Sanktionen bei Normabweichungen und den Toleranzbereich (Verbindlichkeitsgrad) von Normen bzw. klassifiziert die Normen nach diesen Gesichtspunkten.

(nach: Lexikon der Psychologie, Herder-Verlag, Freiburg 1980, S. 1490 f.)

In der „TÜVologischen" Sprachregelung werden Normen – insbesondere solche des Trink- und Fahrverhaltens – stets als verbindlicher Maßstab genannt. Die Kriterien der „TÜVologischen" Normen werden im Gutachten aus in der Regel bruchstückhaften Zitaten aus wissenschaftlichen Abhandlungen namhafter Experten konstruiert.

obere Normgrenze

Kunstbegriff, der objektiv lediglich die obere Grenze eines Normalbereichs beschreibt. Sehr häufig in „TÜVologischen" Gutachten verwendet, um zu beschreiben, daß bestimmte Laborwerte, die als im Normalbereich liegend diagnostiziert wurden, doch nicht mehr „normal sind", weil sie im oberen Teil des Normalbereiches angesiedelt sind (siehe auch: Transferasensumme).

Obergutachten

Die „zweite Instanz" des Begutachtungsvorganges. Ein Obergutachten wird von der Behörde verlangt, wenn einander widersprechende Gutachten vorliegen oder falls die BfF-Stelle sich nicht in der Lage sieht, den Fall zu begutachten. Ein Obergutachten überprüft nicht die Richtigkeit vorliegender Gutachten.

In der neuen Fahrerlaubnis-Verordnung sind Obergutachten nicht erwähnt, so daß diese zweite Instanz derzeit nicht mehr besteht. Die Zukunft der Oberbegutachtung bzw. der Obergutachten und Obergutachterstellen ist derzeit noch ungewiß.

Oberverwaltungsgericht

Die Beschwerde- und Berufungsinstanz der Verwaltungsgerichtsbarkeit. Es überprüft Entscheidungen der Verwaltungsgerichte auch in Führerscheinangelegenheiten.

offenkundige Nichteignung

Die der Behörde aufgrund Ihrer Verkehrsvorgeschichte freigestellte Vermutung über Ihre künftige Nichteignung. Mit dieser Begründung lehnt die Behörde Anträge auf Erteilung von Fahrerlaubnissen ohne Prüfung der aktuellen Einzelheiten nur nach Aktenlage ab. Sie kann durch Vorlage entsprechender Fachgutachten widerlegt werden.

Ordnungsverfügung

Ein Verwaltungsakt der Ordnungsbehörde (s. Anordnung).

Pechvogel-Argumentation

Häufig benutzter Begriff in den MPU/BfE-Gutachten, der sowohl auf Trunkenheitsfahrer wie auch auf Punktetäter angewendet wird. Er besagt, daß ein auffällig gewordener Kraftfahrer zu seiner Entschuldigung anführt, daß er sich nicht anders verhalten habe als Tausende von anderen Kraftfahrern auch und lediglich das Pech hatte, in eine Verkehrskontrolle/Radarfalle geraten zu sein. In den Augen der MPU-Gutachter sprechen solche Argumente auf jeden Fall für mangelnde Einsicht in ein Alkohol- oder Charakterproblem, was wohl kaum zu widerlegen ist.

Persönlichkeitsbefund

Kunstwort der „TÜVologischen" Begutachtung. Aus dem Begriff allein wird nicht deutlich, auf welche Art und Weise dieser Befund erhoben wurde, da in der Psychologie sowohl subjektive Verfahren (Exploration) als auch objektive Tests eingesetzt werden. Befunde über die Persönlichkeit des Untersuchten sind im ersten Fall durch die Persönlichkeit des Gutachters beeinflußt, was natürlich zu Verfälschungen des Ergebnisses führen kann. Aus dem mehrdeutigen Begriff kann man die Bedeutungen „Befunde über die Persönlichkeit" oder „Befunde der Persönlichkeitstests" ableiten, wodurch es zu Fehlinterpretationen kommen kann.

persönlichkeitsdiagnostisches Verfahren

Ähnliche Begriffsschöpfung wie bei „Persönlichkeitsbefund". Auch hier enthält der Begriff mehrere Deutungsmöglichkeiten. Einerseits kann man den Ausdruck so interpretieren, daß er „Verfahren zur Diagnose der Persönlichkeit(sstruktur)" bedeutet, wobei wiederum unklar bleibt, ob es sich hierbei um subjektive oder objektive Verfahren handelt. Andererseits könnte man diesen Begriff einfach mit „Persönlichkeitstests" gleichsetzen (siehe auch dort), was natürlich nur standardisierte, objektive Tests bedeutet.

Persönlichkeitstest

Unter dem Begriff „Persönlichkeitstest" wird eine Reihe von Verfahren zusammengefaßt, die nicht Intelligenz und Leistungsmöglichkeiten prüfen, sondern Affektivität, soziale Einstellungen, Interessen, Neigung zu Neurotizismus u. a. Die ersten wissenschaftlichen Persönlichkeitstests waren die Fragebogentests zur Untersuchung von US-Soldaten im Ersten Weltkrieg. Es wird unterschieden zwischen projektiven und nichtprojektiven Methoden bzw. Interessen-, Einstellungs- und Persönlichkeitsfragebögen, wobei sich die letzteren vor allem auf Persönlichkeitsdimensionen wie Extraversion-Introversion und Neurotizismus beziehen. Daneben gibt es noch die sogenannten „objektiven Persönlichkeitstests", die wahrscheinlich in der Zukunft dominieren werden und in denen das objektive registriert- oder verwertbare Verhalten, Reaktionen und Leistungen in streng fixierten Situationen die Grundlage der Diagnose abgeben.

(nach: Lexikon der Psychologie, Herder Verlag, Freiburg 1980, S. 1586, 1721)

In den medizinisch-psychologischen Untersuchungen der BfF-Stellen werden Persönlichkeitstests nur äußerst selten eingesetzt. Zu den typischen Persönlichkeitstests, die z. B. in den Obergutachterstellen verwendet werden, gehören das Freiburger Persönlichkeitsinventar (FPI-R), der Kurzfragebogen für Problemfälle (KFP 30), der Farbpyramidentest (FPT) und der Rosenzweig-Picture-Frustrations-Test (P-F-Test).

Perzentilrang

Ein Perzentil ist jene Maßzahl einer Verteilung, „bis zu der" ein bestimmter Prozentsatz von Fällen liegt. Bis zum 50. Perzentilrang einer Verteilung (Median), Vergleichsgruppe liegen z. B. 50% der Fälle. Die Ergebnisse von Persönlichkeits- und Leistungstests werden in Form von Prozenträngen oder Perzentilen angegeben.

(nach: Lexikon der Psychologie, Herder Verlag, Freiburg 1980, S. 1566)

Privatgutachten

Jedes Gutachten in Führerscheinangelegenheiten ist ein Privatgutachten, weil es stets aufgrund eines Werkvertrages nach BGB im Auftrag des Untersuchten erstellt wird. Irrtümlicherweise hat sich die falsche Auffassung verbreitet, daß die MPU-Gutachten des TÜV keine Privatgutachten seien.

Proband

Versuchsperson, d. h. der Mensch, mit dem ein Experiment durchgeführt wird. Die Versuchsperson erwartet nicht, aus irgendeiner Maßnahme im

Laufe des Experiments persönlichen Nutzen zu ziehen, geschieht dies doch, ist es rein zufällig.

(Lexikon der Psychologie, Herder Verlag, Freiburg 1980, S. 2483)

In den medizinisch-psychologischen Untersuchungen werden die Untersuchten allgemein als Probanden bezeichnet.

Problemtrinker

Personen, die wegen ihrer nicht gelösten Probleme übermäßig Alkohol trinken. Eine positive Begutachtung ist nur dann denkbar, wenn nicht nur der Alkoholkonsum eingeschränkt, sondern auch die Fähigkeit erworben wird, mit Problemen zu leben und diese verarbeiten zu können.

Prognose

Bei einer Prognose handelt es sich um eine Wahrscheinlichkeitsvorhersage von zukünftigen Handlungsabläufen aufgrund gegenwärtigen und vergangenen Verhaltens. Nach der Methode ihres Vorgehens werden klinische, typologische und statistische Prognosen unterschieden. Die statistische Individualprognose benutzt Prognosetafeln, die aufgrund eines größeren Erfahrungsgutes statistisch aufgestellt werden. Diese Prognosetafeln sind lediglich Hilfsmittel in der Hand eines erfahrenen Psychologen zur Objektivierung von Prognoseentscheidungen. Sie dürfen nicht mechanisch und automatisch angewandt werden. Die klinische Individualprognose verwendet bewußt keine statischen Prognosetafeln. Gleichwohl bereitet sie ihre Prognoseentscheidungen durch das Studium des Lebenslaufs und der Familienverhältnisse des Probanden, durch gezielte Exploration und Anwendung psychodiagnostischer Testverfahren sorgfältig vor. Mißbrauchsformen klinischer Prognosen beruhen auf Intuition, Spekulation, Subjektivismus des Versuchsleiters, sie können keine zureichende Grundlage für eine psychologische Prognoseentscheidung bilden.

(Lexikon der Psychologie, Herder Verlag, Freiburg 1980, S. 1685)

Die Treffsicherheit der Prognose von medizinisch-psychologischen Gutachten ist seit langem ein heiß diskutiertes Thema unter Verkehrspsychologen. Die Gründe dafür liegen nach Aussage von A. Müller (Alkohol, Rückfall und Führerschein, DAR 8/94, S. 311) in erster Linie in zwei Punkten:

– *„Das künftige Verhalten ist nicht nur von der sich wandelnden Persönlichkeit geprägt, sondern auch von Einflüssen des sozialen Um-*

felds, die größtenteils nicht überschaubar und vorhersehbar sind, gleich ob es sich um die Situation am Arbeitsplatz oder um den Verlauf einer Partnerbeziehung handelt. Hier spielt etwas ins Leben hinein, was gemeinhin als „Schicksal" bezeichnet wird, ein Begriff, der als unwissenschaftlich aus der Psychologie weitgehend verbannt ist und den Astrologen und Wahrsagern überlassen wurde. Merkwürdig ist nur, daß mit scheinbar wissenschaftlichen Prognosegutachten andererseits doch versucht wird, dieses Terrain zurückzuerobern.

— *Zweitens ist die Erhebung der Befunde, die als Grundlage eines Prognosegutachtens dienen, mit großen Problemen belastet. Die Art des Gesprächskontakts ist noch offen und vertrauensvoll. Der Proband versucht sich verständlicherweise in ein günstiges Licht zu rücken, der Untersucher versucht andererseits durch geschickte Fragen die Wahrheit aus ihm herauszulocken, etwa wieviel er tatsächlich trinkt. Ein immer größerer Teil der Probanden läßt sich auf die Untersuchung in speziellen Kursen vorbereiten, so daß die Voraussetzungen, unter denen sie antreten, unterschiedlich sind. Es soll auch Kurse für Rechtsanwälte geben, in denen diese von Verkehrspsychologen dahingehend instruiert werden, wie sie ihre Mandanten auf die psychologische Exploration vorbereiten sollen.*

Mit diesen Schwierigkeiten müssen die Untersucher fertig werden, und dies im Rahmen einer Exploration, die selten die Dauer einer halben Stunde übersteigt (ausgenommen Obergutachten). Ein zusätzliches Gespräch mit Personen des sozialen Umfelds (vor allem Angehörigen), das bei jeder klinisch orientierten Trinkerberatung dazugehört, muß in der Regel schon aus ökonomischen Gründen entfallen."

Prognosefaktoren

Kunstbegriff zur Identifizierung einzelner Daten, aus denen eine Prognose erstellt wird bzw. der Gegebenheiten, die eine Prognose beeinflussen können. Im Falle der MPU-Begutachtung können dies die Höhe der BAK, der Zeitpunkt der Trunkenheitsfahrt, frühere einschlägige Delikte (Rückfall), Angaben zu den eigenen Trinkgewohnheiten oder das vorhandene oder fehlende Problembewußtsein sein. Die Rolle und das Gewicht der einzelnen Faktoren ist bisher kaum oder gar nicht untersucht worden, so daß nur von einer ungenügenden Prognosegüte der MPU-Gutachten gesprochen werden kann.

„Der zentrale Faktor, und dies zeigen die einschlägigen Untersuchungen übereinstimmend, ist das Lebensalter. Das Rückfallrisiko ist bei der

*jüngsten Altersgruppe bis 24 Jahre am größten und nimmt dann konti-
nuierlich ab. (...) Welzel stellt außerdem fest, daß ‚für die Gruppe der
Jüngeren (bis 40 Jahre) keine signifikante Beziehung zwischen Prognose und Rückfälligkeit festzustellen ist.‘ (...) Der Anteil der Jüngeren bis
40 Jahre beträgt (aber) bei den wegen Trunkenheit Verurteilten 62 %.
Bezieht man sich auf die eigentlich gefährlichen Fälle, bei denen der
Alkoholeinfluß zu einem Unfall mit Personenschaden geführt hat, dann
sind dies sogar 79 % der Beteiligten, und für diese große Gruppe ist eine
richtige Tendenz der prognostischen Aussage in keiner Weise gesichert!"*

(Müller, A., Alkohol, Rückfall und Führerschein, DAR 8/94, S. 310)

Promille (‰)

Maßeinheit für das Verhältnis von Körperflüssigkeit und Alkohol in Tau-
sendstel. „Promille" bedeutet wörtlich: „pro Tausend".

Ein Promille = in einem Liter Blut (= 1000 g) befindet sich 1 g reiner
Alkohol. Ein 70 kg schwerer Mensch hat etwa 5 bis 6 Liter Blut.

Prozentrang

Der Prozentrang einer Maßzahl, eine bei der Normierung von Testverfahren häufig verwendete Größe, bezeichnet den Prozentsatz jener Fälle
einer Verteilung (z. B. Eichpopulation), der gleich große oder kleinere
Werte (scores) besitzt. Er läßt sich aus der Summenkurve über die kumu-
lative Häufigkeit bestimmen.

(Lexikon der Psychologie, Herder Verlag, Freiburg 1980, S. 1702)

Ein Prozentrang (PR) besagt, wieviel Prozent einer Vergleichsgruppe mit
ihren Leistungen unter der des Untersuchten liegen. Beispiel: Ein PR
von 70 bedeutet, daß 30 % der Vergleichsgruppe bessere und 70 %
schlechtere Leistungen erbringen als der Untersuchte.

psychologisches Untersuchungsgespräch

Siehe auch „diagnostisches Gespräch" (Exploration).

psycho-physische Leistungsfähigkeit

Laut Lexikon der Psychologie gibt es diese Wortkombination nicht. Es
existiert das „Psycho-physische Grundgesetz" nach Fechner, was sich
jedoch mit Phänomenen der Psychophysik beschäftigt. In den MPU-Gut-

achten wird unter psycho-physischer Leistungsfähigkeit eigentlich die funktional-psychische Leistungsfähigkeit verstanden und die obige Bezeichnung wird falsch verwendet. Bei der funktional-psychischen Leistungsfähigkeit geht es um die Prüfung von für das Führen von Kraftfahrzeugen wichtigen Bereichen wie das Reaktionsvermögen, die Konzentrationsfähigkeit etc.

Punkteabbau

siehe „Punkterabatt"

Punkterabatt

Gutschrift von Flensburg-Punkten nach der freiwilligen Teilnahme an einem Aufbauseminar oder einer verkehrspsychologischen Beratung (siehe auch dort). Bei einem Punktestand von bis zu 8 Punkten beträgt der Rabatt einmalig 4 Punkte innerhalb von 5 Jahren, bei 9 bis 13 Punkten noch 2 Punkte.

Punktsystem

Das Punktsystem wurde zum 1. Januar 1999 neu gestaltet. Im Falle von Eintragungen erhält der Betroffene jetzt bei 8 Punkten eine Verwarnung und einen Hinweis auf ein freiwilliges Aufbauseminar mit 4 bzw. 2 Punkten Rabatt. Bei 14 Punkten ist die Teilnahme an einem Aufbauseminar Pflicht, und gleichzeitig erhält der Betroffene die Möglichkeit, an einer freiwilligen verkehrspsychologischen Beratung teilzunehmen und dafür 2 Punkte Rabatt zu erhalten. Bei 18 Punkten wird die Fahrerlaubnis automatisch entzogen.

Quartalsäufer

Eine Person, die Alkohol regelmäßig nur in recht großen, mitunter mehrmonatigen Abständen konsumiert, allerdings stets unkontrolliert, auch bis zum Vollrausch. Diese Personen streben häufig Enthaltsamkeit an, halten ihren Vorsatz aber nur zeitweise durch und werden immer wieder rückfällig.

Rausch

Ein vorübergehender psychischer Zustand, der auf Gift oder Drogen (Rauschmittel) beruht und sich in einer Vielzahl von Verhaltensmerkmalen und Symptomen manifestiert, die sich von Heiterkeit und Verlust persönlicher und sozialer Verantwortlichkeit bis Depression, Stupor oder Koma erstrecken.

(Lexikon der Psychologie, Herder Verlag, Freiburg 1980, S. 1847)

Laut § 20 Strafgesetzbuch wird eine zum Rausch führende Volltrunkenheit ab etwa 3 ‰ angenommen.

Rauschmittel

Psychopharmaka unterschiedlicher Klassen, die bei geeigneter Dosierung stark von der Norm abweichende Veränderungen des subjektiven Befindens auslösen. Ein gemeinsames Charakteristikum von Rauschmitteln ist, daß ihre Wirkungen in der Regel zumindest in Teilaspekten positiv erlebt und bewertet werden (etwa wegen angenehmer Veränderungen der Stimmungslage, z. B. Euphorie, emotionale Entspanntheit, Gefühl gesteigerter körperlicher oder geistiger Leistungsfähigkeit usw., oder allgemein wegen der Neuartigkeit oder Andersartigkeit des Erlebens unter Einfluß der Droge), so daß der Wunsch nach wiederholter Anwendung entstehen kann und somit die Gefahr der Drogenabhängigkeit besteht. Bei zum Teil sehr unterschiedlichen Wirkungsqualitäten ist die Bevorzugung und Verbreitung bestimmter Rauschmittel in starkem Maße von soziokulturellen Faktoren abhängig. – Zu den bedeutendsten Rauschmitteln gehören: 1. Alkohol, Narkotika und Hypnotika wie Chloroform, Äther und Barbiturate; 2. Genußmittel mit zentral erregender Wirkung, wie Kaffee, Tabak, Betel; 3. Rauschgifte mit affektiv entspannenden und/oder euphorisierenden Effekten: Opium, Morphin, Heroin, Kokain; und 4. halluzinogene bzw. psychotomimetisch wirkende Substanzen wie LSD, Meskalin, Psilocybin und Haschisch.

(nach: Lexikon der Psychologie, Herder Verlag, Freiburg 1980, S. 1848)

(siehe auch „Abhängigkeit")

Rechtsmittel

Mittel im behördlichen oder gerichtlichen Verfahren, um eine noch nicht rechtskräftige Entscheidung anzufechten oder überprüfen zu lassen.

Rechtsstellung

Die rechtliche Beziehung zwischen Beteiligten eines Verfahrens. Zwischen der BfF-Stelle und der Behörde besteht keine Rechtsstellung, sie besteht jedoch zwischen dem Betroffenen und der BfF-Stelle einerseits und dem Betroffenen und der Behörde andererseits.

Reflexion, Reflektieren

Bezeichnung für das Zurückwenden der Aufmerksamkeit nach „innen" bzw. das Abwenden von den Gegenständen bzw. an der Außenwelt gemachten Erfahrungen und Zuwenden auf das innere Erleben, z. B. Überlegen, Beziehungen überdenken, eine künftige Handlung in bezug auf die äußeren Bedingungen planen.

(nach: Wörterbuch zur Psychologie, dtv, München 1968, S. 195)

Regelvermutung

Im Straßenverkehrsrecht gilt der juristische Grundsatz, daß ein Kraftfahrer, der eine Straftat begangen hat, in der Regel als ungeeignet anzusehen ist **und** für eine bestimmte Zeit auch ungeeignet bleibt.

registrierte Trunkenheitsfahrt

Kunstbegriff der medizinisch-psychologischen Gutachten. In den MPU-Gutachten bezeichnet man damit eine Trunkenheitsfahrt, die von der Polizei festgestellt und strafrechtlich geahndet wurde. Dabei wird mit berücksichtigt, daß auf eine festgestellte Trunkenheitsfahrt – statistisch – im Durchschnitt 400 Fahrten kommen, die unentdeckt bleiben („Dunkelziffer").

Die Verwendung dieses Begriffes in den medizinisch-psychologischen Gutachten ist eindeutig mit einer negativen Nuance belegt, denn es wird zwischen den Zeilen davon ausgegangen, daß der Untersuchte zwar ein- oder mehrmals mit Alkohol am Steuer aufgefallen ist, daß er aber nicht nur bei diesen Anlässen alkoholisiert am Steuer gesessen hat, sondern viel häufiger, als er in der Untersuchung zugeben will. Es wird dem Untersuchten also unterstellt, nicht die volle Wahrheit über seine Einstellung zum Komplex „Trinken und Fahren" zu sagen und u. U. ein schwereres Alkoholproblem zu haben, als aufgrund der geahndeten Trunkenheitsfahrt(en) angenommen werden müßte.

In den MPU-Gutachten wird also systematisch durch derartige Hinweise auf die vermutete statistische Dunkelziffer unentdeckt gebliebener Trunkenheitsfahrten gezielt auf Einzelpersonen gefolgert und damit der

Eindruck erweckt, der Untersuchte gehöre auch zu diesen Kraftfahrern. Dabei ist besonders bedenklich, daß den statistischen Schätzungen Studien zugrunde liegen, bei den hauptsächlich Alkoholiker befragt wurden.

Restalkohol

Unter „Restalkohol" versteht man einen erhöhten Blutalkoholgehalt nach einer Nachtruhe gleich welcher Länge. Nach der Rechtsprechung muß der Kraftfahrer den Restalkohol bei der „Eigenprüfung" seiner Fahrtüchtigkeit einkalkulieren.

(nach: Schwerd, W. [Hg.], Rechtsmedizin – Lehrbuch für Mediziner und Juristen, 5. Aufl., Deutscher Ärzte Verlag, Köln 1992, S. 115 f.)

In den MPU-Gutachten wird Restalkohol nicht nur im obigen Sinne gemeint. Man spricht auch dann von Restalkohol, wenn zwischen Trink-Ende und Fahrtantritt eine längere Zeit vergangen ist, die keine Nacht sein muß, und der Blutalkoholgehalt noch nicht restlos abgebaut wurde.

Rückfallgefährdung

Ziel der medizinisch-psychologischen Begutachtung ist es, diejenigen unter den untersuchten Alkoholfahrern bzw. Punktetätern herauszufiltern, die sich auch in der Zukunft unter Alkoholeinfluß ans Steuer setzen bzw. nüchtern gegen Verkehrsvorschriften verstoßen, d. h. rückfällig werden würden. Dabei ist von der Wortbedeutung des Begriffes „Rückfallgefährdung" her anzumerken, daß es sich – im Gegensatz zu „Rückfallquote" (s. u.) nicht um eine quantitative Definition handelt, sondern allein die Tatsache beschrieben wird, daß die Gefahr eines Rückfalles besteht. Die Verwendung ist aber in den MPU-Gutachten durchaus nicht immer sprachlich exakt, sondern der Begriff wird fälschlicherweise gleichbedeutend mit „Rückfallprognose" oder gar „Rückfallquote" benutzt.

Rückfallprognose

Vorhersage der in der Zukunft zu erwartenden Wahrscheinlichkeit für einen Rückfall in ein Trunkenheitsdelikt. Bei der Rückfallprognose handelt es sich immer um eine Schätzung des Gutachters. Es haben sich hauptsächlich zwei Formen der Vorhersagen verbreitet: in Prozenten als ein Zahlenwert und in Golbalurteilen ausgedrückte Prognosen. Genaue, verbindliche Vorschriften gibt es dazu nicht. Nach **Müller** wären „*ohne* *eine Übereinkunft, die sich in der Praxis der Fahreignungsbeurteilung eingependelt hat, (...) willkürlichen Maßstäben Tor und Tür geöffnet."* (DAR 8/94, 309)

Da diese Übereinkunft der BfF-Stellen weitgehend als Geheimnis behandelt wird, mangelt es an der Nachvollziehbarkeit und Nachprüfbarkeit sowie an der Treffsicherheit der Fahreignungsgutachten.

Rückfallrisiko

siehe „Rückfallgefährdung"

Rückfallwahrscheinlichkeit

Die rechtlich nicht allgemein anerkannte, jedoch stark verbreitete statistische Wahrscheinlichkeit für ein erneutes Delikt eines ehemaligen Promille-Fahrers.

Schweigepflicht

§ 203 des Strafgesetzbuches verpflichtet bestimmte Berufsgruppen zur Wahrung von Privatgeheimnissen. Dazu zählen beispielsweise Ärzte und Rechtsanwälte, aber auch Berufspsychologen mit staatlich anerkannter wissenschaftlicher Abschlußprüfung, d. h. Diplom-Psychologen. Da die Bezeichnung „Psychologe" als solches nicht geschützt ist, kann sich jeder so nennen. Daher ist es bei einer verkehrspsychologischen Beratung/Therapie, bei der naturgemäß sehr persönliche und vertrauliche Dinge erörtert werden, wichtig, daß diese von einem „Diplom-Psychologen" gemacht wird, der nicht nur aufgrund seiner Ausbildung sondern auch aufgrund seiner Schweigepflicht dem Betroffenen die Sicherheit geben kann, daß dessen „Geheimnisse" auch geheim bleiben. Bei Amtlich anerkannten Verkehrspsychologischen Beratern ist dies gewährleistet, da sie alle Diplom-Psychologen sind und damit der Schweigepflicht unterliegen.

Im Falle einer beabsichtigten Weitergabe von in einer Beratung/Therapie gemachten Angaben oder Ergebnissen ist es erforderlich, daß der Betroffene den Diplom-Psychologen ausdrücklich von seiner Schweigepflicht entbindet.

Selbstbeobachtung

Mittel zur Analyse des eigenen Trinkverhaltens oder anderer Gewohnheiten, um diese in einem zweiten Schritt dann in den Griff zu bekommen und zu kontrollieren. In der MPU-Begutachtung sind Selbstbeobachtung und -kontrolle eine unabdingbare Voraussetzung für eine stabile Verhaltensänderung, die ihrerseits die Grundlage einer positiven Begutachtung bildet.

Unerläßlich, um die eigenen Gewohnheiten zu erkennen und diese in den Griff zu bekommen, z. B. beim Autofahren, etwa wegen der Neigung zu schnellem Fahren oder beim Alkoholkonsum im Hinblick auf eigene Trinkgewohnheiten.

Selbsterfahrung

Unter Selbsterfahrung versteht man ein Weltverhältnis zur Gewinnung persönlicher Identität (Selbstfindung). Man erlebt sich besonders unmittelbar angesichts von Grenzerfahrungen (Erlebnis der Schwelle) und wenn man um Entfaltungschancen ringt. Als praktische Hilfe (erzieherisch, therapeutisch oder autonom gegeben) erwies sich eine Form der Selbstbeobachtung, welche die Objektivierung der Erfahrung ermöglicht (Formulierung von Kriterien zur Verhaltensbeurteilung, von Rückmeldeinstanzen und von Interpretationshilfen). Entscheidend ist die Reflexion des Lebenszusammenhangs. Hierbei bedürfen die persönlichen Maßstäbe als individuelle Wertverwirklichungsansprüche einer allgemeinen sittlichen Rechtfertigung.

(nach: Lexikon der Psychologie, Herder Verlag, Freiburg 1980, S. 2026)

Selbsterfahrungsgruppe

Selbsterfahrungsgruppen sind regelmäßige Treffen bei gleicher Zusammensetzung der Teilnehmer, in denen verschiedene Interpretationen der Gruppensituation oder des Verhaltens einer oder mehrerer Personen im Mittelpunkt stehen. In manchen Selbsterfahrungsgruppen spielt sich das Gruppengeschehen rein auf der verbalen Ebene ab. Leiterlose Gruppen werden Selbsthilfegruppen genannt, z. B. Anonyme Alkoholiker (AA), Synanon oder Frauengruppen. Der Begriff wird inhaltlich häufig mit Encounter-Gruppen synonym verwendet.

(Lexikon der Psychologie, Herder Verlag, Freiburg 1980, S. 2026)

Selbsthilfegruppe

Eine i. d. R. kleine Gruppe von Betroffenen wie z. B. Menschen mit Alkoholproblemen, die in regelmäßigen Abständen zusammenkommen, um ihre Probleme zu besprechen, Gedanken auszutauschen und sich gegenseitig zu motivieren. Diese Selbsthilfegruppen sind meist Wohlfahrtsorganisationen angegliedert und treffen sich ohne fachliche Anleitung von Ärzten oder Psychologen. Im Falle von Alkoholabhängigkeit oder -problemen sind als bekannte Selbsthilfegruppen die Guttempler, das Blaue Kreuz oder die Anonymen Alkoholiker (AA) zu nennen, die sich selbst als „Gemeinschaft von Männern und Frauen bezeichnen, die miteinander ihre Erfahrung, Kraft und Hoffnung teilen. Die einzige Voraussetzung für die Zugehörigkeit ist der Wunsch, mit dem Trinken aufzuhören."

Selbsthilfegruppen können eine begrenzte Hilfe bedeuten, sie können aber nicht individuelle Probleme fachgerecht lösen. Ein wesentlicher Nachteil besteht darin, daß die gruppendynamischen Abläufe nicht gesteuert werden. Folglich können sog. dynamische Persönlichkeiten (dominante „Führer") andere, die sich nicht so gut artikulieren können, unterdrücken oder etwa sich zu deren Nachteil profilieren.

In den MPU/BfF-Gutachten wird von den Untersuchten häufig und pauschal die Teilnahme an einer Selbsthilfegruppe verlangt, damit sie sich mit einer angeblichen Alkoholproblematik auseinandersetzen. Nach welchen Kriterien eine solche Teilnahme verlangt wird, bleibt aber unklar, da die MPU/BfF-Gutachter es durch die unvollständige und nicht nachvollziehbare Ableitung und Wiedergabe ihrer Befunde unmöglich machen, andere Gründe als den subjektiven Eindruck des Gutachters als Kriterium zu vermuten. Es wird auch keine objektive Abgrenzung dahingehend vorgenommen, wann ein Untersuchter eine Selbsthilfegruppe aufsuchen oder wann er „fachliche therapeutische Hilfe in Anspruch nehmen" soll.

Selbstkontrolle

Standardbegriff der Fahreignungsbegutachtung und Voraussetzung einer positiven Begutachtung. In der Regel wird nämlich davon ausgegangen, daß etwa ein ehemaliger Trunkenheitsfahrer deshalb straffällig wurde, weil es ihm nicht gelang, sein Verhalten unter Alkoholeinfluß genügend zu kontrollieren. Die Selbstkontrolle (= Verhaltenskontrolle) ist erlernbar, und sie bildet den Gegenstand von Nachschulungskursen. Unerläßliches Lernziel, wenn die Verkehrsauffälligkeit die Folge fehlender Anpassung an die allgemeingültigen Normen war.

Sicherheitsintervall

Künstliche Wortschöpfung der „TÜVologischen" Begutachtung. In Anlehnung an den aus der Straßenverkehrsordnung bekannten Begriff

„Sicherheitsabstand" wird hier der Zeitraum beschrieben, der zwischen zwei MPU-Untersuchungen liegen soll, oder auch die Zeitspanne, in der ein Begutachteter (noch) abstinent leben soll, bevor seine erneute Begutachtung Aussicht auf Erfolg hat. Die Länge diese Zeitraums ist nicht durch sachliche, allgemein anerkannte und wissenschaftlich belegte Kriterien festgelegt. Falls es bei den BfF-Stellen interne Kriterien dazu geben sollte, so wurden diese nie veröffentlicht, so daß ein Proband keine klaren Informationen darüber erhalten kann, welche Kriterien er erfüllen muß, um positiv begutachtet zu werden.

soziales Trinken

Bezugsgröße bei der Beurteilung der Rückfallwahrscheinlichkeit in ein Trunkenheitsdelikt.

E. Kunkel führt dazu aus: *„... daß man soziales Trinken nur bei einer BAK bis höchstens 1,3 ‰ noch annehmen kann. (...) Alkoholkonzentrationen über 1,3 ‰ sind mit dem im gesellschaftlichen Rahmen üblichen Alkoholkonsum auf jeden Fall nicht mehr vereinbar."* (Blutalkohol, Vol. 22, 1985, S. 352)

E. Stephan meint: *„In einer Vielzahl von empirischen Untersuchungen wurde festgestellt, daß von ‚sozialen Trinkern' eher selten Werte über 1,0 ‰ erreicht werden."* (Zeitschrift für Verkehrssicherheit, 32. Jhrg., 1986, S. 3)

Diese Zitate bilden in den MPU-Gutachten als Textbausteine eine Größe, die als normales, weil sozial angeblich geduldetes Trinken gilt und mit der die aufgrund der Angaben des Untersuchten errechneten BAK-Werte verglichen werden. Dabei werden nicht nur die bei Trunkenheitsfahrten festgestellten BAK-Werte zugrunde gelegt, sondern auch die bei gewöhnlichen Anlässen erreichten Werte.

Es handelt sich also um eine gedankliche Konstruktion, über deren Realitätsnähe oder -ferne sicher diskutiert werden kann. Problematisch ist die Anwendung dieser Konstruktion in den MPU-Gutachten deshalb, weil sie nicht als Annahme, sondern als eine feststehende Tatsache der Beurteilung zugrunde gelegt wird.

Spiegeltrinker

Jemand, der sich ständig unter Alkoholeinfluß befindet und den „Alkoholspiegel" immer nur auffüllt.

Spontantrinken

Ungeplanter und unüberlegter Konsum beträchtlicher Alkoholmengen (z. B. zehn und mehr Glas Bier bei Geburtstagen in der Firma oder zufälligem Treffen mit Bekannten).

Strafbefehl

Wird wegen einer Straftat vom Richter am Amtsgericht erlassen und macht die Vermeidung einer Hauptverhandlung vor dem Strafgericht möglich. Er ist bei Verkehrszuwiderhandlungen nicht in jedem Fall vorteilhaft, weil damit eine grundsätzliche und für die spätere Eignungsbeurteilung weitreichende Schuldanerkenntnis verbunden ist.

Straßenverkehrsamt

Teil der Ordnungsbehörde, bearbeitet sämtliche Angelegenheiten des Straßenverkehrswesens, so auch die Führerscheinfragen.

Sturztrinken

Sehr hoher Alkoholkonsum (15 und mehr Glas) innerhalb sehr kurzer Zeit (etwa zwei Stunden).

Täter

Jeder, der im Straßenverkehr eine nach dem Strafgesetzbuch (StGB) als Straftat eingestufte Handlung (z. B. Trunkenheit am Steuer, Fahren ohne Fahrerlaubnis, Unfallflucht) begeht, gilt als Täter.

Teleangiektasien

Bleibende Erweiterung kleiner, oberflächlicher Hautgefäße, selten angeboren, meist erworben, z. B. im Gesicht (witterungsbedingt), in der Nase, Brust. Teleangiektasien können durch übermäßigen Alkoholkonsum, aber auch durch Medikamente bzw. Krankheiten ausgelöst werden.

(nach: Pschyrembel, Klinisches Wörterbuch, 256. Auflage, Verlag De Gruyter, Berlin 1990, S. 1651)

Toleranzsteigerung

siehe Alkoholtoleranz, Alkoholverträglichkeit

Trennung zwischen Trinken und Fahren

Die Bereitschaft und Fähigkeit, nach Genuß alkoholischer Getränke in jedem Fall auf das Fahren zu verzichten. Voraussetzung der positiven Beurteilung der künftig wahrscheinlichen Eignung.

Trink- und Fahrgewohnheiten, Trink-Fahrgewohnheiten

Standardausdruck der „TÜVologischen" Sprachregelung. Damit wird unterstellt, daß sich beim Untersuchten – auch bei Ersttätern – eine Gewohnheit hinsichtlich des Alkoholtrinkens und anschließenden Fahrens herausgebildet und auch gefestigt hat. Es ist eine Anspielung auf die Dunkelziffer unentdeckt gebliebener Trunkenheitsfahrten bzw. in nüchternem Zustand begangener Verstöße.

Trink-Anfang

Zeitpunkt des Beginns des Alkoholkonsums bei einer Trinkgelegenheit. Dieser Zeitpunkt zusammen mit dem Trink-Ende, der Beendigung des Alkoholkonsums, ist bei der nachträglichen Berechnung der wahrscheinlichen Blutalkoholkonzentration bei gewöhnlichen Trinkanlässen wichtig. Dadurch bekommt einerseits der Gutachter ein realistisches Bild über das Alkoholtrinkverhalten des Untersuchten. Der Betroffene kann andererseits eine realistische Selbstdarstellung machen, wenn er sich an diesem Zeitpunkt orientiert.

Es ist ein erheblicher systematischer Mangel der MPU-Gutachten, daß in der Exploration keine zuverlässigen Daten über den Trink-Anfang erhoben werden, was häufig eine Ursache von Falschbeurteilungen ist.

Trinkanlaß

Damit meint man in den MPU-Gutachten einen Anlaß, der zum Konsum alkoholischer Getränke führte. Der Begriff suggeriert, daß der Alkoholkonsum durch einen äußeren Umstand veranlaßt wird. Insofern ist diese Begriffswahl einseitig, da damit bereits eine Beeinflußbarkeit des Untersuchten unterstellt wird. Außerdem wird konstruiert, daß der Untersuchte zum Konsum alkoholischer Getränke einen Anlaß brauchte. Trinkanlässe können beliebig kategorisiert werden. Üblich ist, zwischen spontanen, gewöhnlichen, ungewöhnlichen und gewohnheitsmäßigen Trinkanlässen zu unterscheiden.

Trinken

In der „TÜVologischen Geheimsprache" stets negativ belegtes Wort, weil damit immer der Konsum alkoholischer Getränke und nicht auch die Flüssigkeitsaufnahme schlechthin gemeint ist. Mit „Trinken" wird in den Gutachten – zumindest zwischen den Zeilen – häufig „Saufen" gemeint.

Trink-Ende

Zeitpunkt des letzten Glases bei einer Trinkgelegenheit. Das Trink-Ende ist ein wichtiger Zeitpunkt zur Berechnung des Restalkohols. Dieser Zeitpunkt ist vielen Untersuchten – naturgemäß – nicht genau erinnerlich, was von den Gutachtern häufig als mangelnde Selbstbeobachtung ausgelegt wird. Da in der viel zu kurzen Exploration das Thema der Alkoholtrinkgewohnheiten nur sehr oberflächlich behandelt wird, basiert die Beurteilung auch deshalb auf fragwürdigen Informationen.

trinkende Fahrer

Mit „trinkenden Fahrern" werden Kraftfahrer gemeint, die nicht als Alkoholgefährdete oder gar Alkoholiker eingestuft werden. Handelt es sich um einen „Ersttäter", dessen bei der Trunkenheitsfahrt festgestellte Blutalkoholkonzentration über 1,6 ‰ lag, kann die MPU nach der neuen Fahrerlaubnis-Verordnung nicht mehr entfallen.

Trinkfestigkeit

Standardbegriff der „TÜVologischen" Sprachregelung, der immer negativ belegt ist. Der Begriff beinhaltet gewohnheitsmäßige, langjährige Übung im Konsum alkoholischer Getränke, wobei auch eine normabweichende Alkoholverträglichkeit unterstellt wird.

Trinkgewohnheit

Angaben über die tägliche Flüssigkeitsmenge. In der Eignungsbeurteilung versteht man darunter fälschlicherweise nur die Gewohnheit beim Konsum alkoholischer Getränke.

Trinkhäufigkeit

Standardbegriff der „TÜVologischen" Sprachregelung, der immer negativ belegt ist. Gemeint ist die auf einen überschaubaren Zeitraum (Woche,

Monat) entfallende Anzahl von Gelegenheiten, bei denen alkoholische Getränke konsumiert wurden oder werden. Die Trinkhäufigkeit ist ein Maßstab der Trinkgewohnheit.

Trink-Pause

Ein Zeitraum, in dem ein regelmäßig alkoholische Getränke kosumierender Mensch auf jeglichen Alkohol verzichtet. Die Trink-Pause ist in der Regel freiwillig, sie findet z. B. statt, wenn wegen Alkoholmißbrauch körperliche Beschwerden einsetzten oder sich „das schlechte Gewissen" meldet. Eine Trink-Pause dauert im allgemeinen lediglich einige Wochen. Sie wird häufig mit Alkoholabstinenz verwechselt.

Trinkverhalten

Dieser Begriff wird in der „TÜVologischen" Geheimsprache stets mit „Alkoholtrinkverhalten" gleichgesetzt und ausschließlich negativ belegt. Das „Alkoholtrinkverhalten" müßte in der Exploration vom allgemeinen Trinkverhalten, nämlich von der täglichen Flüssigkeitsaufnahme, abgegrenzt werden, was in den MPU-Gutachten nicht geschieht. Zumindest ist es nicht nachvollziehbar dargestellt, wie das Verhältnis des Konsums alkoholischer Getränke zur Aufnahme alkoholfreier Flüssigkeiten ist.

Infolge dieser ungenauen Begriffsverwendung kommt es bereits während der Exploration zu folgenschweren Mißverständnissen. In den MPU-Gutachten selbst wird in der Regel zwischen „Trinkverhalten" und „Alkoholtrinkverhalten" nicht unterschieden.

Trinkzeit

Die Zeit zwischen dem ersten und letzten Glas beim Konsum alkoholischer Getränke. Die Trinkzeit ist ein wesentliches Merkmal des individuellen Verhaltens beim Konsum alkoholischer Getränke. Bekanntlich gibt es Menschen, die in zwei Stunden auch 10 Glas Bier konsumieren können, während andere es maximal bis zu 4 Gläsern bringen. Die Trinkzeit gibt auch Aufschluß über die Alkoholverträglichkeit. In den MPU-Gutachten wird der Begriff häufig verwendet, ohne dabei das für den Untersuchten Typische herauszuarbeiten. Durch die häufige, jedoch nur pauschale und stets negativ gemeinte Verwendung des Begriffs „Trinkzeit" wird in den Gutachten der Eindruck eines generell normabweichenden Alkoholtrinkverhaltens erweckt.

Bei der Einschränkung des Konsums alkoholischer Getränke kommt der Trinkzeit ausschlaggebende Bedeutung zu. Beim „kontrollierten Trinken" kommt es nämlich darauf an, daß der Betroffene es lernt, in der für ihn früher – etwa bei geselligen Anlässen – üblichen Trinkzeit nur ein Minimum an alkoholischen Getränken zu konsumieren. Diese positiven Aspekte der „Trinkzeit" werden in den MPU-Gutachten nicht oder nur selten berücksichtigt.

Vegetativum

Vegetatives oder auch autonomes Nervensystem, Gesamtheit der dem Einfluß des Willens und dem Bewußtsein primär nicht untergeordneten Nerven und Ganglienzellen, die die Regelung der Vitalfunktionen (Atmung, Verdauung, Stoffwechsel, Sekretion, Wasserhaushalt u. a.) dienen und das Zusammenwirken der einzelnen Teile des Körpers gewährleisten. Das vegetative Nervensystem bildet mit dem System der endokrinen Drüsen und den Körperflüssigkeiten eine funktionelle Einheit. Darüber hinaus bestehen enge Wechselbeziehungen zwischen dem vegetativen und zerebrospinalen Nervensystem, aber auch zwischen vegetativen und seelischen Vorgängen. Die übergeordneten vegetativen Zentren liegen im Rautenhirn, Zwischenhirn und zum Teil auch in der Großhirnrinde.

(nach: Pschyrembel, Klinisches Wörterbuch, 256. Auflage, Verlag De Gruyter, Berlin 1990, S. 1148)

Verarbeitung

Der selbstkritischen Einsicht eigener Fehler muß auch die Verarbeitung der persönlichen Problematik folgen. Sie ist eine der Grundvoraussetzungen der positiven Begutachtung.

Verdeckungstendenzen

Häufig verwendeter Begriff der „TÜVologischen" Gutachten mit deutlich negativer Bedeutung. Den Begutachteten wird hier zum Vorwurf gemacht, daß sie über ihre Trinkgewohnheiten keine ehrlichen Angaben machen, ihren Alkoholkonsum bagatellisieren, eine mögliche Alkoholproblematik nicht zur Kenntnis nehmen wollen. Aus dem Begriff selbst wird aber nicht klar, worin diese pauschal festgestellten Tendenzen denn konkret bestehen, welche psychologischen Vorgänge bei dem Untersuchten ablaufen oder ob es dem Gutachter einfach nicht gelungen ist, die verständliche Zurückhaltung eines Menschen in einer „Prüfungssituation", etwa sehr Persönliches und vielleicht nicht besonders Schmeichelhaftes über sich preiszugeben, durch geschickte Befragung zu überwinden.

Gleichzeitig wird die nicht klar ausgesprochene Beschuldigung erhoben, bei der MPU-Begutachtung dem Gutachter nicht vertrauensvoll und offen begegnet zu sein und damit die Mitwirkungspflicht verletzt zu haben, die von jedem Untersuchten verlangt wird.

Verdrängung

Die Verdrängung von Problemen reicht für die positive Beurteilung nicht aus.

Verdrängungsmechanismen

Häufig benutzter Kunstbegriff der „TÜVologischen" Begutachtung, der immer negativ verwendet wird.

Laut Lexikon der Psychologie handelt es sich bei der Verdrängung um einen inneren Abwehrmechanismus, durch den ein fortan nicht mehr oder nur bei darauf folgender Strafe befriedigbares Motiv durch ähnliche weiterhin befriedigbare Motive ersetzt wird.

In den MP-Begutachtungen wird dieser Begriff immer mit der Bedeutung benutzt, daß die Verdrängung als negativ, weil in mangelnder Problemeinsicht begründet, zu sehen sei. Die Tatsache, daß durch die Verdrängung ein u. U. positives Motiv an die Stelle des negativen (Alkoholkonsum) getreten ist und dadurch der Untersuchte eine Neuorientierung seines Lebens vorgenommen hat, wird nicht berücksichtigt.

verfestigte Verhaltensweise

Dieser Begriff beschreibt Strukturen der Lebensführung und des Verhaltens des Untersuchten, die schon seit langem bestehen und sich „eingeschliffen haben". Dadurch sind sie fest mit dem Individuum verbunden, und es erfordert große Anstrengungen, ein solches Verhalten zu ändern und liebgewordene Gewohnheiten aufzugeben.

In der „TÜVologischen" Begutachtungspraxis werden „verfestigte Verhaltensweisen" immer dann zur Beurteilung angeführt, wenn es darum geht, über eine mögliche Nachschulung für den Untersuchten zu entscheiden. Dieses Argument wird immer als ausschließender Grund genannt, weil die Trinkgewohnheiten des Probanden angeblich so stark verwurzelt sind, daß eine Änderung nicht mehr oder nur unter äußersten Schwierigkeiten möglich ist.

Verhaltensänderung

Bezieht sich auf alle Verhaltensweisen, die mit der Verkehrsauffälligkeit ursächlich zusammenhängen (Umgang, Trinkgewohnheit usw.).

verhaltensauffällig

Künstlich gebildetes Adjektiv. Die Bedeutung ist an den in der Psychologie gängigen Begriff der „Verhaltensstörung" angelehnt, welcher u. a. als Verlust der Selbstkontrolle definiert wird, d. h., daß das Individuum die Kontrolle über gewalttätige, aggressive, antisoziale und ungewöhnliche Impulse besitzt und aufhört, sich die Folgen seiner Handlungen zu vergegenwärtigen. Da man Trunkenheitsfahrern sicherlich nicht in allen Fällen Gewalttätigkeit und Aggression vorwerfen kann, wurde eine „abgeschwächte" Beschreibung gewählt, um nicht der Norm entsprechende Verhaltensweisen zu beschreiben. Welches Verhalten dabei bereits als „auffällig" zu gelten hat, ist in der „TÜVologischen" MPU-Begutachtung nicht näher definiert.

Der Willkür werden Tür und Tor weit geöffnet. Denn z. B. das Punktsystem stempelt jeden Kraftfahrer, der etwa wegen dreimaligen zu schnellen Fahrens Punkte bekommen hat, zu einem „verhaltensauffälligen" Fahrer, obwohl es durch keine wissenschaftlichen Erkenntnisse begründet und nachgewiesen ist, daß damit zugleich auch ein charakterlicher Eignungsmangel verbunden ist. Er gilt als „verhaltensauffällig", weil er „verkehrsauffällig" wurde, und zwar aus rein willkürlich festgelegten, formalistisch ordnungsrechtlichen Gründen, nämlich aufgrund der erreichten Punkte. Indem die MPU-Gutachter aber diese Stigmatisierung in ihren Gutachten kritik- und rücksichtslos verwenden, werden viele Kraftfahrer damit regelrecht gebrandmarkt.

Die geradezu verheerenden Folgen dieser Konstruktion ergeben sich daraus, daß die Verwaltungsbehörden und auch die „TÜVologischen" MPU/BfF-Gutachter den nicht mit Punkten belegten Kraftfahrer für nicht „verhaltensauffällig" halten, weil er nicht „verkehrsauffällig" wurde. Da die meisten Kraftfahrer ihre Punkte infolge seltener und nur punktueller polizeilicher Kontrollen, also nach dem Zufall erhalten, wird dem Begriff „Verhaltensauffälligkeit" ein wissenschaftlicher Charakter zugesprochen, obwohl er – zumindest im oben beschrieben Zusammenhang – bar jeder Wissenschaftlichkeit ist.

Verhaltensmuster

Eine Reihe von einzelnen Reaktionen oder Verhaltensäußerungen, die meist zusammen in einer bestimmten Sequenz vorkommen und somit ein komplexes Verhaltensgefüge bilden. Der Begriff wird vor allem verwendet, wenn man sich, wie in der Verhaltensmodifikation oder Verhaltenstherapie, mehr mit umfassenden Verhaltenseinheiten als mit isolierten Einzelreaktionen befaßt.

(Lexikon der Psychologie, Herder Verlag, Freiburg 1980, S. 2459 f.)

Verhaltenssteuerung, vorausschauende

Die Steuerung oder die Kontrolle über das eigene Verhalten sollen so beschaffen sein, daß die Auswirkungen des eigenen Verhaltens jederzeit eingeschätzt werden können.

Verhältnismäßigkeit, Verhältnismäßigkeitsgrundsatz

Juristisches Prinzip, das bei der Verhängung eines Fahrverbots oder der Anordnung einer medizinisch-psychologischen Untersuchung berücksichtigt werden muß. Der Grundsatz der Verhältnismäßigkeit besagt, daß nur dann ein Fahrverbot oder eine MPU angeordnet werden dürfen, wenn keine weniger einschneidende Maßnahme zur Erreichung des angestrebten Zieles – Verhinderung weiterer Verkehrsverstöße bzw. Feststellung der Eignung zum Führen von Kraftfahrzeugen – getroffen werden kann.

Die Verwaltungsbehörde muß aufgrund dieses allgemeingültigen Grundsatzes bei Führerscheinangelegenheiten von mehreren Möglichkeiten zuerst immer die Maßnahme anordnen, die für den Bürger am wenigsten belastend ist. Vor der Anordnung, ein Gutachten beizubringen, muß sie also prüfen, ob nicht durch einfachere Mittel die Eignungsfrage beantwortet werden kann (nach Himmelreich).

Verharmlosung

siehe Bagatellisierung

Verkehrsabläufe

Bestimmte, sich häufig wiederholende Situationen im motorisierten öffentlichen Straßenverkehr. Durch Wiederholung tritt eine Automatisierung der Reaktionen und der Verhaltensweise ein, die es z. B. älteren Kraftfahrern ermöglicht, eventuell vorhandene Leistungsdefizite durch die erworbene Erfahrung (Routine) im Straßenverkehr auszugleichen.

Verkehrsanpassungsfähigkeit

Kunstwort der „TÜVologischen" Begutachtung, das auch nicht eindeutig ist, da sowohl die „Anpassungsfähigkeit an bestimmte Verkehrssituationen" als auch das an „Normen und Regeln angepaßte Verhalten im öffentlichen motorisierten Straßenverkehr" gemeint sein können. Durch diese, nur verkürzt und unvollständig wiedergegebene Aussage kann es zu Fehldeutungen kommen.

Verkehrsbewährung

siehe Legalbewährung

Verkehrsmedizin

Die Verkehrsmedizin beschäftigt sich mit vorhandenen Krankheiten und Schädigungen wie Bluthochdruck oder Sehstörungen und mit durch Arzneimittel, Alkohol, Drogen usw. hervorgerufenen Veränderungen des Bewußtseins und anderer körperlicher Funktionen, die die Fähigkeit zur Teilnahme am öffentlichen Straßenverkehr beeinträchtigen oder die Fahrtätigkeit sogar völlig ausschließen. Solche Veränderungen treten z. B. nach der Einnahme von Medikamenten auf, die das zentrale Nervensystem beeinflussen, wie Alkohol, Schlafmittel, Psychopharmaka, Antiepileptika, Antihypertensiva, Antihistaminika, aber auch bei anderen Wirkstoffen, wie z. B. Atropin am Auge.

(nach: Pschyrembel, Klinisches Wörterbuch, 256. Auflage, Verlag De Gruyter, Berlin 1990, S. 1779)

Verkehrspsychologie

Die Verkehrspsychologie ist eine Teildisziplin der angewandten Psychologie. Sie befaßt sich mit der Behandlung von psychologischen Problemen, die sich aus dem motorisierten Straßenverkehr, aus dem Eisenbahnverkehr sowie aus dem Luftverkehr ergeben.

Die verkehrspsychologische Forschung hat sich lange Zeit vorwiegend mit dem Kraftfahrer beschäftigt, sich in jüngster Zeit jedoch verstärkt auch anderen Straßenbenutzern zugewandt. Die vorliegenden Ergebnisse zum Autofahrer kann man unterteilen in die Analyse des Gesamtverhaltens, allgemein als Fahrverhalten bezeichnet, und in Untersuchungen einzelner Phasen der Interaktion des Fahrers mit den anderen Elementen des Verkehrssystems.

Auf die Funktionsweise des Teilsystems „Fahrer", die den Verkehrspsychologen primär interessiert, wirken zahlreiche zeitvariable und zeitkonstante Bedingungen ein, die in der Forschung breites Interesse gefunden haben. Zu den folgenreichsten zeitvariablen Bedingungen gehört zweifellos die Trunkenheit am Steuer (Alkoholismus). Sie erweist sich im Bereich des Fahrverhaltens als folgenreich, da in Abhängigkeit vom Grad der Trunkenheit Leistungsausfälle eintreten, es besonders aber auch im Bereich der Entscheidungen zu Fehleinschätzungen externer und interner Größen kommt. Auf der Ebene der Entscheidungen ist zu untersuchen, warum Personen mit eingeschränkter Fahrtüchtigkeit ihr Fahrzeug im Betrieb nehmen. Analoge Probleme bestehen bei zeitvariablen Bedingungen, wie Medikamentenbeeinflussung, Vigilanz, Ermüdung, in gewisser Weise auch bei vorübergehenden Stimmungen. Zeitkonstante Leistungsvorbedingungen wurden in allen nur erdenklichen Hinsichten in ihrer Wirkung auf Kriterien des Fahrverhaltens untersucht, speziell in ihrem Zusammenhang mit Unfällen. Intelligenz und andere mentale Fähigkeiten, motorische Fähigkeiten und Persönlichkeitsvariablen vielfältigster Art wurden mit Unfällen und anderen, aus dem Verkehr und der Fahrpraxis gewonnenen Daten in Beziehung gesetzt, erbrachten aber mit wenigen Ausnahmen nur geringe Korrelationen. Allein biographische Angaben über soziale Auffälligkeiten haben sich als brauchbare Prädiktoren des Fahrverhaltens erwiesen (Unfallforschung). Der relative Mißerfolg dieser Untersuchungen läßt sich z. T. durch methodische Schwierigkeiten erklären. Da gewöhnlich Daten aus Persönlichkeitstests direkt mit Außenkriterien verglichen wurden, blieb unklar, wo und wie das Funktionsgefüge durch eine Persönlichkeitsvariable beeinflußt werden kann. Auf der anderen Seite bildet der Unfall wegen seiner unzulänglichen psychometrischen Eigenschaften einen Unsicherheitsfaktor. Weitere Untersuchungen müßten stärker von der Systemanalyse des Autofahrens ausgehen und außerdem neue und bessere Kriterien einbeziehen. Simulationsversuche könnten dabei eine Hilfe bieten. Gewisse Erfolge versprechen die Bemühungen, den Einfluß von Haltungen und Einstellungen auf das Fahrverhalten nachzuweisen. Haltungen sind stärker gegenstandsbezogen und lassen sich durch geeignete Verfahren hinreichend sicher erfassen. Unter diesen Haltungen sind unter anderem Sicherheitseinstellungen, Einstellungen gegenüber der Autorität besonders zu beachten.

Eine wesentliche Einflußgröße für das Fahrverhalten bildet das Alter des Fahrers. Jugendliche Fahrer sowie Fahrer mit höherem Alter haben das besondere Interesse der Forschung gefunden. Die hinreichend erwiesene höhere Unfallbelastung der Altersgruppen bis 25 wird hauptsächlich durch unangemessene Haltungen und Einstellungen sowie einen Mangel an Erfahrungen bezüglich der Leistungsgrenzen des Systems erklärt. Ältere Fahrer zeigen gehäuft Einbußen im Leistungsbereich, die ihre Fahrtauglichkeit z.T. stark einschränken.

In jüngster Zeit wurde das Fußgängerverhalten intensiver untersucht, denn die Fußgänger stellen – bei einem Anteil von 10 % an Unfällen mit Personenschaden – mit 27 % (1976) einen sehr hohen Anteil an den Verkehrstoten. Fußgängerverhalten ist kritisch, wenn es mit anderen Verkehrsströmen interferiert. So wurde das Verhalten von Fußgängern an Übergängen, meist im Kreuzungsbereich, häufiger beobachtet, umgekehrt aber auch aus Unfallprotokollen die Gefahr des Überquerens von Fahrbahnen abseits von Übergängen untermauert. Nur wenige Studien konnten bisher zeigen, was der Fußgänger sieht, denkt und entscheidet. Mit Simulationstechniken konnten wirkungsvolle Muster für die Kommunikation zwischen Fahrer und Fußgänger entwickelt werden.

Verkehrspsychologie ist auch eine praktisch-psychologische Disziplin. Die Technischen Überwachungsvereine (TÜV) gründeten vornehmlich für diese Aufgabe medizinisch-psychologische Institute, um den Aufträgen der Gerichte, Behörden, Verkehrsbetriebe, privater Firmen nach Begutachtung nachkommen zu können. Daneben gibt es Beratungstätigkeit vielfältiger Art, Modellversuche zur Verbesserung der Fahrausbildung, zur Wiederanpassung von Fahrern an den Verkehr (driver improvement), zur Rehabilitation von Trunkenheitstätern. In diesen Bereichen bestehen enge Verbindungen zur Verkehrserziehung.

(nach: Lexikon der Psychologie, Herder Verlag, Freiburg 1980, S. 2469 ff.)

verkehrspsychologische Beratung

Die verkehrspsychologische Beratung ist eine Einzelberatung von vier Stunden bei einem Amtliche anerkannten Verkehrspsychologischen

Berater (siehe auch dort). Der Inhaber der Fahrerlaubnis soll mit Unterstützung des verkehrspsychologischen Beraters seine fehlerhafte Einstellung zum Straßenverkehr und seine Verhaltensweise analysieren und die Bereitschaft entwickeln, diese abzubauen. Der Berater soll für den Betroffenen Wege zur Beseitigung von fehlerhaften Einstellungen aufzeigen. Das Ergebnis der Beratung wird dem Probanden mitgeteilt, und er erhält eine Bescheinigung zur Vorlage bei der Straßenverkehrsbehörde. Die Bescheinigung über die freiwillige Teilnahme an der verkehrspsychologischen Beratung berechtigt zu einem einmaligen Rabatt von 2 Punkten innerhalb von 5 Jahren.

Vermeidungstechnik

Verhaltensweise, die eine erneute Trunkenheitsfahrt bzw. den Rückfall in den früheren, übermäßigen Genuß alkoholischer Getränke verhindern soll. Vermeidungstechniken sollen es dem ehemaligen Trunkenheitsfahrer ermöglichen, dem Genuß alkoholischer Getränke auszuweichen und somit gar nicht erst in Versuchung zu geraten, nach Alkoholkonsum mit dem Auto zu fahren. Diese Techniken können z. B. im Konsum alkoholfreier Getränke bestehen oder darin, daß der Betroffene bestimmte Trinksituationen meidet oder nicht mehr entstehen läßt bzw. sich mit bestimmten Bekannten nicht mehr trifft. Damit soll der Rückfall in alte Gewohnheiten des Alkoholkonsums ausgeschlossen werden. Vermeidungstechniken sind unerläßliche Voraussetzung des „kontrollierten Trinkens", sie können aber auch eine Alkoholabstinenz zum Ziel haben.

Die glaubhafte Darstellung erprobter und bewährter Vermeidungstechniken ist eine wesentliche Voraussetzung der positiven Begutachtung. In den „TÜVologischen" Gutachten werden die Vermeidungstechniken i. d. R. gar nicht abgehandelt oder auf Glaubhaftigkeit geprüft. Die „TÜVologen" machen sich ihre Arbeit allzu leicht, denn sie verlangen fast immer schematisch Alkoholabstinenz, um nicht prüfen zu müssen, ob die Angaben des Untersuchten zu seinen Vermeidungstechniken beim „kontrollierten Trinken" glaubhaft sind.

Vermutung der Ungeeignetheit

Der Verwaltungsbehörde steht es frei, aufgrund bekanntgewordener Vorfälle die Ungeeignetheit eines Kraftfahrers anzunehmen.

Versagung der Fahrerlaubnis

Die Verwaltungsbehörde kann die Neuerteilung der Fahrerlaubnis versagen, wenn ein negatives MPU-Gutachten oder andere Gutachten vorliegen oder wenn die Behörde aufgrund anderer Fakten von der Ungeeignetheit des Antragstellers überzeugt ist.

Verträglichkeitsgrenze

Jene Trinkmenge, die man subjektiv für sich gelten läßt. Ein sehr wichtiger Maßstab für den Umgang mit Alkohol. Je höher die Verträglichkeitsgrenze, um so größer die Gefahr der Selbstüberschätzung. Wer viel verträgt, trinkt auch viel!

Verwaltungsgericht

Es ist zuständig für Streitigkeiten zwischen Behörden sowie zwischen Bürger und Behörde. Gegen die Versagung der Fahrerlaubnis kann also Klage vor dem Verwaltungsgericht erhoben werden. Es besteht Anwaltspflicht.

Verwaltungsvorgänge

Bürokratische Bezeichnung für Schriftstücke und Akten, aber auch für verwaltungsrechtliche Schritte.

Verwarnung

Bei 8 Flensburg-Punkten erhält der Betroffene von seinem Straßenverkehrsamt eine Verwarnung und Aufklärung über den derzeitigen Punktestand sowie die dazugehörigen Verstöße. Die Verwarnung enthält auch einen Hinweis auf die freiwillige Teilnahme an einem Aufbauseminar.

Vieltrinker

Ohne Alkoholiker, also krank zu sein, trinkt ein Vieltrinker je Anlaß zwischen 20 und 40 Glas Bier.

Voraussetzungen für die Fahrerlaubnis

Die Voraussetzungen für die Erteilung einer Fahrerlaubnis sind ein Wohnsitz im Inland, das Mindestalter von 18 Jahren, die Eignung zum

Führen von Kraftfahrzeugen, das entsprechende Sehvermögen, das Bestehen der theoretischen und praktischen Fahrerlaubnisprüfung.

In der neuen Fahrerlaubnis-Verordnung wird zum ersten Mal ausdrücklich verlangt, daß ein Bewerber geeignet sein muß und worin diese Eignung im einzelnen besteht.

Vorgutachten

Bis zum Erscheinen des ersten psychologischen Kriterienkatalogs „Psychologisches Gutachten Kraftfahreignung" im Frühjahr 1995 (Kroj, 1995), verstand man unter Vorgutachten alle Gutachten, die vor einer aktuellen, zweiten oder dritten Begutachtung erstellt wurden.

Kroj (Hrsg.) führt nun auf S. 29 Abs. 2 diesen Begriff als Gegensatz zum Obergutachten an und erklärt: *„Insbesondere sind die gesteigerten Anforderungen an ein Obergutachten auf ein Vorgutachten einer amtlich anerkannten medizinisch-psychologischen Untersuchungsstelle nicht übertragbar."*

Daraus kann sich ergeben, daß einem MPU-Gutachten der Charakter der Vorläufigkeit zugeschrieben wird, obwohl natürlich auch ein Obergutachten nichts Endgültiges ist, denn auch dieses kann nicht nachvollziehbar und daher mangelhaft sein.

Vorschulung/Beratung

Ist vor einer MPU-Begutachtung dringend zu empfehlen. Sie wird von den BfF-Stellen zwar angeboten, jedoch nur zum Schein veranstaltet, da die Gutachterstellen auf die Probleme der Betroffenen nicht eingehen. Eine Vorschulung/Beratung kann bei seriösen Verkehrspsychologen durchgeführt werden. Sie wird auch von manchen Strafrichtern für dringend notwendig gehalten.

Vorsprache, persönliche

Die Anhörung des Betroffenen in der Führerscheinstelle. Entspricht der schriftlichen Anhörung. Bei der persönlichen Vorsprache ist jedoch Vorsicht geboten, denn alle Erklärungen können gegen den Betroffenen verwendet werden. Es handelt sich also nicht um eine unverbindliche Unterhaltung.

Werkvertrag

Nach dem Bürgerlichen Gesetzbuch (§§ 631–650 BGB) handelt es sich um einen gegenseitigen Vertrag über die Erbringung von Dienstleistungen, der zur Mängelfreiheit der erbrachten Leistung verpflichtet. Die Fahreignungsgutachten werden aufgrund eines Werkvertrages erstellt und müssen somit mängelfrei sein.

Widerspruch

Ist ein Rechtsmittel gegen Entscheidungen oder Maßnahmen von Behörden. Darüber wird entweder von der Behörde selbst oder von einem Widerspruchsausschuß entschieden, wobei letzterer in der Regel eine Empfehlung ausspricht. Die Entscheidung fällt dann das Regierungspräsidium, die Bezirksverwaltung o. ä.

Widerspruchsbescheid

Schriftliche Mitteilung der Behörde an den Bürger über den Ausgang des Widerspruchsverfahrens. Gleichzeitig muß darin der Bürger über Rechtsmittel gegen den Bescheid informiert werden. In Führerscheinangelegenheiten kann erst gegen diesen Bescheid Klage vor dem Verwaltungsgericht (VG) erhoben werden.

Wiedererteilung der Fahrerlaubnis

Fälschlicherweise benutzter Begriff für die Neuerteilung der Fahrerlaubnis. Der Terminus „Wiedererteilung" bzw. „Neuerteilung" ist streitig. Viele der erloschenen Fahrerlaubnisse werden dem Bewerber angerechnet (z. B. keine Probezeit, i. d. R. keine Prüfung usw.).

Wissens- und Einstellungsdefizite

Siehe auch Informationsdefizit. Der Begriffsteil „Wissensdefizit" ist praktisch in seiner Bedeutung dem objektiven Ausdruck „Informationsdefizit" gleichzusetzen, da man Wissen immer aufgrund von Informationen erwirbt. „Einstellungsdefizit" ist demgegenüber ein Kunstbegriff, der nicht analog als „Mangel an Einstellungen" definiert werden kann, denn Einstellungen sind immer vorhanden. In diesem Begriff soll wohl eher die Bedeutung „mangelhafte oder fehlerhafte Einstellungen" zum Ausdruck kommen, was aber aufgrund der sprachlichen Analyse nicht abzuleiten ist.

wissenschaftlich abgesichert

Standardbehauptung in den MPU-Gutachten über die eigenen Methoden der Untersuchung und Begutachtung. Was genau, welche Methoden, welche Tests, welche Untersuchungsverfahren wissenschaftlich abgesichert sind und wie genau diese Absicherung erfolgte, ist aus den MPU-Gutachten nicht zu entnehmen. Es handelt sich also um eine pauschale Erklärung, die aus möglichem juristischen Kalkül in das MPU-Gutachten aufgenommen wird, um einem Kriterium der „Eignungsrichtlinien" (Ziffer 8) formal zu genügen.

Wissensvermehrung

Voraussetzung einer positiven Begutachtung. Umfaßt alles, was mit der Verkehrsauffälligkeit zusammenhängt, aber was früher nicht bekannt war, so z. B. alles über Alkoholwirkung.

Zentrales Fahrerlaubnisregister

Im Zentralen Fahrerlaubnisregister sind die persönlichen Daten des Fahrerlaubnisinhabers sowie Daten zu seiner Fahrerlaubnis gespeichert (Datum des Erwerbs, Klasse, Probezeitanfang und -ende, Auflagen, Nummer der Fahrerlaubnis, Nummer des Führerscheins, ausländische oder internationale Fahrerlaubnisse, Hinweise auf Eintragungen im Verkehrszentralregister etc.).

Zustimmungserklärung

Der Betroffene muß der Behörde die Erlaubnis schriftlich erteilen, seine Führerscheinakte an die BfF-Stelle weiterzugeben. Ohne diese Zustimmung kann keine Untersuchung stattfinden. Die Untersuchungsstelle kann das Gutachten nur nach vorheriger schriftlicher Zustimmung direkt an die Behörde oder an das Gericht senden, da sie von der Schweigepflicht nach dem Strafgesetzbuch entbunden werden muß. Der Betroffene ist nicht in jedem Fall verpflichtet, die Untersuchungsstelle von der Schweigepflicht zu entbinden.

Anhänge

Anhang 1

Musterbriefe des betroffenen Kraftfahrers an das Straßenverkehrsamt und/oder BfF- oder Obergutachterstelle/Gegengutachter

Musterbrief 1 Allgemeine Anfrage an das Straßenverkehrsamt über die Voraussetzung für die Wieder-/Neuerteilung der Fahrerlaubnis

Musterbrief 2 Antrag auf Wieder-/Neuerteilung der Fahrerlaubnis

Musterbrief 3 Antrag auf Fristverlängerung beim Straßenverkehrsamt; Erklärung der Bereitschaft, sich begutachten zu lassen (bei Entziehungsandrohung)

Musterbrief 4 Anfrage bei der BfF-Stelle/beim Ober- oder Gegengutachter wegen des voraussichtlichen Untersuchungstermins

Musterbrief 5 Verschiebung des Untersuchungstermins

Musterbrief 6 Erklärung gegenüber der Gutachterstelle, jeden Termin auch kurzfristig zu akzeptieren

Musterbrief 7 Schreiben an das Kraftfahrt-Bundesamt zwecks Auszug aus dem Verkehrszentralregister

Musterbrief 8 Schreiben zur Kontaktaufnahme mit dem Amtlich anerkannten Verkehrspsychologischen Berater

Musterbrief 1: Allgemeine Anfrage an das Straßenverkehrsamt über die Voraussetzung für die Wieder-/Neuerteilung der Fahrerlaubnis

Absender
Datum

An das
Straßenverkehrsamt
...

PLZ   Ort

Betr.:   Fahrerlaubnis Klasse .../Neuerteilung

Sehr geehrte Damen und Herren,

mir ist meine Fahrerlaubnis am ... wegen Trunkenheit am Steuer und/oder Verkehrsverstößen ohne Alkoholeinfluß/einer Erkrankung entzogen worden. Die Sperrfrist läuft am ... ab. Die Sperrfrist ist bereits am ... abgelaufen.*

Ich bitte Sie, mir mitzuteilen, ob grundsätzliche Bedenken gegen die Neuerteilung meiner Fahrerlaubnis bestehen bzw. unter welchen Voraussetzungen mir die Fahrerlaubnis erteilt werden würde.

Mit freundlichen Grüßen

* Nichtzutreffendes streichen

Musterbrief 2: Antrag auf Wieder-/Neuerteilung der Fahrerlaubnis

Absender
Datum

An das
Straßenverkehrsamt
…

PLZ   Ort

Betr.:   Antrag auf Fahrerlaubnis Klasse …

Sehr geehrte Damen und Herren,

ich beantrage hiermit die Neuerteilung/Wiedererteilung der Fahrerlaubnis der Klasse…, die mir erstmalig am … erteilt und (zuletzt) am … rechtskräftig entzogen wurde.* Sollte die Erteilung von einem Eignungsgutachten abhängig gemacht werden, erkläre ich mich damit einverstanden und bitte Sie, meine Führerscheinakte an die BfF-Stelle/Obergutachterstelle … weiterzuleiten.

Meinem Antrag füge ich folgende Unterlagen bei:

1 Foto, Sehtestbescheinigung, Bescheinigung über Sofortmaßnahmen am Unfallort/Erste-Hilfe-Kurs (Kl. 2).

Mit freundlichen Grüßen

* Gegebenenfalls streichen

Musterbrief 3: Antrag auf Fristverlängerung beim Straßenverkehrsamt; Erklärung der Bereitschaft, sich begutachten zu lassen (bei Entziehungsandrohung)

Absender
Datum

An das
Straßenverkehrsamt
...

PLZ   Ort

Betr.:   **Zweifel an meiner Fahreignung/Entziehungsandrohung**

Bezug: **Ihr Schreiben vom ...**
         Geschäftszeichen:

Sehr geehrter(r) Frau/Herr,

ich bestätige den Eingang Ihres obigen Schreibens, in dem Sie Ihre Bedenken an meiner Fahreignung angezeigt haben.

Ich erkläre mich bereit, alles Notwendige zu unternehmen, um Ihre Zweifel auszuräumen. Da ich leider die von Ihnen gesetzt Frist (Datum) wegen Urlaub/Krankheit/Geschäftsreise* nicht einhalten/nur unter größten Schwierigkeiten einhalten kann*, bitte ich vorsorglich um Fristverlängerung. In der bis zum Fristende zur Verfügung stehenden Zeit ist es mir nicht möglich, die erforderlichen Atteste/Unterlagen zu besorgen.

Mit freundlichen Grüßen

* Gegebenenfalls streichen

236

Musterbrief 4: Anfrage bei der BfF-Stelle/beim Ober- oder Gegengutachter wegen des voraussichtlichen Untersuchungstermins

Absender
Datum

An die Geschäftsstelle
der BfF-/Obergutachterstelle ...
...

PLZ   Ort

Betr.:   Untersuchungstermin

Sehr geehrte Damen und Herren,

auf Verlangen des Straßenverkehrsamtes der/des Stadt/Kreises .../ gemäß Beweisbeschluß des Amtsgerichts/Landgerichts/Verwaltungsgerichts ... vom ... (Geschäftszeichen des Straßenverkehrsamtes/Gerichtes: ...)* unterziehe ich mich in Ihrem Institut einer Fahreignungs-Begutachtung. Da ich aus dienstlichen/geschäftlichen (sonstigen) Gründen möglichst frühzeitig planen muß, bitte ich um die Mitteilung des voraussichtlichen Termins für die Untersuchung bzw. über die Unterlagen, die Sie noch von mir benötigen. Falls auch ein(e) Fahrtest/Fahrprobe stattfindet, bitte ich um die Bereitstellung eines Kfz vom Typ ... mit/ohne Automatik.

Mit freundlichen Grüßen

* Nichtzutreffendes streichen

Musterbrief 5: Verschiebung des Untersuchungstermins

Absender
Datum

An die Geschäftsstelle
der BfF-/Obergutachterstelle ...
...

PLZ   Ort

Betr.:   Termin zur Eignungsuntersuchung

Ihr Zeichen: ... vom ...

Sehr geehrte Damen und Herren,

ich bestätige den Eingang Ihres obigen Terminbriefes und bitte Sie, den Termin aufzuheben, da ich ihn wegen Krankheit/Arbeitsunfall/Urlaub/ Geschäftsreise/Dienstreise* leider nicht wahrnehmen kann.

Zu meiner Entlastung füge ich ein Attest/eine Urlaubsgenehmigung in Kopie bei. Falls Sie eine Bescheinigung für erforderlich halten, bitte ich um Ihre Rückäußerung. Den neuen Termin bitte ich nicht vor dem ... anzuberaumen.

Eine Kopie dieses Schreibens erhält das Straßenverkehrsamt/Gericht zu Aktenzeichen: ... mit der Bitte um Kenntnisnahme.

Mit freundlichen Grüßen

* Nichtzutreffendes streichen

Musterbrief 6: **Erklärung gegenüber der Gutachterstelle, jeden Termin auch kurzfristig zu akzeptieren**

Absender

Datum

An die Geschäftsstelle
der BfF/Obergutachterstelle ...

...

PLZ   Ort

Betr.:   **Eignungsuntersuchung**

Bezug: **(Aktenzeichen des SVA/Gerichtes)**

Sehr geehrte Damen und Herren,

auf Verlangen des Straßenverkehrsamtes der/des Stadt/Kreises .../ gemäß Beweisbeschluß des Amtsgerichts/Landgerichts/Verwaltungsgerichts* vom ... unterziehe ich mich in Ihrem Institut einer Eignungsuntersuchung. Da ich meine Fahrerlaubnis möglichst schnell wiedererlangen will, möchte ich Ihnen mitteilen, daß ich auch kurzfristig jeden Untersuchungstermin – auch samstags – wahrnehmen kann.

Sollten Sie also einen kurzfristig freigewordenen Termin haben, bitte ich um Ihre Benachrichtigung per Telefon (Nr. ...) oder Telefax (Nr. ...).

Eine Kopie dieses Schreibens erhält das Straßenverkehrsamt (Aktenzeichen: ...) mit der Bitte um Kenntnisnahme.

Mit freundlichen Grüßen

* Nichtzutreffendes streichen

Musterbrief 7: Schreiben an das Kraftfahrt-Bundesamt zwecks Auszug aus dem Verkehrszentralregister

Absender   Datum

Kraftfahrt-Bundesamt
– Verkehrszentralregister –
24932 Flensburg

Betr: Antrag auf Auskunft aus dem Verkehrszentralregister

Hiermit beantrage ich, mir gebührenfrei Auskunft über die zu meiner Person im Verkehrszentralregister erfaßten Entscheidungen zu erteilen.

Geburtsname (in jedem Fall angeben)

$\Rightarrow$ _____

Familienname (nur bei Abweichung vom Geburtsnamen erforderlich)

$\Rightarrow$ _____

Amtliche Vornamen

$\Rightarrow$ _____

Geburtsdatum   **Geburtsort**

$\Rightarrow$ _____ $\Rightarrow$ _____

(Datum)   (Unterschrift) **– vor dem Beglaubigenden zu leisten –**

$\Rightarrow$ _____ $\Rightarrow$ _____

Die vorstehende Unterschrift ist von o. a. Antragsteller/-in, persönlich bekannt/ausgewiesen durch Personalausweis/Reisepaß, vor mir vollzogen/anerkannt worden. Dies wird hiermit amtlich beglaubigt. Die Beglaubigung wird nur zur Vorlage beim Kraftfahrt-Bundesamt erteilt.

_____

(Ort, Datum)   **(Behörde)**
Dienstsiegel   **Im Auftrag**

_____

(Unterschrift)

Musterbrief 8: Schreiben zur Kontaktaufnahme mit dem Amtlich anerkannten Verkehrspsychologischen Berater

Absender   Datum

Herrn/Frau

...

Amtl. anerkannter
Verkehrspsychologischer Berater

...

PLZ   Ort

Betr: Verkehrspsychologische Beratung

Sehr geehrte Frau ...,
Sehr geehrter Herr ...,

ich interessiere mich für die Durchführung einer verkehrspsychologischen Beratung, die mit einem Punkteabzug von zwei Punkten im Verkehrszentralregister verbunden ist. In der Anlage erhalten Sie meinen Auszug aus dem Verkehrszentralregister sowie sonstige hier vorhandene Unterlagen. Ich bitte um Zusendung des Beratungsvertrages, Angabe Ihrer Bankverbindung sowie einen frühen Termin in Ihrer Praxis.

Mit freundlichen Grüßen

Anhang 2

Der BNV – Bundesverband Niedergelassener Verkehrspsychologen

Der BNV ist eine Vereinigung freiberuflich tätiger Verkehrspsychologen außerhalb von Trägern von Begutachtungsstellen für Fahreignung. Er wurde im September 1998 gegründet und hat zur Zeit (Januar 1999) bereits über 70 Mitglieder, von denen die im folgenden aufgeführten der Veröffentlichung ihrer Praxisanschrift zugestimmt haben. Alle Verbandsmitglieder sind Diplom-Psychologen mit einer Spezialisierung auf den verkehrspsychologischen Bereich. Sie verfügen über eigene Praxisräume und (sofern sie therapeutisch tätig sind) über eine therapeutische Qualifikation. Ihre Arbeit beruht auf einer strikten Unabhängigkeit von allen Einrichtungen, die mit der Begutachtung von Kraftfahrern zu tun haben, und sie bieten somit Gewähr für eine objektive, neutrale und unparteiische Beratung. Ein Großteil seiner Mitglieder verfügt über eine **amtliche Anerkennung für die Durchführung von verkehrspsychologischen Beratungen** nach § 4, Absatz 9 des Straßenverkehrsgesetzes (Möglichkeit der Punktereduzierung). BNV-Mitglieder bieten durch eine doppelte Qualifikation im verkehrspsychologischen und beraterischen/therapeutischen Bereich die Gewähr für eine umfassende Beratung in allen Fragen der Wiederherstellung der Fahreignung und damit der Wiedererlangung der Fahrerlaubnis. Zudem sind sie eingebunden in einen regelmäßigen Informationsaustausch und verfügen damit über aktuelle Kenntnisse im Bereich des Verkehrsrechtes, der Verkehrsmedizin und des Ablaufes von medizinisch-psychologischen Fahreignungsuntersuchungen. Sie arbeiten nach der „Selbstverständniserklärung", die der Arbeitskreis „Klinische Verkehrspsychologie" des Berufsverbandes Deutscher Psychologinnen und Psychologen erarbeitet hat und die u. a. das Vermeiden von Verkehrsauffälligkeiten als Ziel verkehrstherapeutischer Maßnahmen festschreibt. Zu diesen Standards gehört weiterhin die Orientierung an den berufsrechtlichen und berufsethischen Standards der Sektion Verkehrspsychologie des BDP.

Die BNV-Mitglieder bieten also eine Garantie, daß durch ihre einzelfallbezogenen Maßnahmen zur Verbesserung oder Wiederherstellung der Kraftfahreignung ein wirkungsvoller Beitrag zur Verkehrssicherheit geleistet wird, der auf fachlicher Kompetenz, wissenschaftlich erwiesenen Tatsachen und nachprüfbaren Ergebnissen basiert. Sie sind bewußt unabhängig von Begutachtungsstellen, so daß der betreute Kraftfahrer sicher sein kann, bei einer neutralen, unabhängigen Stelle Hilfe zu erhalten. Eine Überweisung von Begutachtungsstellen an Stellen zur Nachschulung oder Rehabilitation innerhalb derselben Organisation oder umgekehrt ist ausgeschlossen, wie es auch vom Gesetzgeber verlangt wird.

Nähere Auskünfte erteilt die Geschäftsstelle des BNV: Lokstedter Steindamm 61a, 22529 Hamburg, Tel. 040-56008008 (Fax: 040-563163). Weitere Informationen und die aktuelle Mitgliederliste sind zudem im Internet verfügbar: http://www.bnv.de

Mitglieder des Bundesverbandes Niedergelassener Verkehrspsychologen

(Stand: Januar 1999)

Balingen

Ulrich Klaus
Richard-Strauß-Str. 5
72336 Balingen
Tel: 07433-275157; Fax: 275158

Dr. Reinhardt Mayer
Verkehrspsychologische Praxis
Hermann-Rommel-Str. 22
72336 Balingen
Tel: 07433-16451; Fax: 273367

Berlin

Dede Bostan
Verkehrspsychologische Praxis
Thielebeule
Albulaweg 22
12107 Berlin
Tel: 030-7414130; 7414190
Fax: 39034685

Dr. Helge Helbing
VFB Berlin
Esmarchstr. 1
10407 Berlin
Tel: 030-42858164; Fax: 4238687
E-Mail: HELGE@HELBING.de

Dr. Ronald Kosellek
PRO NON e.V.
Klaustaler Str. 28
13187 Berlin
Tel: 030-47471251; Fax: 47471252
Helmuth Thielebeule
Verkehrspsychologische Praxis
Albulaweg 22
12107 Berlin
Tel: 030-7414130; Fax: 7414190
E-Mail: Praxis.Thielebeule@t-online.de

Dr. Peter Klepzig
Verkehrspsychologische
Praxisgemeinschaft
Thomasstr. 27
12053 Berlin-Neukölln
Tel: 030-68893225; Fax: 68893227
E-Mail: KLEPZIG@t-online.de

Edmund Wirzba
Verkehrspsychologische
Praxisgemeinschaft
Thomasstr. 27
12053 Berlin-Neukölln
Tel: 030-68893225; Fax: 68893227

Bielefeld

Heike Gresch
IVT-Hö
Turnerstr. 27
33602 Bielefeld
Tel: 0521-170700; Fax: 170700
Mobil: 0171-2148723

Braunschweig

Christine Maertens
Verkehrspsychologische Praxis
Humboldtstr. 21
38106 Braunschweig
Tel: 0531-23836; Fax: 2383616
E-Mail: Maertens@t-online.de

Detmold

Winfried Schmidt
PASS – Psychologischer Arbeitskreis
Sicherheit im Straßenverkehr
Bielefelder Str. 80
32756 Detmold
Tel: 05231-68987; Fax: 17657
E-Mail: w.p.g.schmidt@t-online.de

Dortmund

Heidrun Liegmann
Baroper Bahnhofstr. 23
44225 Dortmund
Tel: 0231-756213; Fax: 756285
E-Mail: vpdDO@AOL.com

Michael Schacht
Weißenburger Str. 3
44135 Dortmund
Tel: 02595-98181; Fax: 02595-98183
Mobil: 0171-8180591
E-Mail: 0259598181@t-online.de

Dresden

Dr. Joachim Seidl
AFN Zweigstelle Dresden
Torgauer Str. 5
01127 Dresden
Tel: 0351-8488725; Fax: 8488726
Mobil: 0172-3730123

Düsseldorf

Patrice Pies
PRO NON e.V.
Weststr. 36
40597 Düsseldorf
Tel: 0211-7186890; Fax: 7186884

Rüdiger v. Wolmar
Beratungszentrum
Lindemannstr. 3
40237 Düsseldorf
Tel: 0211-672164; Fax: 671586

Erdmannhausen

Bernhard Genschow
Verkehrpsychologische Praxis;
auto-MOBIL Partnerschaftsgesellschaft
Beethovenstr. 27
71729 Erdmannhausen
Tel: 0711-2261888; Fax: 2268400

Essen

Dr. Hans-Joachim Hellwig
PRO NON e.V.
Provesthöhe 3
45257 Essen
Tel: 0201-488157; Fax: 327136

Esslingen

Dr. Bernd P. Rothenberger
auto-MOBIL-Partnerschaftsgesellschaft
Spitalwaldweg 2
73733 Esslingen
Tel: 0711-9325900; Fax: 9325901
E-Mail: DrR241147@aol.com

Freiburg

Jürgen Schmitz
PRO NON e.V.
Colombistr. 11–13
79098 Freiburg
Tel: 0761-2924621; Fax: 2924622
E-Mail: PRONON-SCHMITZ@t-online.de

Wolfgang Schneider
Verkehrspsychologische Praxis
Nußmannstr. 14
79098 Freiburg
Tel: 0761-289595; Fax: 289696

Hamburg

Paul Brieler
IfS – Institut für Schulungsmaßnahmen
Bahrenfelder Str. 162
22765 Hamburg
Tel: 040-3988850; Fax: 39888510

Rosemarie Butzmann
Werkstatt Verkehrstherapie
Max-Brauer-Allee 45
22765 Hamburg
Tel: 040-3905868; Fax: 3905876

Jörg-Michael Sohn
Verkehrspsychologische Praxis
Lokstedter Steindamm 61 a
22529 Hamburg
Tel: 040-56008008; Fax: 563163
Mobil: 0171-4745243
E-Mail: Sohn@vpp.de

Yvonne v. Mutzenbecher
Werkstatt Verkehrstherapie
Max-Brauer-Allee 45
22765 Hamburg
Tel: 040-3905863/-68; Fax: 3905876

Hannover

Wolfgang Thielke
Eichstr. 57 a
30161 Hannover
Tel: 0511-3482025

Heilbronn

Günther Hammer
Wilhelmstr. 16/2
74072 Heilbronn
Tel: 07131-962244,
E-Mail: G.Hammer@t-online.de

Karlsruhe

Wilfried Wehrle
auto-MOBIL Partnerschaftsgesellschaft
Karl-Hoffmann-Str. 7
76137 Karlsruhe
Tel: 0721-9374900; Fax: 9374902
E-Mail: Wilfried.Wehrle@t-online.de

Kassel

Rüdiger Born
Verkehrspsychologische Praxis
Kirchweg 10
34121 Kassel
Tel: 0561-711260; Fax: 711261
Mobil: 0177-3112563
E-Mail: RBorn@GMX.DE

Kiel

Jörg-Michael Sohn
Verkehrspsychologische Praxis
Grunewaldstr. 15
24111 Kiel
Tel: 0431-6969800; Fax: 691921
E-Mail: Sohn@vpp.de

Köln

Prof. Dr. Wilfried Echterhoff
Ostmerheimer Str. 345
51109 Köln
Tel: 0221-691652; Fax: 697083
E-Mail: echterho@uni-wuppertal.de

Volker Handels
IVT-Hö
Im Stavenhof 3
50668 Köln
Tel: 0221-134583; Fax: 133360

Dr. German Höcher
IVT-Hö
Kaiser-Wilhelm-Ring 6–8
50672 Köln
Tel: 0221-134583; Fax: 133360

Dr. Markus Jensch
AFN
Sülzburgstraße 13
50937 Köln
Tel: 0221-413311, 415554; Fax: 9417840

Dr. Brigitte Krohn
AFN
Sülzburgstr. 13
50937 Köln
Tel: 0221-413311; Fax: 9417840

Dr. Karl Kürti
Verkehrspsychologische Praxis
Decksteinerstr. 86
50935 Köln
Tel: 0221-9436390; Fax: 9436395
E-Mail: 101470,2257@compuserve.de;
02219436390-0001@t-online.de

Landau/Pfalz

Wolfgang Müller
Verkehrspsychologische Beratungsstelle;
Gesellschaft für Rechts- und Gerichts-
psychologie
Rupprechtstr. 1
76829 Landau/Pfalz
Tel: 06341-53613; Fax: 53559

Jörg Spaeder
GRG Landau
Verkehrspsychologische Beratungsstelle
Rupprechtstr. 1
76829 Landau/Pfalz
Tel: 06341-53613; Fax: 53559

München

Jan Lindlacher
Von-der-Pforten-Str. 27
80687 München
Tel: 089-7676-2427; Fax: 58998196

Johannes Vetter
PRO NON e.V.
Schwanthaler Str. 60
80336 München
Tel: 089-54404133; Fax: 54404134

Münster

Dr. Andreas Ott
IVT
Bahnhofstr. 44
48145 Münster
Tel: 0251-519616; Fax: 519616

Neusäß

Prof. Dr. Dr. Edgar Rümmele
Institut für Verkehrsresozialisierung und
Sicherheitsforschung
Steppacherstr. 17
86356 Neusäß
Tel: 0821-489747; Fax: 4861557

Neuss

Michael Uthmann
Verkehrspsychologische Praxis
Büchel 3
41460 Neuss
Tel: 02204-962572; Fax: 962573

Ostfildern

Werner Günther Bogatzki
auto-MOBIL Partnerschaftsgesellschaft
Oberer Haldenweg 7
73760 Ostfildern
Tel: 0711-4579517; Fax: 4560297
E-Mail: Boga@aol.com

Sankt Augustin

Hermann Pankratz
Psychologische Praxis
Kamillenweg 20
53757 Sankt Augustin
Tel: 02241-342634

Monika Rahn
Psychologische Praxis
Nordstr. 7
53757 Sankt Augustin
Tel: 02241-334343; Fax: 334343

Sindelfingen

Judit Susanne Grossmann
Sommerhofenstr. 136/1
71067 Sindelfingen
Tel: 07031-807684

Stuttgart

Hermann Beck
auto-MOBIL Partnerschaftsgesellschaft
Kronenstr. 35
70174 Stuttgart
Tel: 0711-2261888; Fax: 2268400
E-Mail: Hermann.Beck@online.de

Albert Maier
Verkehrspsychologische Praxis
Hohenheimerstr. 27
70184 Stuttgart
Tel: 0711-2367943; Fax: 233164

Dr. Hans J. Schulz
auto-MOBIL Partnerschaftsgesellschaft
Kronenstr. 35
70174 Stuttgart
Tel: 0711-2261888; Fax: 2268400

Wilfried Wehrle
auto-MOBIL Partnerschaftsgesellschaft
Kronenstr. 35
70174 Stuttgart
Tel: 0711-2261888; Fax: 2268400
E-Mail: Wilfried.Wehrle@t-online.de

Inge Wiesenauer
Eugenstr. 9
70182 Stuttgart
Tel: 0711-232866; Fax: 233784

Tübingen

Uta Grams
Psychotherapeutische + Verkehrspsycho-
logische Praxis
Friedrichstr. 5
72072 Tübingen
Tel: 07071-915234
E-Mail: utagrams@aol.com

Ulm

Xaver Bacherle
Psychologische Praxis
Pfauengasse 23
89073 Ulm
Tel: 0731-9608503/ -05; Fax: 9608505

Wesel

Rudolf K. Oberdorfer
INTRA GbR
Kurt-Kräcker-Str. 47
46485 Wesel
Tel: 0281-89996; Fax: 89997

Wiesbaden

Jens Detlow
PRO NON e.V.
Friedrichstr. 57
65185 Wiesbaden
Tel: 0611-375470; Fax: 375470
E-Mail: birgit.abraham@main-rheiner.de

Würzburg

Herr Joachim Grossmann
Sophienstr. 23
97072 Würzburg
Tel: 0931-7841543; Fax: 7841544

Anhang 3

Verzeichnis der amtlich anerkannten Begutachtungsstellen für Fahreignung (BfF) im Verband der Technischen Überwachungsvereine e.V. und der DEKRA e.V. (Stand Januar 1999)

Hinweis: Es sind nicht immer alle Stellen besetzt.

Aachen

TÜV Rheinland e.V.
Krefelder Straße 225
D-52070 Aachen
Tel: (0241) 18 25-0
Fax: (0241) 18 25-201

Aalen

TÜV Süddeutschland
Stuttgarter Str. 6
D-73430 Aalen
Tel: (07361) 66430
Fax: (07361) 961740

Arnsberg

Rheinisch-Westfälischer TÜV e.V.
Clemens-August-Str. 16
D-59821 Arnsberg
Tel: (02931) 1 40 86
Fax: (02931) 2 32 50

Aschaffenburg

TÜV Süddeutschland
Weißenburger Str. 38
D-63739 Aschaffenburg
Tel: (06021) 3094-0
Fax: (06021) 3094-22

Augsburg

TÜV Süddeutschland
Fuggerstr. 26
D-86150 Augsburg
Tel: (0821) 34329-0
Fax: (0821) 34329-12

Bad Mergentheim

TÜV Süddeutschland
Daimlerstr. 7
D-97980 Bad Mergentheim
Tel: (07931) 51-216
Fax: (07931) 52626

Bad Oldesloe

TÜV Nord Gruppe
Bad Oldesloe
Terminvereinbarung über MPU-Stelle Kiel

Baienfurt

TÜV Süddeutschland
Baindterstr. 11
D-88255 Baienfurt
Tel: (0751) 56148-0
Fax: (0751) 53227

Balingen

TÜV Süddeutschland
Friedrichstr. 35
D-72336 Balingen
Tel: (07433) 96820
Fax: (07433) 22557

Bautzen

DEKRA e.V.
Löbauer Str. 75
D-02625 Bautzen
Tel: (03591) 278-19
Fax: (03591) 278-50

TÜV Süddeutschland
August-Bebel-Str. 3
D-02625 Bautzen
Tel: (03591) 42456
Fax: (03591) 42456

Bayreuth

TÜV Süddeutschland
Wittelsbacherring 10
D-95444 Bayreuth
Tel: (0921) 75995-51
Fax: (0921) 75995-55

Berlin

DEKRA e.V.
Ferdinand-Schulze-Str. 65
D-13055 Berlin
Tel: (030) 98 60 98 83/82
Fax: (030) 98 60 98 66

DEKRA e.V.
Kurt-Schumacher-Damm 28
D-13405 Berlin
Tel: (030) 4 17 84-175/-176
Fax: (030) 4 17 84-193

IAS Inst. f. Arbeits- und Sozialhygiene
– Gesundheitszentrum Springpfuhl –
Allee der Kosmonauten 47
D-12681 Berlin

TÜV Rheinland/Berlin-Brandenburg e.V.
Karl-Marx-Allee 3
D-10178 Berlin
Tel: (030) 24 75 78-11/-12
Fax: (030) 24 75 78-10

TÜV Rheinland/Berlin-Brandenburg e.V.
Tauentzienstr. 3
D-10789 Berlin
Tel: (030) 23 51 40-0
Fax: (030) 23 51 40-23

Betzdorf

TÜV Rheinland e.V.
Wilhelmstr. 122
D-57518 Betzdorf
Tel: (02741) 2 95-127
Fax: (02741) 2 95-158

Bielefeld

TÜV Nord Gruppe
Böttcherstr. 11
D-33609 Bielefeld
Tel: (0521) 786-239, Fax: (0521) 786-244

Bonn

TÜV Rheinland e.V.
Godesberger Allee 125
D-53175 Bonn
Tel: (0228) 3 01-222
Fax: (0228) 3 01-201

Braunschweig

TÜV Nord Gruppe
Schmalbachstr. 8
D-38112 Braunschweig
Tel: (0531) 23 90-271
Fax: (0531) 23 90-234

Bremen

TÜV Nord Gruppe
Neuenlander Str. 73 c
D-28199 Bremen
Tel: (0421) 55 90 799
Fax: (0421) 55 90 740

Celle

TÜV Nord Gruppe
Fritzenwiese 117
D-29221 Celle
Tel: (05141) 10 62
Fax: (05141) 10 63

Chemnitz

DEKRA e.V.
Neefestr. 131
D-09129 Chemnitz
Tel: (0371) 35 13-233
Tel: (0371) 35 13-100

TÜV Süddeutschland
Begutachtung zur Fahreignung
Bahnhofstr. 12
D-09111 Chemnitz
Tel: (0371) 67527-0
Fax: (0371) 67527-27

Cottbus

DEKRA e.V.
Gewerbeweg 7
D-03044 Cottbus
Tel: (0355) 877 32 56
Fax: (0355) 877 32 22

TÜV Rheinland/Berlin-Brandenburg e.V.
Karl-Marx-Str.14
D-03053 Cottbus
Tel: (0355) 2 52 41 und 70 19 71
Fax: (0355) 2 52 41

Darmstadt

TÜ Hessen GmbH
Rheinstr. 51
D-64283 Darmstadt
Tel: (06151) 89 36 38

Dessau

DEKRA e.V.
Ernst-Zindel-Str. 8
D-06847 Dessau
Tel: (0340) 55 05-234
Fax: (0340) 55 05-250

TÜV Nord Gruppe
Zerbster Str. 37
D-06844 Dessau
Terminvereinbarung über MPU-Stelle
Halle

Dortmund

RWTÜV Fahrzeug GmbH
Hansastr. 7–11
D-44137 Dortmund
Tel: (0231) 90 63 11
Fax: (0231) 90 63 50

Dresden

DEKRA e.V.
Köhlerstr. 18
D-01239 Dresden
Tel: (0351) 28 55-183
Fax: (0351) 28 55-200

TÜV Süddeutschland
Löbtauer Str. 40
D-01159 Dresden
Tel: (0351) 494 14 25
Fax: (0351) 496 92 01

Duisburg

Rheinisch-Westfälischer TÜV e.V.
Meidericher Str. 14–16
D-47058 Duisburg
Tel: (0203) 3 04-291
Fax: (0203) 3 04-320

Düsseldorf

TÜV Rheinland e.V.
Vogelsanger Weg 6
D-40470 Düsseldorf
Tel: (0211) 63 54-234
Fax: (0211) 63 54-255

Elmshorn

TÜV Nord Gruppe
Elmshorn
Terminvereinbarung über
MPU-Stelle Kiel

Elsterwerda

DEKRA e.V.
Am Nordbahnhof 3
D-04910 Elsterwerda

Erfurt

DEKRA e.V.
St.-Christopherus Str. 3
D-99092 Erfurt
Tel: (0361) 74 32-470
Fax: (0361) 74 32-444

TÜV Thüringen e.V.
Anger 74/75
D-99084 Erfurt
Tel: (0361) 646 10 31
Fax: (0361) 646 10 31

Essen

Rheinisch-Westfälischer TÜV e.V.
Kurfürstenstr. 58
D-45138 Essen
Tel: (0201) 825-27 85
Fax: (0201) 825-23 77

Esslingen

TÜV Süddeutschland
Fabrikstr. 5
D-73728 Esslingen
Tel: (0711) 396927-0
Fax: (0711) 396927-90

Frankfurt

TÜ Hessen GmbH
Eschborner Landstr. 42–50
D-60489 Frankfurt
Tel: (069) 978824-0
Fax: (069) 7896412

Frankfurt/Oder

TÜV Berlin-Brandenburg e.V.
Zehmeplatz 11
D-15230 Frankfurt/Oder
Tel: (0335) 5 58 75-0
Fax: (0335) 5 58 75-11

Freiburg i. Br.

TÜV Süddeutschland
Engelbergerstr. 21
D-79106 Freiburg i. Br.
Tel: (0761) 38771-0
Fax: (0761) 382289

Geldern

Rheinisch-Westfälischer TÜV e.V.
Schloßstr. 28
D-47608 Geldern
Tel: (02831) 8 84 08

Gera

TÜV Thüringen e.V.
Friedericistr. 8a
D-07545 Gera
Tel: (0365) 73 51-250
Fax: (0365) 73 51-209

Gießen

TÜ Hessen GmbH
Leimenkauter Weg 59
D-35398 Gießen
Tel: (0641) 980427

Göttingen

TÜV Nord Gruppe
Rudolf-Diesel-Str. 5
D-37075 Göttingen
Tel: (0551) 38 55-151
Fax: (0551) 38 55-154

Greifswald

TÜV Nord Gruppe
Grimmerstr. 4–6
D-17489 Greifswald
Tel: (03834) 50 13 43 und 50 07 31
Fax: (03834) 50 07 31

Hagen

Rheinisch-Westfälischer TÜV e.V.
Feithstr. 188
D-58097 Hagen
Tel: (02331) 8 03-228
Fax: (02331) 8 03-212

Halberstadt

TÜV Nord Gruppe
Wilhelm-Külz-Str. 1–3
D-38820 Halberstadt
Terminvereinbarung über MPU-Stelle
Magdeburg

Halle

DEKRA e.V.
Schieferstr. 2
D-06126 Halle
Tel: (0345) 69 14-151
Fax: (0345) 69 14-199

TÜV Nord Gruppe
Georg-Schumann-Platz 9
D-06110 Halle
Tel: (0345) 202 91 01
Fax: (0345) 202 91 01

Hamburg

TÜV Nord Gruppe
Oberstr. 14 b
D-20144 Hamburg
Tel: (040) 42 30 20-10
Fax: (040) 42 30 20-26

Hamburg–Harburg

TÜV Nord Gruppe
Am Irrgarten 7
D-21073 Hamburg-Harburg
Terminvereinbarung über MPU-Stelle
Hamburg

Hannover

TÜV Nord Gruppe
Am TÜV 1
D-30519 Hannover
Tel: (0511) 9 86-1344/-1341
Fax: (0511) 9 86-1237/-1232

Heilbronn

TÜV Süddeutschland
Bahnhofstr. 19–23
D-74072 Heilbronn
Tel: (07131) 8 37 05
Fax: (07131) 8 00 55

Husum

TÜV Nord Gruppe
Theodor-Storm-Str. 2
D-25813 Husum
Terminvereinbarung über MPU-Stelle Kiel

Ingolstadt

TÜV Süddeutschland
Pfarrgasse 6
D-85049 Ingolstadt
Tel: (0841) 1 79 12
Fax: (0841) 1 79 13

Kaiserslautern

TÜV Pfalz e.V.
Merkurstr. 45
D-67663 Kaiserslautern
Tel: (0631) 35 45-166
Fax: (0631) 35 45-266

Karlsruhe

TÜV Süddeutschland
Ebertstr. 14
D-76137 Karlsruhe
Tel: (0721) 3 26 39
Fax: (0721) 3 38 29

Kassel

TÜ Hessen GmbH
Knorrstr. 36
D-34121 Kassel
Tel: (0561) 2091-165

Kempten

TÜV Süddeutschland
Bodmanstr. 4
D-87435 Kempten
Tel: (0831) 5 21 54-0
Fax: (0831) 5 21 54-18

Kiel

TÜV Nord Gruppe
Segeberger Landstr. 2 b
D-24145 Kiel
Tel: (0431) 73 70-151
Fax: (0431) 73 70-185

Koblenz

TÜV Rheinland e.V.
Hans-Böckler-Str. 6
D-56070 Koblenz
Tel: (0261) 80 85-145
Fax: (0261) 80 85-110

Köln

TÜV Rheinland e.V.
Altenburger Str. 12
D-50668 Köln
Tel: (0221) 91 28 47-10
Fax: (0221) 91 28 47-32

Krefeld

TÜV Rheinland e.V.
Elbestr. 7
D-47800 Krefeld
Tel: (02151) 44 14-48
Fax: (02151) 44 14-71

Landau

TÜV Pfalz e.V.
Horstschanze 46
D-76829 Landau
Tel: (06341) 6 10 01
Fax: (06341) 6 27 82

Landshut

TÜV Süddeutschland
MPI GmbH
Altstadt 362
D-84028 Landshut
Tel: (0871) 92364-0
Fax: (0871) 92364-19

Leer

TÜV Nord Gruppe
Heisfelder Str. 2
D-26789 Leer
Tel: (0491) 6 65 39
Fax: (0491) 6 65 35
Terminvereinbarung auch über
MPU-Stelle Bremen

Leipzig

DEKRA e.V.
Torgauer Str. 235
D-04347 Leipzig
Tel: (0341) 2 59 39-66
Fax: (0341) 2 59 39-76

TÜV Süddeutschland
Karlstr. 10 (Hofmeisterhaus)
D-04103 Leipzig
Tel: (0341) 211 81 60
Fax: (0341) 211 81 62

Ludwigshafen

TÜV Pfalz e.V.
Achtmorgenstr. 5
D-67065 Ludwigshafen
Tel: (0621) 5 70 07-61
Fax: (0621) 5 70 07-20

Lüneburg

TÜV Nord Gruppe
Lüneburg
Terminvereinbarung über MPU-Stelle
Hamburg

Lutherstadt–Wittenberg

TÜV Nord Gruppe
Lutherstadt-Wittenberg
Terminvereinbarung über MPU-Stelle
Halle

Magdeburg

DEKRA e.V.
Am großen Silberberg
D-39130 Magdeburg
Tel: (0391) 72 60-500
Fax: (0391) 72 60-412

TÜV Nord Gruppe
Adelheidring 16
D-39108 Magdeburg
Tel: (0391) 73 66-171
Fax: (0391) 73 66-177

Mainz

TÜV Rheinland e.V.
Kaiser-Wilhelm-Ring 6
D-55118 Mainz
Tel: (06131) 61 30 06
Fax: (06131) 61 58 67

Mannheim

TÜV Süddeutschland
Kaiserring 10–12
D-68161 Mannheim
Tel: (0621) 1 26 07-0
Fax: (0621) 1 26 07-77

Mönchengladbach

TÜV Rheinland e.V.
Theodor-Heuss-Str. 93/95
D-41065 Mönchengladbach
Tel: (02161) 8 22-137
Fax: (02161) 8 22-198

München

TÜV Süddeutschland
Westendstr. 199
D-80686 München
Tel: (089) 57 91-29 04
Fax: (089) 57 91-21 83

Münster

Rheinisch-Westfälischer TÜV e.V.
Berliner Platz 30
D-48143 Münster
Tel: (0251) 66 08 21
Fax: (0251) 660 82 50

Neubrandenburg

TÜV Nord Gruppe
Wolfwinkelstr. 2
D-17034 Neubrandenburg
Tel: (0395) 421 41 12
Fax: (0395) 421 41 12

Nordhausen

TÜV Thüringen e.V
Rathsfelder Str. 1
D-99734 Nordhausen
Tel: (03631) 63 04 48 und -49
Fax: (03631) 36 04 36

Nürnberg

TÜV Süddeutschland
Nelson-Mandela-Platz 18
D-90459 Nürnberg
Tel: (0911) 9 44 67-0
Fax: (0911) 9 44 67-67

Offenburg

TÜV Süddeutschland
Okenstr. 18
D-77652 Offenburg
Tel: (0781) 2 89 38-0
Fax: (0781) 2 89 38-8

Oranienburg

DEKRA e.V
Walter-Bothe-Str.
D-16515 Oranienburg
Tel: (03301) 60 62 83
Fax: (03301) 60 62 70

Osnabrück

TÜV Nord Gruppe
Alte Poststr. 19
D-49074 Osnabrück
Tel: (0541) 3 38 06-0
Fax: (0541) 20 14 70

Paderborn

TÜV Nord Gruppe
An der Talle 7
D-33104 Paderborn
Tel: (05251) 141-0
Fax: (05251) 141-101

Passau

TÜV Süddeutschland
Ludwigstr. 15
D-94032 Passau
Tel: (0851) 9 3138-0
Fax: (0851) 9 3138-38

Potsdam

DEKRA e.V.
Verkehrshof 11
D-14478 Potsdam
Tel: (0331) 88 86 016
Fax: (0331) 88 86 049

TÜV Rheinland/Berlin-Brandenburg e.V.
Posthofstr. 9
D-14473 Potsdam
Tel: (0331) 270 87 14
Fax: (0331) 270 87 15

Prenzlau

TÜV Rheinland/ Berlin-Brandenburg e.V.
Uckerpromenade 17
D-17291 Prenzlau
Tel: (03984) 80 44 08
Fax: (03984) 80 44 07

Pritzwalk

TÜV Rheinland/Berlin-Brandenburg e.V.
Doerfelstr. 8
D-16928 Pritzwalk
Tel: (03395) 30 25 60
Fax: (03395) 30 47 77

Ravensburg

TÜV Süddeutschland
Schwanenstr. 5
D-88214 Ravensburg
Tel: (0751) 5 61 47-20
Fax: (0751) 5 32 17

Regensburg

TÜV Süddeutschland
Friedenstr. 6
D-93051 Regensburg
Tel: (0941) 99 10-222
Fax: (0941) 99 10-213

Rosenheim

TÜV Süddeutschland
Münchener Str. 27
D-83022 Rosenheim
Tel: (08031) 38 20 67
Fax: (08031) 38 20 60

Rostock

TÜV Nord Gruppe
Trelleborgerstr. 15
D-18107 Rostock
Tel: (0381) 77 03-505
Fax: (0381) 77 03-515

Saarbrücken

TÜV Süddeutschland
Berliner Promenade 16
D-66111 Saarbrücken
Tel: (0681) 37 11 21
Fax: (0681) 3 50 32

Sangerhausen

TÜV Nord Gruppe
Göpenstr. 27
D-06526 Sangerhausen
Terminvereinbarung über MPU-Stelle
Halle

Schwerin

TÜV Nord Gruppe
Medeweger Str. 20
D-19057 Schwerin
Tel: (0385) 4 89 10-21
Fax: (0385) 4 89 10-30

Siegen

Rheinisch-Westfälischer TÜV e.V.
Leimbachstraße 227
D-57074 Siegen
Tel: (0271) 33 78-158
Fax: (0271) 33 78-161

Singen a. H.

TÜV Süddeutschland
Erzbergstr. 2
D-78224 Singen a. H.
Tel: (07731) 6 17 62
Fax: (07731) 6 18 58

Stendal

DEKRA e.V.
Uenglinger Str.
D-39576 Stendal
Tel: (0391) 41 41 60 bis 63
Tel: (0391) 41 41 64

TÜV Nord Gruppe
Rathenower Str. 16
D-39576 Stendal
Terminvereinbarung über MPU-Stelle
Magdeburg

Stuttgart

TÜV Süddeutschland
Krailenshaldenstr. 30
D-70469 Stuttgart
Tel: (0711) 89 33-250
Fax: 0711) 89 33-266

Trier

TÜV Rheinland e.V.
Bahnhofplatz 8
D-54292 Trier
Tel: (0651) 20 05-134
Fax: (0651) 20 05-126

Ulm

TÜV Süddeutschland
Frauenstr. 65
D-89073 Ulm
Tel: (0731) 61 98 51
Fax: (0731) 602 01 91

Weiden

TÜV Süddeutschland
Johannisstr. 27
D-92637 Weiden
Tel: (0961) 41 82 51
Fax: (0961) 41 82 52

Wiesbaden

TÜ Hessen GmbH
Bahnhofstr. 41
D-65185 Wiesbaden
Tel: (0611) 182 05 84

Wuppertal

TÜV Rheinland e.V.
Friedrich-Engels-Allee 346
D-42283 Wuppertal
Tel: (0202) 5 51 12-52
Fax: (0202) 5 51 12-61

Würzburg

TÜV Süddeutschland
Haugerring 6
D-97070 Würzburg
Tel: (0931) 3 21 36-0
Fax: (0931) 3 21 36-20

Zeitz

TÜV Nord Gruppe
Tiergartenstr. 9
D-06172 Zeitz
Terminvereinbarung über MPU-Stelle
Halle

Zella–Mehlis

TÜV Thüringen e.V.
Industriestr. 13
D-98544 Zella-Mehlis
Tel: (03682) 45 26 44
Fax: (03682) 45 26 57

Zwickau

DEKRA e.V.
Olzmannstr. 22
D-08060 Zwickau
Tel: (0375) 50 83-133
Fax: (0375) 50 83-200

TÜV Süddeutschland
Reichenbacher Str. 62–68
D-08056 Zwickau
Tel: (0375) 28 25 07
Fax: (0375) 28 25 08

Anhang 4

Verzeichnis der „privaten", amtlich anerkannten Begutachtungsstellen für Fahreignung

In einigen Bundesländern haben sich inzwischen Institute mit unterschiedlichem Hintergrund als amtlich anerkannte Begutachtungsstellen für Fahreignung anerkennen lassen. Diese Anerkennung wird von den obersten Aufsichtsbehörden des jeweiligen Bundeslandes ausgesprochen, und die Anerkennung wird den jeweiligen Bestimmungen des Bundeslandes entsprechend gehandhabt.

Berlin

IAS Institut für Arbeits- und
Sozialhygiene Stiftung
Gesundheitszentrum Springpfuhl
Allee der Kosmonauten
12681 Berlin 47
Tel.: 030/54 78 31 97
Fax: 030/5 41 40 86

Hamburg

AVUS – Gesellschaft für Arbeits-,
Verkehrs- und Umweltsicherheit
Schillerstraße 44
22767 Hamburg
Tel.: 0 40/3 89 90 10

Ludwigshafen

Dr. Mahnke & Partner GmbH
Mundenheimer Straße 129
67061 Ludwigshafen
Tel.: 06 21/58 17 21

Mainz

PIMA GmbH
Privates Institut für Mobile
Arbeitsmedizin
Anna-Birle-Straße 1
55252 Mainz-Kastel
Tel.: 0 61 34/6 30 27
Fax: 0 61 34/38 39

Mannheim

Berufsgenossenschaftlicher
Arbeitsmedizinischer Dienst
Dynamostr. 7–9
68165 Mannheim
Tel: (0621) 4456-0
Fax: (0621) 44 56-3464

Anhang 5

Vorläufiges Verzeichnis von benannten Obergutachtern und/ oder Obergutachterstellen bzw. in der Oberbegutachtung erfahrenen Experten in Fahreignungsfragen

Die nachfolgende Liste von Persönlichkeiten veröffentlichen wir hier nur unter Vorbehalt. Diese Liste kann nicht in jeder Hinsicht als verbindlich gelten, weil durch Inkraftsetzung der Fahrerlaubnis-Verordnung die Institution der Obergutachter bzw. Obergutachterstellen zumindest teilweise aufgelöst worden ist. Bis 31. 12. 1998 wurde die Institution der Oberbegutachtung durch die „Richtlinien für die Prüfung der körperlichen und geistigen Eignung von Fahrerlaubnisbewerbern und -inhabern" (Eignungsrichtlinien, veröffentlicht in VkBl. 1982) geregelt. Am 1. 1. 1999 trat die neue Fahrerlaubnis-Verordnung in Kraft, und somit ersetzte die Verordnung mit Gesetzeskraft die Richtlinie, die sozusagen die unterste Stufe von Regelwerken der Staatsverwaltung ist.

Dadurch ist den Obergutachtern und Obergutachterstellen die Existenzgrundlage entzogen worden. Da jedoch in diesem Bereich die Bundesländer selbst Regelungen treffen können, ist es gegenwärtig so, daß es Bundesländer wie Nordrhein-Westfalen gibt, in denen die frühere Regelung beibehalten wurde und die Obergutachterstelle weiterhin arbeitet.

Um Ihnen bis zu einer vielleicht erst in einem halben Jahr oder noch später zu erwartenden Regelung doch eine Wegweisung geben zu können, bitten wir das nachfolgende Verzeichnis so zu betrachten, daß es sich bei den aufgeführten Personen um eine behelfsmäßige Auswahl derer handelt, die in der Regel über mehrjährige bis sehr große Erfahrungen auf dem Gebiet der sehr gründlichen Fahreignungsbegutachtung verfügen. Wenn Sie also mit Ihrem negativen Fahreignungsgutachten nicht einverstanden sind und dessen Güte, nämlich die Nachprüfbarkeit und Nachvollziehbarkeit, überprüfen lassen wollen, wenden Sie sich an eine Person Ihres Vertrauens mit einem sogenannten „herausragenden wissenschaftlichen Ruf auf dem Gebiet der Kraftfahreignung".

Unter den genannten Adressen können Sie sich aber auch erkundigen, welche Übergangsregelung eventuell in Ihrem Bundesland gilt.

Gießen

Dr. med. Roland Schuster
Institut für Rechtsmedizin
Klinikum der Justus-Liebig-Universität
Frankfurter Str. 58
D-35392 Gießen

Hamburg

Dr. Jürgen Hebestreit
Abt. für Forensische und
Kriminalpsychiatrie
Martinistr. 52
D-20251 Hamburg

Prof. Dr. Herbert Lewrenz
Institut für Rechtsmedizin
Universität Hamburg
Butenfeld 34
D-22529 Hamburg

Prof. Dr. Klaus Püschel
Institut für Rechtsmedizin
Universität Hamburg
Butenfeld 34
D-22529 Hamburg

Dr. Dieter Spazier
Nobistor 34
D-22767 Hamburg

Prof. Dr. Ulrich Supprian
Abt. für Forensische und
Kriminalpsychiatrie
Martinistr. 52
D-20251 Hamburg

Hannover

Prof. Dr. W. Winkler
Am TÜV 1
D-30519 Hannover

Heidelberg

Prof. Dr. Rainer Mattern
Institut für Rechtsmedizin
Universität Heidelberg
Voßstr. 2
D-69115 Heidelberg

Homburg

Prof. Dr. Ch. Rittner
Untersuchungsstelle für
Verkehrstauglichkeit
Universität des Saarlandes
Universitäts-Kliniken-Gebäude 42
D-66424 Homburg

Kiel

Prof. Dr. W.D. Gerber
Abteilung Med. Psychologie
Klinikum der
Christian-Albrechts-Universität
Zentrum Nervenheilkunde
Niemannsweg 147
D-24105 Kiel

Köln

Prof. Dr. Egon Stephan
Obergutachterstelle zur Beurteilung der
Eignung von Kraftfahrzeugführern
Universität zu Köln
Psychologisches Institut
Widdersdorfer Str. 236–240
D-50825 Köln

Laatzen

Prof. Dr. Werner Winkler
An der Masch 24
D-30880 Laatzen

Magdeburg

Prof. Dr. B. Sabel, Ph. D.
Obergutachtenstelle Sachsen-Anhalt
Institut für Medizinische Psychologie
Otto-Von-Guericke-Universität Magdeburg
Leipziger Str. 44
D-39120 Magdeburg

Mainz

Prof. Dr. Hellmuth Benesch
Psych. Institut /Abt. f. angewandte u. klini-
sche Psychologie
Johannes-Gutenberg-Universität Mainz
Saarstr. 21
D-55122 Mainz

Prof. Dr. O. Benkert
Psychiatrische Klinik und Poliklinik
Johannes-Gutenberg-Universität Mainz
Langenbeckstr. 1
D-55131 Mainz

Dr. W. Demuth
Psychiatrisches Klinikum
Johannes-Gutenberg-Universität
Untere Zahlbacher Str. 8
D-55131 Mainz

Eberhard Kunkel
TÜV Rheinland e.V.
An der Krimm 23
D-55124 Mainz

Prof. Dr. Ch. Rittner
Institut für Rechtsmedizin
Johannes-Gutenberg-Universität Mainz
Am Pulverturm 3
D-55131 Mainz

Mannheim

Dr. B. Biehl
Lehrstuhl für Psychologie III
Universität Mannheim
D-68131 Mannheim

Dr. U. Seydel
Lehrstuhl für Psychologie III
Universität Mannheim
D-68131 Mannheim

München

H. Maukisch
Med.-Psych.-Techn. Obergutachterstelle
Universität München
Leopoldstr. 13
D-80802 München

Stuttgart

Prof. Dr. Schlottke
Abteilung Psychologie
Universitätsklinik Stuttgart
Dillmannstr. 15
D-70193 Stuttgart

Trier

Prof. Dr. Egon Stephan
Obergutachterstelle für med.-psych.
Eignungsgutachten
Theodor-Heuss-Allee 10
D-54292 Trier

Tübingen

Prof. Dr. Birbaumer
Psychologisches Institut
Universität Tübingen
Gartenstr. 29
D-72074 Tübingen

Prof. Dr. K. Foerster
Obergutachter für Med.-Psych.
Fahrtauglichkeitsbegutachtung
Psychiatrische Universitätsklinik
Osianderstr. 22
D-72076 Tübingen

Prof. Dr. Dr. K. Mayer
Neuropsychologie mit Neurologischer
Poliklinik
Neurologische Universitäts-Klinik
Tübingen
Kliniken Schnarrenberg
Hoppe-Seyler-Str. 3
D-72076 Tübingen

Prof. Dr. Kurt Stapf
Psychologisches Institut
Universität Tübingen
Friedrichstr. 21
D-72072 Tübingen

Waldmohr

Prof. Dr. A. Müller
Oelbühler Str. 29
D-66914 Waldmohr

Weilmünster

Dr. med. Roland Schuster
Psychiatrische Klinik
Krankenhaus Weilmünster
Weilstr. 10
D-35789 Weilmünster

Literaturverzeichnis

ADAC, Juristische Mitteilungen: Syndici Nr. 24/91

Becker, Klaus-Peter: Alkohol im Straßenverkehr, Luchterhand Verlag 1999

BDP Berufsverband Deutscher Psychologen, Sektion Verkehrspsychologie: Leitfaden Anforderungen an die Erteilung von Kompetenzzertifikaten für Verkehrspsychologische Berater gemäß § 4 Abs. 9 StVG

BDP Berufsverband Deutscher Psychologen, Sektion Verkehrspsychologie: Leitfaden Anforderungen an die Organisation und Durchführung der Verkehrspsychologischen Beratung nach § 71 FeV, 1998

Bundesgesetzblatt Teil I Nr. 55: Verordnung über die Zulassung von Personen zum Straßenverkehr und zur Änderung straßenverkehrsrechtlicher Vorschriften vom 18. August 1998, Deutscher Bundes-Verlag, 1998

Gehrmann, Ludwig: Vorbeugende Abwehr von Verkehrsgefahren durch haschischkonsumierende Kraftfahrer – in: Neue Zeitschrift für Verkehrsrecht, Heft 11, 10. Jahrgang, 1997

Jagow, Franz-Joachim: Charakterliche Eignung und Punktsystem – in: VERKEHRS dienst 12/1998, 44. Jahrgang

Jagow, Franz-Joachim: Gesetz zur Änderung des Straßenverkehrsgesetzes und anderer Gesetze vom 24. April 1998 – in: DAR 5/98

Jagow, Franz-Joachim: Das neue Fahrerlaubnisrecht – in: DAR 12/98

Himmelreich, Arndt: Verkehrstherapie – kurz oder lang? – in: Jahrbuch Verkehrsrecht 1998, Werner Verlag Düsseldorf, 1. Jahrgang 1998

Himmelreich, Klaus/Janker, Helmut: MPU-Begutachtung, 2. Auflage, Werner Verlag, Düsseldorf, 1999

Himmelreich, Klaus: Jahrbuch Verkehrsrecht 1998, Werner Verlag, Düsseldorf, 1. Jahrgang 1998, Jahrbuch Verkehrsrecht 1999, Werner Verlag, Düsseldorf, 2. Jahrgang 1999

Himmelreich, Klaus: Auswirkungen von Nachschulung und Therapie bei Trunkenheitsdelikten – in: DAR 12/97

Himmelreich, Klaus: Fahrverbot – Führerscheinentzug, 7. Auflage, Werner Verlag, Düsseldorf, 1992

Kürti, Karl: Mein Führerschein ist weg – was tun?, 3. Auflage, Werner Verlag, Düsseldorf, 1992

Kürti, Karl/Bringewatt, Dorothee: Geheimsprache TÜVologischer Fahreignungsbegutachtung, Werner Verlag Düsseldorf, 1995

Kroj, Günter (Hrsg.): Psychologisches Gutachten Kraftfahreignung, Deutscher Psychologen Verlag GmbH, Bonn, 1995